歷史文獻與傳統文化叢刊

明末耶穌會士羅儒望畢方濟漢文著述集（外二種）

葉　農等　點校整理

齊魯書社

本成果受2013年廣東省學科建設專項資金資助

點校整理説明

　　葡萄牙籍耶穌會士蘇如望（João Soeiro，1566～1607）、羅儒望（João da Rocha，1565～1623）與意大利籍耶穌會士畢方濟（Francesco Sambiasi，1582～1649）、葡萄牙籍耶穌會士孟儒望（João Monteiro，1602～1648）是明末與明清交替之際先後來華的天主教傳教士。他們從澳門進入中國內地後，爲天主教傳華事業及中西文化交流均作出過重大的貢獻。此四位傳教士來華活動，處於明末清初的動蕩時期，由於種種原因，他們的漢文著述不是太多，因此，將他們四人的漢文著述一起結集出版。

　　一、本次點校整理，共收録蘇如望漢文著述一種、羅儒望漢文著述三種和畢方濟漢文著述五種、孟儒望漢文著述二種。這些著作將按刊刻、印刷的時間排列。

　　二、點校時，采用現代漢語標點符號。

　　三、所依據的版本，盡量以最早的版本爲底本，如果没有初刻本，則采用最早的再刻本，如此類推。

　　四、對文中的文字，以尊重原文、反映原貌爲原則。如果原文使用異體字、俗體字、冷僻字，則仍然依照原文，不轉寫爲正體字；原文所用舊字形，出現較多的以下字或以之爲偏旁者已轉化爲新字形："直"、"宫"、"爭"、"産"、"吳"、"彔"、"藴"、"既"、"卽"、"眞"、"畚"、"虚"、"爭"，但與異文比勘時除外。其他則依原書原文。"爲"與"為"字以原書为據。

　　五、校勘時，他本與底本個別文字之不同，采用文中注的方法，用不同的標點符號加以區别；而有文句之不同，則采用校注的方法，在每頁頁下出注。

　　六、原著中每行之大字，以五號宋體單行表示。每行之夾注小字，以小五號宋體雙行表示。

目　錄

耶穌會士孟儒望漢文著述集

附　録

耶穌會士蘇如望漢文著述集

葉 農 熊麗麗 整理

前　言

　　蘇如望（亦作蘇若望、蘇如翰、蘇如漢），字瞻清，葡萄牙人。1566 年，生於葡萄牙科英布拉（Coimbra）教區蒙特馬約（Montemayor）。後進入該城初修院學習，1584 年進入科英布拉初修院。在申請赴印度獲得批准後，於 1586 年 4 月 11 日起程，前往印度，在此完成其一切學業。之後，被派往中國傳教。1591 年 7～8 月間到達澳門。1595 年 12 月 24 日和 1604 年在江西南昌府。在與黃明沙修士共居南昌時，曾肄習中國語言文字，並達到執筆撰文的水平。利瑪竇（Matteo Ricci，1552～1610）等指出："他在葡萄牙的高因盤利度過他的望道期，還沒有期滿就申請參加印度傳教團，後來奉命從那裏前往中國布道。他被安置在南昌的駐地達十餘年，在那裏他以全部精力來傳布基督教。他是個模範教士，被公認爲是個非常聖潔的人。多年來他只身在異教徒中間工作，完成了許多事業，忍受過許多困難。有時候惡意的鄰居使他的教堂陷入悲慘的困境，他本人也陷入苦難，但他耐心地忍受這一切，除每年發給他的俸金而外從不多要錢。新信徒們痛感到失掉了他，他們很多人在他死時自發地前去哀悼。"[①]

　　費賴之（Louis Pfister）亦指出："如望信教之初，不爲世人所認，極感貧乏之苦，復受不在教之鄰人與士人之欺凌，然因新入教者之日增，樂苦足以相償也，如是亘十年，病愈甚，諸道長欲送之至澳門養疾，會病劇，遂卒，時在一六〇七年八月。"[②]

　　他曾在南昌府傳教，推動了天主教在南昌地區的發展。利瑪竇等曾指出："基督教在南昌興盛的開始，由李瑪諾神父的到來而得到促進。李瑪諾神父從他自己在南方的住所監管着三所教堂。和他一起來的有蘇如望神父和最近剛被接納入耶穌會的丘良厚修士（Brother Pascal）。他們來到後就開始更加努力地耕耘這塊土地，他們極爲積極……1605 年，信徒的數目就增加了一倍，而在他們到來之前則有二百多人聚會。……這個傳教區信教的人數迅速增長，以致教堂裏已容納不下這麼多的會衆。因此每星期指定三天讓某些人來做彌撒，可是在星期日和節日他們還是都到教堂來。"[③]

[①] 見（意）利瑪竇、（比）金尼閣（Nicolas Trigault）著，何高濟等譯《利瑪竇中國札記》（北京：中華書局，2010 年），第 568 頁。

[②] 見（法）費賴之著，馮承鈞譯《在華耶穌會士列傳及書目》上册（北京：中華書局，1995 年），第 63 頁。

[③] 見前揭（意）利瑪竇、（比）金尼閣著，何高濟等譯《利瑪竇中國札記》，第 496、498 頁。

南昌地區是明末清初天主教傳入中國時期的一個重要據點。最早到江西活動的是羅明堅(Michel Ruggieri，1543～1607)神父等。明萬曆十三年(1585)時曾到南昌、景德鎮等地活動，但未長住傳教，不久即到浙江去了。真正在江西奠定傳教事業的是萬曆二十三年(1595)在南昌建立教堂的利瑪竇神父。利氏在江西長住 3 年，開創了傳教基業。利瑪竇北上入京後，葡萄牙籍神父蘇如望、羅儒望、李瑪諾(Manuel Diaz，O. Velho，1559～1639)先後在南昌主持教務，李瑪諾返澳門任公學院長後，由龍華民(Nicholas Longobardi，1559～1654)神父主持南昌教務。①

由於南昌地區的教徒較多，需要經常派發聖像等傳教資料，以致於教會需要在南昌刊刻這些傳教資料。利瑪竇等指出："在領洗的日子，習慣上要分發聖像和紀念章，但是由於這類東西必須遠涉重洋經過許多國家纔能運來，所以傳教團供應的數量不多，很快就散發光了。爲了滿足需要，神父們叫當地的刻工刻了一個木版用來印製聖像，因爲中國人不會銅板雕刻的技術。在像上印了一段説明，解釋天上的上帝並沒有物質的形象，所以在降臨人世時就采取人的形象並賦有人性，並且從天上帶來了神聖的律法。加上這一段説明是很必要的，因爲中國人成爲基督徒以後，就把他們家中各個房間裏原來裝飾着的偶像全部清除掉，但又沒有別的東西可以代替，於是他們的異教朋友就説基督教是空虛無物，因爲他們沒有上帝。"②

蘇如望雖體弱多病，但仍然勤於傳教工作，曾在許多地方勸化中國民衆入教。據費賴之指出："(抵南昌後)第一年勸化一年七十歲之老人入教；第二年受洗者有三百人，以後每年如是。新入教之人中有明朝宗親數人。有福建林姓士人，妻在世時曾納妾，宗室女也；不忍出之，致未能受洗，然命其三子入教。"③

蘇如望後因身體情況越來越差，被送回澳門休養，最終於 1607 年 8 月在澳門去世。利瑪竇等指出："蘇如望神父看來已好轉無望，大家認爲最好把他送往澳門，改變一下氣候，可能有助於他恢復健康，但這一切都證明無效。他在這一年八月與世長辭，時年四十一歲，爲耶穌會極有價值地服務了二十三年。"④

其漢文著述，據費賴之介紹，有《天主聖教約言》與《十誡》："如望遺著列下：(一)如望曾撰有《天主聖教約言》一部，一六〇一年頃初刻於韶州，一六一〇年及一六一一年龍華民神甫重刻於南昌、湖州兩地。土山灣印書館曾重印數次。(一九一七年書目九五號。)一六三一年譯爲安南文。(巴爾托利《中國耶穌會史》，一〇〇四頁。)(二)相傳如望曾用漢文撰有《十誡》。"⑤

① 參見 http://govinfo. nlc. gov. cn/jxsfz/xxgk/jxsmzzjswj/201206/t20120613_2016636. shtml? classid=464.

② 見前揭(意)利瑪竇、(比)金尼閣著，何高濟等譯《利瑪竇中國札記》，第 498 頁。

③ 見前揭(法)費賴之著，馮承鈞譯《在華耶穌會士列傳及書目》上册，第 63 頁。

④ 見前揭(意)利瑪竇、(比)金尼閣著，何高濟等譯《利瑪竇中國札記》，第 568 頁。

⑤ 參見前揭(法)費賴之著，馮承鈞譯《在華耶穌會士列傳及書目》上册，第 63 頁。

《天主聖教約言》

解　題

　　《天主聖教約言》不分卷。其版本有：1. 明刻本。其版式爲每半葉 8 行，行大字 20 字。四周粗單欄。白口，無魚尾。書口上題"聖教約言"，下記頁數。正文首題"天主聖教蘇如漢先生或問約言　耶穌會中人仝校　天主教中人德望翁元爐修齡甫梓傳"。此本收錄在（比）鐘鳴旦（Nicolas Standaert）、杜鼎克（Adrian Dudink）編《耶穌會羅馬檔案館明清天主教文獻》（台北：台北利氏學社，2002 年）第 2 册，第 253～282 頁。2. 刻本。其版式爲每半葉 7 行，行大字 16 字。四周雙欄，外粗内細。白口單上魚尾。魚尾上題"聖教約言"，下記頁數。正文前題"耶穌會士蘇若望述"。而在其文終處，題"天主聖教或問"。此本亦收錄在前揭（比）鐘鳴旦、杜鼎克編《耶穌會羅馬檔案館明清天主教文獻》第 2 册，第 283～296 頁。3. 杭州超性堂重刊本。其版式爲每半葉 9 行，行大字單行 19 字。白口單上魚尾。魚尾上題書名，下記頁數。羅馬教廷梵蒂岡圖書館（Biblioteca Apostolica Vaticana，Rome）亦有收藏。4.《通報》排印本。其版式爲每半葉 13 行，行大字 28 字。四周雙欄，外粗内細。刊登在《通報》1932 年第 2 期，第 114～118 頁。此本收錄在（比）鐘鳴旦等編《徐家匯藏書樓明清天主教文獻》（台北：方濟出版社，輔仁大學神學院，1996 年）第 2 册，第 939～942 頁。據比勘，第一個版本與第二、三個版本之間，差異較大，故此次整理，將第一個版本與第二個版本均收錄，而以第二、三個版本進行互校。

　　此著作係爲慕道者撰寫的要理問答和護教著作，文風清新，語言簡潔。全書共分兩大部分，第一部分七章，論述了可以用自然理性理解的宗教真理，第二部分由十誡組成，每一誡有一小段詮釋。

　　自十六世紀中葉耶穌會會士來華後，他們開始熟悉中國文化及其生活方式。爲了傳教，他們對其傳教策略不斷做出調整，從科學轉向哲學，從宗教轉向道德，努力適應本地風俗與文化。爲了使中國讀者能理解，他們竭盡全力譯書著書，將皈依者帶入天主教信仰的核心——救世主耶穌基督其人其事的啓示中。爲使教徒能够過好信仰生活,他們從中國人對神誦經祈禱的癖好獲得靈感,也從異教徒們的施教方法受到啓發,利瑪竇和羅明堅等從最初的傳教開始,就將教理的主要内容與需要誦念的祈禱文結合起來。通過信經、天主經、聖母經等,開始解釋信仰真諦,編著了教理書、祈禱經文備教徒使用。

1585 年,信經被譯成中文。1581 年,羅明堅用中文寫成第一部天主教信仰著作《天主實録正文》,又稱爲《天主聖教實録》,廣爲傳播。該著作和形式明顯是東西合璧之作,師徒之間的對話,即一個中國人和一個西方學者之間的對話,原文用拉丁文寫成,後譯成中文,這顯然是一部針對非信徒的關於天主教信仰的護教小册子,既是一本要理問答,又是一部天主教教義精華集成。1582～1588 年期間,羅明堅又著有一本《中國詩集》共 58首,分 34 個標題,不少詩涉及天主教教義和道德的教導,人們在天堂或地獄及最後的命運,天主的聖德,聖母瑪利亞和天主降生成人等,該書後由陳緒倫神父公之於世。

1604 年,利瑪竇著《天主實義》在北京出版,這是中國天主教史上最重要的一部作品;次年又出了一部天主教教義小册子《天主教理》。其綱要如下:十字聖號、三位一體的表述、我們的天父、榮福瑪利亞、信經等。利瑪竇也教給首批中國基督徒十誡、信經和最常用的經文。1601 年,蘇如望神父完成了本著作。1617 年,龐迪我(Diego de Pantoja,1571～1618)神父寫了一本《耶穌受難始末》,從其文筆看很可能是他與李之藻合作寫成的。1619 年,羅儒望神父出版了《天主聖教啓蒙》,該書以對話的形式寫成,面向年輕人和鄉村教徒。這是一本多卷的小册子,内容是關於耶穌本人及衆多奧秘的知識,以及基於八福和十誡的道德生活和禮儀。同年,他又出版了《誦念珠規程》,即如何誦念“玫瑰經”,並附有十五幅插圖,它是中國基督宗教藝術的第一個典範,詳述了念玫瑰經的方法。本書也以對話的方式來表述,内容框架很簡單,以“歡喜”、“痛苦”、“榮福”的傳統次序介紹了 15 個奧跡。這標誌着首批教徒團體信仰生活的成熟。

1602 年,龍華民神父出版了第一部天主教祈禱書《聖教日課》。這些在每日不同環境中的祈禱文,直至 20 世紀 50 年代,仍爲人們所使用。該書分爲兩部分,第一部分包括已譯天主經、聖母經、悔罪經、信經和十誡等;第二部分共有 23 個祈禱文,其中有在參與彌撒時用的,如五份經、三鐘經、羔羊誦、聖母德敘禱文、諸聖禱文等。它可以作爲學習救贖真理和誦念玫瑰經的指導。1628 年,李瑪諾神父編寫了“聖若瑟禱文”。1665 年,在北京的耶穌會士南懷仁(Ferdinand Verbiest,1623～1688)和利類思(Lodovico Buglio,1606～1682)神父整理出版了《聖教日課》的一種修訂本,該本被稱爲“定本”,耶穌會士們希望確定一整套幾近經典的祈禱經文。

在十七世紀下半葉,多明我會士與方濟各會士們,很快又有奧斯定會士們步其後塵,他們執著於以他們自己的祈禱而美化一切。現知的《濟南方濟各會事典》是最古老的一册,應斷代於 1701 年,其中就有耶穌會士們及方濟各會士們的新祈禱文。其中談到 1685年到達山東的方濟各會士利安寧(Antonio a Santa Maria Caballero,1602～1669)神父引入的祈禱經文“聖母七苦經”、“聖若瑟七苦七樂經”、“向聖方濟各誦”。1615 年,高一志

（Alfonso Vagnone，1566～1640，原名王豐肅）神父出版了《天主教要解略》，内容反映了傳統教義的四個方面：天主經與聖母經、十誡、宗徒信經、聖事。他論述了身心方面的德行、八福、七罪宗、超德和樞德及人的能力。

1628年，艾儒略（Aleni Giulio，1582～1649）神父著《滌罪正規》，這是一部爲基督徒寫的問答體作品，以十誡和七罪宗爲進行良心反省的依據，它是耶穌本人所立的。"吾日三省吾身"，旨在説明反省的重要性，讓人不斷地去反省、悔過自新，從而更趨向完善的地步。懺悔罪過並得到寬恕，便是新生的開始。罪惡是人類生存狀態的一部分，即使聖人和德行高尚者也難免犯小罪，鼓勵人不僅看到外在的罪惡，更要關注内心的罪惡。在該書第四章寫有一篇懺悔經，文中紀念耶穌的功德，並懇求他的寬恕。1629年，他又著了第一本中文版有關彌撒與禮拜儀式的小册子——《彌撒祭義》，依據十七世紀宗教信仰制度和儀式，對如何理解和參與彌撒作了實踐方法的闡述。1641年，他又在福州出版了《聖體要理》，闡述聖體的目的、作用和來歷以及領聖體的方式，近期與遠期的預備，聖體禮本身和隨後的感恩。附錄有"聖體前誦"、"聖體後誦"以及"耶穌聖體祝文"。

利類思神父是四川傳教區的先驅。1648年，在平息張獻忠勢力之後，清軍將利類思押回北京。他利用這一有利機會將司鐸最有用的書譯成中文：《彌撒經典》、《日課經》、《司鐸課典》、《七聖事禮典》、《聖教要旨》。①

---

① 據 http://www. chinacath. org/article/guia/hist/2011－09－29/13377. html 的資料改寫而成。

天主聖教約言

天主聖教蘇如漢先生或問約言

耶穌會中人仝校

天主教中人德望翁元爌修齡甫梓傳

　　或問曰："天主之道何如?"予荅之曰："天主聖道事情甚廣甚多,難以言盡,必要看《天主實義》等書而後能得意也。雖然吾且舉其要而約,言之如左:

　　欲明天主聖道何如,先當識天主是何物,然後可達天主之道何道也。天主非他,即生天生地,并生人與萬物之根原。夫天地人物先無而後有,則天地人物之先,必有一個天地人物之根本以生之矣。蓋凡物不能自成,必有所以成之者。如樓臺房屋不能自起,必成於工匠之手。則天地人物猶然不能自成,必有所以生之者,即吾所謂天主也。而此天主實乃天地人物之宗根焉。若李老君、盤古等,皆在天地之後,皆有父母人名所生之者,愚民以其爲開混沌,生天地人物者,大誤矣。"

　　或曰："天地人物,既由天主而生,敢問此天主由誰生乎?"予曰："天主之稱,乃萬物之根原,如有所由生,則非天主也。蓋物之或有始終,如草木鳥獸;或有始而無終,如天地鬼神及人之靈魂。惟天主無始無終,而爲萬物之根底,無天主則無物矣。譬如一夥樹,其花果枝葉,及本樹皆由根而生,無根則皆無,然其樹之本根,固無他根所由生矣。則天主既乃萬物之根底,亦無所由生也。夫天主當初欲生萬物以爲人用,先開闢天地化生物類之諸宗,然後化生男女亞黨、厄襪二人,即此二人無父母而爲萬民之祖宗。其餘不俱佛祖菩薩神仙,皆有父母所生,而不免早遲壞死矣。天主既乃天地人物之根原,又生萬物以爲人用,則人愛敬天主,當然之理也。而不愛敬之者,便得大罪矣。譬如雙親生養兒子,食之衣之,延師教之,若爲子者不敬其父母,必謂不孝子,而得不敬雙親之罪。況天主是人第一個大父,而可以不愛敬之乎? 此萬物之根原既明,則世人之事易解矣。夫人本有魂魄兩端,其魄雖會壞而死,然其魂絶不能終而滅矣。蓋世上之魂有三等,下等名曰生魂,即草木之魂也。夫魂扶草木以生而長,草木被拔砍斷,其魂遂消滅。中等名曰覺魂,即禽獸之魂也。此能扶禽獸生長而又使之以耳目視聽，以口鼻啖臭，以肢體覺物情，但不能推論道理。禽獸至死，而其魂亦滅焉。上等名曰靈魂，即人魂也。此兼含生覺二魂，是以能扶人生長及知覺物情，而又使之能辨衆理，以應萬事者也。人身雖會死，而靈魂永存不滅矣。由此諸人自怕死人者，而不怕死猛獸者，蓋人性之靈，自有良能以覺人死者之後，有分在可懼。而禽獸全散，無分所留以驚我也。此人魂既不滅，而人死後猶在；又不可信輪回六道之謬說，則定有所徙之居處。夫居處倚天主聖教有二：其一在上而有萬福，即所謂天堂，賞善之所也；其二在下而有萬苦，即所謂地獄，罰惡之所也。蓋天主至公無私，無善不賞，無惡不罰，然現世亦有爲惡者富貴安樂，爲善者貧賤苦難，何者？實乃天主待其人之死，然後取其爲善者之靈魂，而昇之天堂受無窮之福；亦取其爲惡者之魂靈，而置之地獄受無窮之刑。使無天堂地獄之賞罰，以報世人所爲之善惡，何得而明天主至公乎？"

或曰："善惡之報，亦有現世何如？"曰："設令善惡之報，咸待於來世，則愚人不知來世之應，何以驗天上之有主乎？故常有犯義者，遇災禍艱難以懲其前而戒其後；順理者，蒙吉福之降以酬扵徙而勸其來也。若有爲善者，而貧賤苦難，或乃因爲善之中亦有小過惡，故天主以是現報之。至扵死後，則入全福之域，永享常樂矣。若有爲惡者而富貴安樂，乃因行惡之內，並有微善，故天主以是賞之。及其死後，則陷深陰之獄，永受萬苦矣。此天堂地獄二處，俱是天主所制，併天主所管。蓋作制天堂地獄，人力不足矣。世人欲免下地獄受萬苦，而得上天堂享萬福，必要三件：其一要知認天堂之主，即天主也。世人以歇住但凡人之屋，先要認其屋之主，方可入住，況未知天主之先，能上人萬物之所乎？其二要曉得天堂之路，即天主之道也。世人不知所欲徙之路則不得到，而未知天堂之路可至之乎？其三必要行所己知天堂之路，即天主聖教。蓋人雖己知所欲徙之路，若在家閑坐而不出行，決不得到，則欲上天堂萬物之妙處，必須行天主聖教之情矣。"

或曰："天主乃天地人及萬物之根本，而其道爲直道，併爲天堂之路，已得聞命。今願聞欲從此天主聖教，如之何則可予？"曰："欲從天主聖教者，必有兩意，其上在扵誠心奉敬天主，爲其乃天地人物之公主，而生萬物以養吾人者。其次在扵顧本人之魂靈，以免下地獄受萬罪，而能上天堂享萬福。然欲得此意，必要三事：其一要行天主規誡，其二要知信天主事情，其三要領聖水。"

天主十誡

天主規誡，不過十條，其先三條以奉敬天主爲本，其後七條以和睦世人爲務。蓋萬善全德，於此二者備也。

一、欽崇一天主萬物之上

天地鬼神人物皆由天主而生，則天主乃天地鬼神人物之主宰，而最當愛敬。夫人敬奉本國君王，爲其乃一國的主而賜之以田里及爵祿；亦孝敬雙親，爲其授我以身體及衣食。然天主乃天地人物鬼神之公主，賦我以性命及靈魂，化生天地萬物以存養吾人者，爲衆祖之所出，衆君之所命，則吾人宜感此天地萬物之恩主，而加誠以愛敬之，該當之理也。故凡祭拜天地日月、佛祖神仙菩薩等物，皆違此誠，而得大罪於天主也。盖天地之內，止有一上尊，如天無二日，國無二王，有二則亂矣。一人無二身，一身無二首，有二則怪矣。或曰：“乾坤之內天主爲大，已無疑。然天下萬國甚闊，或天主差此等佛祖神仙菩薩，保領各方。如國君獨居京師，欽差官員布政扵各省而吾人者爲國君敬尊之，不可謂得罪於國君也。則爲天主拜敬佛祖菩薩神仙，似無害理也。”余曰：“若此輩之人，眞乃天主之官，眞是其所差者，敬尊之理也。但各省庶官皆臣服一位君長，皆用臣禮而敬之，並用其律法，而不敢違命。二氏菩薩神仙，在世之時，未曾知認天主，未用臣禮以敬之，未傳天主之公法，但教世人以輪廻六道，不殺生，不娶親，脩煉長生飛昇等無理之私誠，以勸人奉敬自己，而謀天主之位，則非天主所差可知。況彼之所教，若爲眞情，必要滅人類而遜讓天下於禽獸，盖非但不該殺畜生以養人，亦不該用牛耕田，用馬代走用，各獸馱物，此數事却不可免也。又不該婚配以傳人類，不可用奴婢，不可殺強盜犯人。此等亂天下之事，何者？恐吾父母輪廻而在其內故也。若脩煉長生飛昇等無理之事，誰不知其皆爲枉費銀財人力而終不可成也。則其邪道於天主正道不同而專擅行教，或爲人所立明矣。既非天主的官，亦非我等父母，未傳眞道扵世，亦是父母所生，未免死壞；且不能救人扵艱難，則世人無故以奉獻之已審。由此可見，世人不信天主聖教爲眞而信二氏菩薩神仙可敬，謂吉凶係兆，日辰可擇，卦命可推，風水可求。此等無正法之情，皆違了天主規誡，而自取大罪也。”

二、毋呼天主名而設發虛誓

前者一誡教世人以誠心敬天主，此第二誡，教世人不但以誠心敬，亦當以實口敬。今世人昧自己心，呼天主以發誓願，或以證己欲害人之心，或以證虛假之事，皆違此誡，是妄呼天主名而發虛誓也。即如下人既爲假事，妄請上人以證其爲實，非但不敬其人而返大輕矣。況請呼天主上帝，以證己僞情害人無理之事哉？

三、守禮拜之日

天主始開闢天地，化生萬物以養吾人，六日之內，造化萬品之功，故從天主聖教列國之人，一年每七之一日，皆聚於天主聖殿，禮拜謝恩，觀祭祀禮儀，并聞談道觧經。此三誡者俱爲至要者矣。

四、孝敬父母

此一條誡與下六條，皆攄一端公理，曰：“己之所欲，則施之扵人；己之所不欲，亦勿施於人，即所謂以己之心，量他人之心而已。雖然，吾且舉每誡之本理而約言之焉。此孝敬父母之誡甚重，故在奉敬天主三誡之末，而和睦世人七誡之首也。盖父母之恩至大至廣，則爲子者竭力以事父母，而孝敬之自然之理也。然吾所謂孝敬父母者，不止吾一家之父母也。假如朝庭掌管萬民，爲天下之父母也；及朝廷差官，布列各省與郡邑，代王行政，與夫禦災捍患，救濟萬民，在一省則爲一省之父母，在各郡邑則爲各郡邑之父母也。故古書曰‘樂只君子，民之父母’，正謂此也，均之在所當敬也，豈止生我之父母而已哉？均爲天主所誡之意也。”

五、毋殺人

古時天主化生人類，欲萬民相愛如兄弟，不付之利器以相殺傷也。至生禽獸，則付之利爪尖角、長牙硬蹄毒氣等物，以禦其所害也。惟居位有治民之職，依法笞杖斬紋，不可謂違此"毋殺人"天主之誡也。蓋為捄民除害，不得已而為之，如良醫為病人除其所已壞之肢，以免壞其餘者。故民當服其刑，不可因而怨之矣。若不在位者，而或打罵殺害他人，或思謀報怨而害之，或用毒藥□以害或自己或他人之命，皆謂殺人，而違此天主誡也。

六、毋行邪婬

世人雖不能無欲，然當有理以制之。苟無理以制之，惟欲是從，則人道廢，而人於禽獸矣。是以天主嚴誡，不可違一夫一妻之道，而不許縱婬娼娶妾之邪風也。蓋夫婦不相得，妻妾相妬，嫡庶相爭，一家不和等過，皆由此而生矣。至若男色宣婬無忌，尤害正理之甚者，此雖禽獸不諭理之類，亦知陰陽之交感而無此返性之合也，故此婬惡罪大不勝言矣。或曰："不縱婬娼，不用男色，皆合正理，然無子娶妾，為無後而免不孝之罪，是處權道，何為犯天主誡也？"予曰："西國聖語曰：'以行善，不可行不善。'娶妾本不善，雖襲以孝名，亦非正道矣。子養父母，孝事也，無財以養，而行偷盜曲徑之事以需之，不免於刑法及為小人也。娶妻以繼後，正路也；無後而娶妾，曲徑也。得曲徑以邀孝名，決不可矣。況孝否與繼後否無相干，蓋孝者係已未有求孝而不得孝者，生子係外，常有求子而不得者有矣。"

七、毋偷盜

此誡雖不待解而明，然當知不但行偷，私取非義財物，凡教人偷騙他人物件，或傳左道而得人錢帛，皆違此誡，而自致偷盜之罪也。

八、毋妄證

此誡亦是緊要者，蓋講人長短，讒謗結怨，錯賴無過的人及說謊等罪皆是也，故不可不慎也。

九、毋願他人妻

第六誡總禁行邪婬，而未及戒願他人的妻，並以裡惡念頭的罪，故此誡又復詳之，以明解其罪。

十、毋願他人財物

此一誡，教人心上勿貪愛他人非義財物。蓋行偷盜之情，前七誡已禁嚴矣。夫財雖人所同欲，然有義存焉，不可苟也。理在而願天下之富，不為傷義；理不在而貪一芥，亦為害義。君子必辨理之可否而取舍之可矣。十誡之內，惟此兩條明誡心上之慾。止是必要由此二端，推及其餘。蓋邪心既起，雖未及行，而罪過之義已成於心也。大都財色的心，世人極好。故天主特詳此二端，使人推及其餘。

天主誡雖有十條，約而言之，二者而已。蓋愛敬天主於萬物之上，又愛世人如己，足以盡之矣。此十誡最合於明德之理，故天主親書而降諭，令普世遵守。順者必昇天堂受福，逆者必墜地獄加刑，慎之，慎之！天主事情，即從天主聖教者所當信之事也。領聖水者，是進天主聖教之規矩也。然而兩端固無難行，是以令不必鮮也。願學者湏細想前語，而誠心欲從之，方可詳其理矣。

《天主聖教或問》終

天主聖教約言

耶穌會士蘇若望述

　　或問:"天主爲何?"對曰:卽天主非他,卽生天生地,生神生人、與萬物之大主宰也。天地人物,先無而後有,則天地人物之先,必有一個主宰以生之。蓋萬物不能自成,必有所以成之者。如樓臺房屋,不能自起,必成於工匠之手。則天地人物,安能自造? 造之者,卽所謂天主也。若世所稱盤古、佛老等①,皆[亦]②在有天地之後,皆是父母所生,而以其爲開混沌,生天地人物者,大誤矣。"或曰:"天地人物,既繇天主而生,敢問此天主由誰生乎?"對曰:"天主廼[乃]萬物之根原,如有所由生,則非天主矣。蓋物或有始終③,如草木鳥獸;或有始而無終,如天地神鬼及人之靈魂[性]。惟天主無始無終,而能始終萬物④。無天主,則無物矣。譬如一顆樹,其花果枝葉及幹,皆由根而生,無根則一切皆無⑤,廼[乃]至樹之根,固無他根爲所由生也。天主既是萬物之根底,何所由生乎? 天主初生萬物,先開闢天地,化生物類之諸宗,然後化生一男一女,男名亞黨,女名厄襪。卽此二人,爲萬民之元祖,天主仍賦以傳類之能,然後人類相傳,世世不絕也。由此觀之⑥,天主既是天地人物之真主,又生萬物以爲人用,則吾人愛敬天主,當然之理也。不愛敬,便得大罪。譬雙親[父母]生個[箇]兒子,食之,衣之,教之,若爲子者,不知敬父母,必謂之不孝子[不孝之子],而得大罪。況天主是人大父母,而可不愛敬之乎? 此萬物之主既[既,下全同]明,則世人之事易爲解矣。夫人本有魂魄兩端⑦,其魄[肉身]雖壞而死,其魂

---

① "若世所稱盤古、佛老等",《通報》排印本作"若世稱盤古等爲極祖"。
② "[ ]"號內文字,爲《通報》排印本的異文,下同。
③ "蓋物或有始終",《通報》排印本作"蓋物或有始而有終"。
④ "而能始終萬物",《通報》排印本作"而能始終萬物者"。
⑤ "無根則一切皆無",《通報》排印本作"無根而皆無"。
⑥ "卽此二人,爲萬民之元祖,天主仍賦以傳類之能,然後人類相傳,世世不絕也。由此觀之",《通報》排印本作"即此二人,無父母而爲萬民之元祖,其餘不拘仙佛菩薩,皆有父母所生,而不免於壞死矣"。
⑦ "夫人本有魂魄兩端",《通報》排印本作"夫人本有肉身靈性兩端"。

[靈性]終不能滅。蓋世上之魂有三等①,下等曰生魂[性],卽草木之魂[性]也,此魂[性]扶草木以生以長,草木被砍斷枯槁,其魂[性]遂消滅焉。中等曰覺魂[性],卽禽獸之魂[性],此魂[性]能扶禽獸生長,而又使之以耳目視聽②,以口鼻啖臭,以肢體覺痛癢,但不能推論道理,至死而魂[覺性]亦滅焉。上等曰靈魂[性],卽人魂也[卽人之靈魂也],此兼含生覺二魂之能③,是以能扶人生長及知覺,而又使之能辨衆理,以應萬事。其身雖死,而此靈魂永存不滅。故世間人不怕死猛獸,獨怕死人者④,由人性之靈,自[能]覺人死之後,尚有未死之魂在可懼,與禽獸魂全散滅者,大不同也。⑤ 既知人魂不滅,又不可信輪廻六道之謬説,應知生前爲善與爲惡,其魂各以[于]死後,赴天主審判,定有處分住所。其一在上而有萬福,卽所謂天堂,賞善之所也。其二在下而有萬苦,卽所謂地獄,罰惡之所也。蓋天主至公,無善不賞,無惡不罰,然現世亦有爲惡而富貴安樂者,爲善而貧賤苦難者,實廼天主待其人之死,然後取善魂而昇天堂,受無窮之福;取惡魂而置地獄,受無窮之刑也。⑥ 使無天堂地獄之賞罰,以報世人所爲之善惡,豈不枉了善人,便宜了惡人,何得謂天主至公乎?"或曰:"善惡之報,亦有現世何如[也]?"曰:"設令善惡之報咸待身後,則愚人不知身後之應,何以驗天上之有主乎? 故常有犯義者,遇災禍艱難,以懲其前而戒其後。順理者,蒙吉福之降,以酬其徃[往]而勸其來也。若有爲善者而貧賤苦難,或廼因爲善之中⑦,有小過惡,故天主以是現報之。至死後,則入全福之域,永享常樂矣。有爲惡者而富貴安樂,廼因行惡之内⑧,間有微善,故天主以是賞之。及其死後,則陷深陰之獄,永受萬苦矣。世人欲其免下地獄受萬苦,而得上天堂享萬福,必要三件:其一要知認天堂之主,卽天主也。世人歇住他人之屋,先要認其屋之主,方可入住,況未知天主,能上入萬福之所乎? 其二要曉得天堂之路,卽天主之道也。世人欲徃何方,不知其路⑨,則不得至,而未知天堂之路,可至之乎? 其三必要行所已知。蓋人雖已知所欲徃[往]之路,若在家閒坐而不出行,決不得到。則欲上天堂萬福之處,必須行天主聖教之事矣。"⑩

　　或曰:"天主廼[乃]天地人物之主,而其道爲真道,併爲天堂之路,已得聞命,今欲從

----

① "蓋世上之魂有三等",《通報》排印本作"蓋天主命吾人之性,與草木禽獸不同。其分別有三等"。

② "而又使之以耳目視聽",《通報》排印本作"又使之以耳目視聽"。

③ "此兼含生覺二魂之能",《通報》排印本作"此性兼含生覺二性之能"。

④ "故世間人不怕死猛獸,獨怕死人者",《通報》排印本作"故世間人自怕死人,不怕死猛獸者"。

⑤ "尚有未死之魂在可懼,與禽獸魂全散滅者,大不同也",《通報》排印本作"尚有未滅之魂在,為可懼,而禽獸覺性全無,莫可驚我也"。

⑥ "然現世亦有爲惡而富貴安樂者,爲善而貧賤苦難者,實廼天主待其人之死,然後取善魂而昇天堂,受無窮之福;取惡魂而置地獄,受無窮之刑也",《通報》排印本無此句。

⑦ "若有爲善者,而貧賤苦難,或廼因爲善之中",《通報》排印本作"然現世亦有爲善而貧賤者,乃因為善之中"。

⑧ "有爲惡者,而富貴安樂,廼因行惡之内",《通報》排印本作"有爲惡而富貴安樂者,乃因為惡之内"。

⑨ "世人欲徃何方,不知其路",《通報》排印本作"世人不知所欲往之路"。

⑩ 《通報》排印本不分段。

此天主聖教，如何則可？"對曰："欲從聖教者，必有兩意。其上在於誠心奉敬天主，爲其是[乃]天地人物之公主，而生萬物以養吾人者；其次在於顧本人之靈魂，以免下地獄受萬苦，而能上天堂享萬福。然欲得此意，必要三事：其一要遵守天主規誡①，其二要信天主事情，其三要領聖水，洗滌前罪②。"

天主十誡：一、欽宗一天主萬有之上。二、毋呼天主聖名以發虛誓。三、守瞻禮之日。四、孝敬父母。五、毋殺人。六、毋行邪婬。七、毋偷盜。八、毋妄證[証]。九、毋願他人妻。十、毋貪他人財物。

右十誡，總歸二者，愛天主萬有之上，及愛人如己。③ 此在昔天主降諭，令普世遵守。順者升天堂受福，逆者墮地獄加刑。已上諸端，特大畧耳。如欲盡知天主之道，必要細閱《天主實義》諸書④，方可了悟無疑，而茲未可以一言遂盡也。

---

① "其一要遵守天主規誡"，《通報》排印本作"其一要行天主規誡"。
② "洗滌前罪"，《通報》排印本作"滌前非"。
③ "總歸二者，愛天主萬有之上及愛人如己"，《通報》排印本作"總歸二者而已：愛敬天主萬物之上與夫愛人如己"。
④ "必要細閱《天主實義》諸書"，《通報》排印本作"必須細閱《天主實義》諸書，及至教堂聽西來傳教先生講解"。

耶穌會士羅儒望
漢文著述集

葉農　謝萌　整理

前 言

　　葡萄牙籍耶穌會士羅儒望（亦作羅如望），字懷中，聖名若翰，是耶穌會入華早期重要的傳教士。他於 1597 年來華，在華傳教 26 年，曾作爲郭居静（Lazzaro Cattaneo，1560～1640）的助手，協助利瑪竇工作過，被當時的中國人認爲是利瑪竇的徒弟。他能使瞿太素以獨子託付，而死後徐光啓全家爲其持服，可見他在當時中國教徒心中的地位和作用。在利瑪竇進京、郭居静離去後，南京一帶的傳教活動仍在他的手中得到了延續和發展。他還奔波於中國的各地，於建昌、嘉定、漳州等地闡教，直至死後被葬於杭州。1622 年，羅儒望更成爲首任耶穌會中國傳教區會長。同時，羅儒望精通中國語言文字，翻譯過教理書，撰寫過中文著述；其對中西繪畫亦有所瞭解，在他編撰的書中，他能將中西繪畫技藝（特別是版畫技藝）良好結合。羅儒望是中西文化交流史及天主教傳華史上一位重要人物，爲明末清初天主教在中國的傳播做出了貢獻。

一、羅儒望來華之前的經歷

　　1566 年，羅儒望出生於葡萄牙布拉加（Braga）地區。1583 年進入初修院，並於科英布拉加入耶穌會。1586 年 4 月 11 日，羅儒望出發前往印度，當時他剛從初修院卒業，在到達印度後，在果阿學習哲學。1589 年，同蘇如望一同被范禮安（Alessandro Valignano，1539～1606）神父召至澳門，並於 1591 年抵達。羅儒望在澳門等待時機進入內地時，曾在澳門聖保禄學院學習。[1] 這就爲日後羅儒望在中國的傳教活動，特別是其有關西方教理書的翻譯活動奠定了基礎。而聖保禄學院亦注重學生對社會活動的參與。據李向玉研究得知，聖保禄學院"每逢四旬齋星期五，學生們都會手擎十字架和其他聖物，參加由院方舉辦的聖像遊行，或者參加由'仁慈堂'舉辦的慈善活動"。[2] 這種和宗教有關的社會活動，特別是慈善活動，一方面可以使神學學生參與其中，瞭解當地社會和人民，一方面也有利於天主教的傳播。這些活動亦爲羅儒望日後在傳教過程中與中國士民交往及在不同的環境中傳教打下了基礎。

---

① 參見前揭（法）費賴之撰，馮承鈞譯《在華耶穌會士列傳及書目》上册，第 71 頁。
② 見李向玉著《漢學家的搖籃》（北京：中華書局，2006 年），第 81 頁。

二、羅儒望在華傳教活動

羅儒望在華傳教大致可以分爲下列時期。他首先進入廣東省韶州地區,然後利用會見士紳王忠銘的機會又進入南昌地區活動。在利瑪竇進京過程中,他又獲得留守南京的機會。他又曾經再返南昌,後從南昌返回南京,並在多處傳教。"南京教案"期間,他藏匿於杭州,並在此去世安葬。

(一)在韶州的活動及初入南昌

1597 年,郭居靜神父深受關節炎的困擾,不得不從韶州返回澳門。① 剛於澳門完成學業不久的羅儒望被派去接替郭居靜神父。② 裴化行指出:"韶州居留地受到流行病的艱巨考驗;羅如望神父不得不前往澳門療養,留下郭居靜偕兩名澳門人,而郭居靜也病倒了,羅如望衹好又回去接替他,但未痊癒,又開始發燒。"③直至 1597 年底,郭居靜攜龍華民神父歸來,羅儒望便作爲郭居靜的助手留在韶州工作。

當時中國傳教團的大部分工作,是希望在除韶州、南昌、南京之外的北京開闢一個居留點。1598 年,前南京禮部尚書王忠銘從海南被召回南京,由於當初王尚書在返回海南的途中,曾於韶州拜會過耶穌會的傳教士們,時在南昌的利瑪竇送信給郭居靜,要他在王尚書到達韶州時前去拜會。因此,羅儒望獲得進入南昌的機會。

利瑪竇要郭居靜和羅儒望去拜會士紳王忠銘。據前揭利瑪竇,金尼閣著《利瑪竇中國札記》載:"利瑪竇聽説我們所認識的王某在他從北京去南方海南島他的故鄉的旅途當中……知道這些情況後,他就告訴郭居靜神父在王的旅行歸途中和他聯繫,因爲他曾答應當他回到朝廷時,他將讓神父們和他一起修改中國曆法中關於星座的某些錯誤,以及解決一些其它數學上的難題。王一到韶州,郭居靜神父就去見他。他問到利瑪竇神父,當他得知利瑪竇在南昌省城時,他很高興並説他將在那裏會見他。郭居靜神父提出想陪同他一起到南昌去和利瑪竇談這事,他同意了。"④

郭居靜偕同羅儒望日夜兼程,於 6 月 23 日,早王忠銘兩天到達南昌。王忠銘主動提出帶神父們進京祝賀萬曆帝壽誕,利瑪竇便和郭居靜一同進京。而羅儒望則和蘇如漢神父一起留在南昌看守居留地。

(二)南京時期的活動

利瑪竇第一次進京失敗後,於 1599 年 2 月 6 日來到南京,⑤該年末,利瑪竇終於再次

---

① 見(法)裴化行(Henri Bernard—Maitre)著,管震湖譯《利瑪竇神父傳》(北京:商務印書館,1993年),第 391 頁。

② 參見前揭(意)利瑪竇、(比)金尼閣著,何高濟等譯《利瑪竇中國札記》,第 310 頁。

③ 見前揭(法)裴化行著,管震湖譯《利瑪竇神父傳》,第 238 頁。

④ 見前揭(意)利瑪竇、(比)金尼閣著,何高濟等譯《利瑪竇中國札記》,第 315~316 頁。

⑤ 見前揭(法)裴化行撰,管震湖譯《利瑪竇神父傳》,第 253 頁。

獲准進京,這件事對於羅儒望來説亦是一次轉折。1600 年末,羅儒望到達南京,來到留守南京的郭居静身邊。

羅儒望初到南京時,是作爲郭居静神父的助手,後因郭居静健康狀况不佳,羅儒望即接替了他的職位,主持南京地區的傳教工作。羅儒望在南京期間,爲南京教務的延續和發展做出了下列貢獻:

1. 發展教務。許多社會上層人士也受洗入教。[①] 如著名的教徒、將利瑪竇帶往南京開教的瞿太素,亦受到了羅儒望的影響,並最終經羅儒望之手洗禮入教。不僅如此,瞿太素還將其獨子託付給羅儒望,信任之情不言而喻。瞿太素的兒子亦經羅儒望受洗爲教徒。[②] 又如爲徐光啓授洗。徐光啓,字子先,號玄扈,教名保禄,南直隸松江府上海縣人,後官至禮部尚書,文淵閣大學士,與李之藻、楊廷筠同被譽爲"中國天主教三大柱石"。萬曆二十八年(1600)徐光啓在赴京參加會試時路經南京,認識了利瑪竇,也就是在這時,他接觸到西方科學知識並産生了濃厚的興趣。萬曆三十二年(1603)他在到南京時,特意去拜訪利瑪竇。由於利瑪竇已經北上,羅儒望接待了他。在與羅儒望的相處中,徐光啓逐漸接受了天主教教義並最終受洗入教,時間是 1603 年底。[③] 方豪在《中國天主教史人物傳》中亦記載:"二十八年(1600)他再到北京應試,道經南京,認識了利瑪竇,對於教理和西洋科學知識,亦更進一層瞭解。三十一年(1603)再到南京,利瑪竇已北上,遇見了羅如望(Joannes da Rocha),再經講解,遂由羅神父爲之付洗,聖名保禄。"[④]

羅儒望的傳教工作,不但面向上層社會,亦注重對下層平民百姓傳播教義,足跡遍布南京城内外。

2. 建築教堂。利瑪竇在南京時就已經創立了住院,已經擁有一所屬於傳教區的房子,並有至少一名耶穌會士駐守。[⑤] 當高一志神父於 1605 年來到南京時,看見的是這樣的情况:"居留地是位於城市中心的一幢美觀的房子。祇有教長羅如望神父一人從事傳道工作;黎貝羅在學中文,他同後來的高一志和林安多一起,通過學中文來準備傳教工作。有個輔理修士協助羅如望神父,兩三名學生在那裏接受考驗,準備被接受備修。這麽多人,居留地就不夠大了。教長依靠同有勢力的朋友的良好關係(尤其是户部尚書張孟男),很容易就買下了鄰近的一棟房屋。他全部的時間用於拜會和給新來者上課。雖然他忙得不可開交,教會在 1602 年底原有信徒五十人,1603 年、1604 年兩年就增加了九

① 參見前揭(法)裴化行撰,管震湖譯《利瑪竇神父傳》,第 255、253、308、391、449 頁。

② 參見前揭(意)利瑪竇、(比)金尼閣著,何高濟等譯《利瑪竇中國札記》,第 506、508 頁。

③ 見前揭(法)費賴之著,馮承鈞譯《在華耶穌會士列傳及書目》上册,第 72 頁。

④ 見方豪著《中國天主教史人物傳》(上海:天主教上海教區光啓社,2003 年),第 74 頁。

⑤ 見(法)榮振華(Joseph Dehergne)、方立中(J. Van Den Brandt)、熱拉爾·穆賽(Gérard Moussay)、布里吉特·阿帕烏(Brigitte Appavou)撰,耿昇譯《16～20 世紀入華天主教傳教士列傳》(桂林:廣西師範大學出版社,2010 年),第 426 頁。

十六人,然後每年增加大約一百人。"①

3.與各階層的交往。羅儒望在南京期間,承擔了與當地官府、士大夫和社會各階層交往的任務。早在郭居静在南京期間,就在南京建立了廣泛的聯繫。羅儒望不但維持,而且增强了這種友誼。其所采用的方法,也多爲用當時西方所擁有的"淫巧奇技",以吸引中國士民的注意,最終達到傳教的目的。時人顧起元所著《客座贅語》曾對羅儒望在南京的交友情況有所記載:"後其徒羅儒望者來南都,其人慧黠不如利瑪竇,而所攜器畫之類亦相埒。常留客飯,出蜜食數種,所供飯類沙穀米,潔白踰珂雪,中國之粳糯所不如也。"②

在這個過程中,羅儒望實際上將西方的繪畫技藝及農作物介紹到了中國,客觀上促進了中西科技文化的交流。不僅如此,羅儒望與當時南京的上層官員亦有交往,和一些官員的關係還很密切。前文建築教堂一節就已提到,據高一志記載,羅儒望在南京購買房屋以作傳教之用,就得到了與他關係密切的户部尚書張孟男的幫助。

(三)二入南昌時期

1609 年,由於李瑪諾神父離開南昌,羅儒望把南京的教務交給了高一志後,隨即前往南昌。③ 這是羅儒望一生中第二次進入南昌,並在此負責南昌傳教點的工作。這一時期,是羅儒望著作頗豐的時期,其主要著作《誦念珠規程》及《天主聖教啓蒙》均在此階段完成。不但如此,羅儒望在南昌期間,南昌還作爲一個中轉地,爲澳門和南京之間的錢物往來提供便利。

(四)輾轉各地時期

萬曆四十四年(1616)五月八日,南京禮部侍郎沈㴶上《遠夷闖入都門暗傷王化》疏。之後,沈㴶又於 8 月、12 月接連上兩疏,攻擊天主教,主張立即將爲首的傳教士依律懲處,其餘的驅逐出境。12 月 28 日,萬曆皇帝下旨,④將在北京的傳教士龐迪我、熊三拔(Sabatino de Ursis, 1575~1620)與在南京的王豐肅、謝務禄(Álvaro Semedo, 1585~1658,後改名曾德昭)一併勒令其返回澳門,"南京教案"爆發。當時羅儒望身在南昌,亦受教案波及,恰好受到建昌士紳的邀請,在這種情況下,遂離開南昌避至建昌。此後,其活動有:

1.建昌開教。1616 年,羅儒望應建昌士紳之邀,到達江西建昌府,租住房屋,聚集教徒,傳播天主教,建昌天主教由其開教。⑤ 其在建昌期間,受到了當地士紳的熱情接待,傳教工作發展順利。⑥ 到 1664 年,經歷明末清初社會大動蕩及數次大教案後,建昌仍保留

---

① 見前揭(法)裴化行著,管震湖譯《利瑪竇神父傳》,第 508 頁。

② 見(明)顧起元撰《客座贅語》(北京:中華書局,1991 年)卷六,第 155 頁。

③ 見蕭若瑟撰《聖教史略》,載王美秀、任延黎編《中國宗教歷史文獻集成》(合肥:黄山書社,2005 年)第 58 册之《東傳福音》第 8 册,第 283 頁。

④ 見晏可佳著《中國天主教簡史》(北京:宗教文化出版社,2001 年),第 62 頁。

⑤ 參見前揭(法)費賴之著,馮承鈞譯《在華耶穌會士列傳及書目》上册,第 72 頁;另參見王治心著《中國基督教史綱》(上海:上海古籍出版社,2007 年),第 67 頁。

⑥ 見(美)鄧恩(George Harold Dunne)著,余三樂、石蓉譯《從利瑪竇到湯若望:晚明的耶穌會傳教士》(上海:上海古籍出版社,2003 年),第 123 頁。

教堂一座,教徒 500 余人。①

　　2.第二次"南京教案"及製造銃炮。1621 年,沈㴶在當朝宰相方從哲的引薦下,任禮部尚書兼東閣大學士,將傳教士們與白蓮教徒等同,再次發動對傳教士的打擊,第二次"南京教案"爆發。② 當時羅儒望因耶穌會內部調動,已經離開建昌,輾轉漳州、嘉定等地,並在嘉定建造了一座天主教堂,教案發生後則避居杭州楊廷筠家。③ 他曾要求楊氏和徐光啓上書護教,並親自參與奏疏的起草。④

　　天啓二年(1622),沈㴶致仕,同時遼東戰事更加緊急。⑤ 在這種情況下,明朝政府希望借助洋人的堅船利炮獲得戰爭的勝利。⑥ 羅儒望得到了進入明帝國首都北京的機會。但羅儒望並未進京,祇有陽瑪諾(Manuel Dias,O. Navo,1574~1659)和龍華民兩位傳教士赴京鑄炮。⑦ 雖然羅儒望並未親自赴京,但天啓皇帝曾欽點他的名字,整個鑄炮事宜,他也參與其中。⑧ 可見,羅儒望在西方火器特別是炮銃在華的傳播及改良方面有極大的貢獻。

(五)羅儒望的去世及安葬

　　當羅儒望忙於炮銃鑄造事宜時,1622 年,他被任命爲中國傳教區會長,這個任命對他一生在華的活動給予了肯定。次年(1623)3 月,羅儒望卒於杭州。⑨ 其去世後,徐光啓在北京得知此消息,讓全家戴孝持服,如同對待自己父母的喪事。⑩

　　羅儒望去世後,亦葬於楊廷筠捐予教會的墓地之中。早在 1622 年,楊廷筠將杭州老東嶽附近桃源嶺麓大方井祖墳捐給耶穌會作爲來華傳教士墓地。楊廷筠去世後,其子又將一些田園房產捐出。艾儒略指出:"公沒,其次公子將田房原契贈泰西先生,嗣後西來先生故於武林者未有葬地,因取公所舊墳捐入聖堂爲諸先生前後藏魄之所。而長公子又充若干畝爲守塋之需。凡此皆善繼祖父之志者也。"⑪

　　關於羅儒望墓地的詳細情況,方豪曾記載:"杭州大方井,亦稱方井南,有天主教古墓

---

　　① 見前揭王治心著《中國基督教史綱》,第 103 頁。

　　② 見(比)鐘鳴旦撰,香港聖神研究中心譯《楊廷筠:明末天主教儒者》(北京:社會科學文獻出版社,2002 年),第 111 頁。

　　③ 見前揭(法)費賴之著,馮承鈞譯《在華耶穌會士列傳及書目》上冊,第 72 頁。

　　④ 見前揭(比)鐘鳴旦著,香港聖神研究中心譯《楊廷筠:明末天主教儒者》,第 111 頁。

　　⑤ 見(清)張廷玉等撰《明史》(北京:中華書局,1974 年)卷二十二,第 285 頁。

　　⑥ 見前揭(清)張廷玉撰《明史》卷二百五十一,第 6493 頁;(清)黃伯祿撰《正教奉褒》,載韓琦、吳旻校注《熙朝正集、熙朝定案(外三種)》(北京:中華書局,2006 年),第 270 頁。

　　⑦ 見(葡)曾德昭撰,何高濟譯《大中國志》(上海:上海古籍出版社,1998 年),第 284 頁。

　　⑧ 見蕭一山著《清代通史》(北京:中華書局,1985 年)第一卷第五篇,第 676~677 頁。

　　⑨ 見前揭(法)費賴之著,馮承鈞譯《在華耶穌會士列傳及書目》,第 72 頁。

　　⑩ 見(比)柏應理(Philippe Couplet,1622~1693)撰,徐允希譯《一位中國奉教太太——許母徐太夫人甘第大傳略》(上海:上海土山灣印行,1938 年),第 60 頁。

　　⑪ 見(意)艾儒略述,丁志麟筆錄《楊淇園先生超性事蹟》,載葉農編《艾儒略漢文著述全集》(點校整理本)(澳門:澳門文化藝術學會,2012 年),第 192 頁。

窟,墓外左右壁間分嵌康熙年間所立石碑兩塊,各高二尺許,寬一尺許,右碑題:'天學耶穌會泰西修士受鐸德品級諸公之墓.'第一人爲羅儒望,費賴之《在華耶穌會士列傳》作'如望'(Joanes de Rocha),題曰:'羅懷中先生,諱儒望,聖名若翰,□□玻耳杜嘉爾國人,於萬曆甲午年入中國,於天啓癸亥年正月十三日卒,享年五十八歲.'"①

杭州大方井衛匡國墓地全景(據 1936 年原有照片)

　　徐明德在研究意大利漢學家衛匡國(Martino Martini,1614~1661)時,因衛氏亦葬於大方井,遂對大方井墓地的詳細位置做了考證,並拍攝了照片:"衛匡國死後安葬在杭州大方井天主教司鐸公墓(今杭州市西湖區留下公社東嶽大隊桃源嶺麓,墓地見上頁照片)。"②

三、羅儒望及其漢文著作

　　從上述可知,由於傳教工作的需要,加上其漢語水平的不斷提高,羅儒望在第二次進入南昌時,開始了其漢文著作的撰寫工作。其完成的漢文著述如下:

　　(一)《天主聖像略説》

　　由羅儒望、黎寧石(Pierre Ribeiro,1572~1640)、丘良秉共同編纂。據費賴之記載:"《天主聖像略説》一卷,一六〇九年本,克拉普羅特(Klaproth)撰柏林漢文抄本書録卷二,五四頁有著録。(索默爾沃熱爾《書目》,卷六,一九三一欄。)"③此書名"聖像略説",但並未收録耶穌聖像,而是暗借耶穌聖像以文字講解天主爲天地主宰及天主創世、降生、救贖、復活、升天等道理。④此著作從造物主爲天地大主宰説起,環環深入,有條有理。其主要内容有:論造物主生天、生地、生神、生人、生物;論耶穌及十二使徒;論爲何要信奉天主教法。

　　(二)《天主聖教啓蒙》

　　此著作原爲喬治(Marc Jorge,1524~1571)神父所撰的葡萄牙文《教理單元》(La Doctrina Cristiria),羅儒望在南昌時將其翻譯爲中文,並於 1619 年刊刻。據費賴之指出:"《天主聖教啓蒙》一卷,是編原爲喬治(Mare George)神甫而以卡爾蒂拉(Cartilha)名

　　①　見前揭方豪著《中國天主教史人物傳》,第 128 頁。

　　②　見徐明德著《意大利漢學家衛匡國小傳》,載《杭州大學學報》(哲學社會科學版)1981 年第 3 期,第 85 頁。

　　③　見前揭(法)費賴之撰,馮承鈞譯《在華耶穌會士列傳及書目》上册,第 73 頁。

　　④　參見徐宗澤編著《明清間耶穌會士譯著提要——耶穌會創立四百周年紀念(一五四〇年——一九四〇年)》(北京:中華書局,1989 年),第 176 頁。

者所撰之葡萄牙文教義綱領,如望僅將其轉爲華言。"①徐宗澤在《明清間耶穌會士譯著提要》羅儒望條目中亦記載羅氏著有"《天主教啓蒙》一卷"。②

《天主聖教啓蒙》采用的也是問答體,卻不是學生問老師,而是老師問學生,問的問題也是較爲深入的教義。每個問題回答後,又會根據答案繼續深入提問,爲教徒和慕道者瞭解天主教的教理做詳盡的闡述。這本書更適合已成爲基督徒的中國人。此著作總共一卷十三章,論述的天主教教義包括有:耶穌的神人二性、耶穌救贖世人的奧秘、三位一體、向瑪利亞祈禱、八福、聖信十二節、信德十四條、十誡、教規、七宗大罪、七件聖事、信望愛三德等。從這份提綱來看,《天主聖教啓蒙》明顯不同於《天主聖像略説》,它不再是對天主教的簡單提及和介紹,而是對具體教義和神學的講解和探討。它面向的對象也不僅僅是普通的百姓和慕道友,而是已對天主教有一定認識的慕道者和信徒。

(三)《誦念珠規程》

《誦念珠規程》不分卷。文如其名,通過圖文結合的方式詳細地講解了誦念《玫瑰經》的方法。與《天主聖教啓蒙》相同的是,《誦念珠規程》也是羅儒望二次創作的翻譯作品。《誦念珠規程》以耶穌會著名版畫家納達爾(Jerónimo Nadal,1507~1580)編《福音史事圖解》(Evangelicae Historiae Imagines:ex ordine euangeliorum, quae toto anno in missae sacrificio recitantur, in ordinem temporis vitae Christi digestae)爲藍本。《誦念珠規程》采取的是圖文結合的方式,詳細記述了誦念《玫瑰經》這一向聖母祈禱經文的方法,以"聖母歡喜事"、"聖母痛苦事"、"聖母榮福事"的次序介紹 15 個奧秘,實際上也是反映了耶穌救贖世人的一生。

---

① 見前揭(法)費賴之撰,馮承鈞譯《在華耶穌會士列傳及書目》,第 72~73 頁。

② 見前揭徐宗澤編著《明清間耶穌會士譯著提要——耶穌會創立四百年紀念(一五四〇年——一九四〇年)》,第 355 頁。

一、《天主聖像略説》

解　題

　　《天主聖像略説》不分卷,由羅儒望、黎寧石、丘良秉共同編纂。其版本有:1. 明萬曆三十七年(1609)刊本。惜此次點校整理者未之見也。2. 明萬曆四十七年(1619)刻本。現法國巴黎國家圖書館有藏本,天主教香港教區古籍部網頁收録此版。其版式爲每半葉9行,行大字20字,楷體;四周單欄,白口單上魚尾。魚尾上題書名,魚尾下記頁數。本次整理,即以此本爲底本,校以他本。其封面題"天主聖像略説",扉頁有耶穌會標誌。

　　另法國巴黎國家圖書館及天主教香港教區古籍部網頁同時收録名爲《造物主垂像略説》一卷,另前揭王美秀、任延黎編《中國宗教歷史文獻集成》之《東傳福音》亦收録此書,記爲吳淞徐光啓述,文後有楊廷筠著跋識,應刊於1615年。此書同《天主聖像略説》相比,除個別字眼有所不同外,語句、形式、内容一模一樣。再根據徐宗澤的著述,可知《天主聖像略説》與《造物主垂像略説》應爲一篇。從羅儒望與徐光啓之間密切的關係來看,可能係羅氏完成《天主聖象略説》後,請徐光啓爲之潤色;又或者此書在著作的過程中,徐光啓就已參與其中。

　　此書名爲"聖像略説",並未收録耶穌聖像。徐宗澤言道:"此書先言天主是生天生地生神生人生物的一箇大主宰;繼言爲何天主生造天、地、神、人、物等,及天堂地獄,天主降生受苦、救贖、復活、升天;卒言耶穌遣宗徒傳教於普世,及爲何當今亦有傳教士等等。而講解此等道理,皆借解耶穌聖像爲動機。此書刻於一六○九年;亦名造物主垂象略説,係語體文。"①

　　在耶穌會士入華傳教早期,他們采取贊同儒教而排斥佛教——即"驅佛補儒"的態

---

　　①　見前揭徐宗澤編著《明清間耶穌會士譯著提要——耶穌會創立四百年紀念(一五四○年——一九四○年)》,第176頁。

度。傳教士們有意在中國經典與天主教宗教原則之間維繫着一種混亂的關係,使他們所傳授的教義似乎祇是重複了中國經典著作中所講述的内容。這樣做使耶穌會士在文人當中贏得了理解和同情,有利於傳教。其這樣做的本意祇不過是爲了使天主教更受中國文人的青睞而采取的一種手段,但中國的士民們顯然因此誤解了天主教。而羅儒望著《天主聖象略説》是系統講解造物主耶穌基督爲何的中文書籍,有助於人們更爲透徹地理解天主教的觀念。當然,在此書誕生之初,因此書而更爲清楚瞭解天主教教理的中國文人們對此書提出了反駁的意見,有些還頗爲尖鋭:"一部其序被斷代爲 1643 年的小册子的作者介紹説,他欣喜若狂地聽説,西人攻擊佛教並尊重儒教,一直到有人向他出示刊印於 1609 年的羅如望(懷中,João da Rocha)神父的一部小書《天主聖像略説》之日爲止。他談到此書後驚呼:'借儒術爲名,攻釋教爲妄,自稱爲天主教,亦稱天學。諸釋子群起而後[訴]之。然適足以致其謗耳。'"①時人鐘始聲在其著述《天學初徵》中亦言道:"客廼出《聖像略説》一册以示之。鐘子讀甫竟。遂訴曰:'嘻! 此妖胡耳。陽排佛而陰竊其秕糠。'"②

《天主聖像略説》從造物主爲天地大主宰説起,環環深入,有條有理。

① 見(法)謝和耐撰,耿昇譯《中國與基督教——中西文化的首次撞擊》(上海:上海古籍出版社,2003年),第 36 頁。

② 見(明)鐘始聲撰《天學初徵》,載前揭王美秀、任延黎編《中國宗教歷史文獻集成》第 59 册《東傳福音》第 9 册,第 522 頁。

天主聖像略說

上邊供敬的是天主，即大西洋與天下萬國所稱"陡斯"，是當初生天地、生神、生人、生物的一箇大主宰。且道天主爲甚麼生天？天有兩件，一件是我們看得見，上邊有日月星辰的天。造這天與我們做蓋覆，造這日月星辰與我們做照光。此乃是有形的天，爲我們造的。一件是我們如今看不見的，叫做天堂，乃是天神及諸神聖見天主、享受無量無限的年正福樂的居處。我們做好人，爲天主所愛，後來命終，身形歸土，其靈魂亦得居於天堂與天主神聖一同享受無邊無量永遠真正福樂也。這就是如今看不見的天，是我們做好人纔上得去的。再說天主爲甚麼生地？地有兩件，一件是我們看得見，上邊有山川人物的地。造這地來乘載我們，造這萬物來養育我們。此乃是看得見的地，爲我們造的。一件是我們如今看不見的，叫做地獄，乃是邪魔惡鬼及諸惡人受無量無形之年苦難的居處。我們做不好人，得罪於天主，後來命終，靈魂亦要墮入地獄，爲魔鬼所苦，與他同受無量無窮永遠真正苦惱也。這就是如今看不見的地，是我們做了不好人定要下去的。再說天主爲甚麼生神？當初造天地的時節，造出了許多神，用他奉事天主，聽候使令，守護人類，扶植萬物。這神至靈亦純是神體，無有形質。神數極大，總分作九品。天主造成了這許多神，其大半誠心奉敬曲服于天主，謝造他的恩。故天主賜之入天堂，永遠受真福樂。我們在世，賴他扶持。如今做好人，死後與他同住天堂受福。這善神，就是如今衆人說的天神。衆神中有一個最尊貴，名曰露際弗爾。天主賜他大力量，大才能。他見這力量才能，便驕傲起來，要似像天主一般。九品裡邊，有許多神，亂從露際弗爾傲心，與他背天主，所以天主同罰他下地獄，受無量無窮永遠真正苦惱。這神獨爲惡，不爲善，常受苦無福樂，這是衆人說的邪魔惡鬼。天主容他在此世界陰誘世人的心，一則以煉善人的過失，增善人的功德；一則以罰惡人的罪，是改惡遷善。人不認識天主，不能力行善道，便要被他哄誘了去做許多惡事，死後便與他同在地獄受苦也。再說天主爲甚麼生人？生人的意思與天神的意思一般，也只要我們奉事天主，便立功德，得升天堂受福。後來我們不肯純一爲善，就分了兩箇路頭，一路是善，一路是惡。世界上又有三件，甚能哄誘我們爲惡，叫做三仇。第一仇是肉身。我身上的耳、目、口、鼻、四肢，要被這些聲色、香味、安佚等件引誘去，便爲惡。第二仇是世俗。外邊這些風俗、習慣的事，人情、大家喜歡的事，把箇人埋沒在裡頭，難跳出去，便爲惡。第三仇是魔鬼。他的計較又多，或把肉身世俗上的情欲引誘人；或把功名富貴引誘人；或把陰陽術數詭説先知，謂可趨吉避凶引誘人；或造假經、假像，説道祭祀他、奉承他，便可求福免禍，引誘人。人纔中了他的計較，便爲惡。有此三仇，所以我們爲惡最易，爲善最難也。世人亦大槩被三仇引去了地獄，豈不辜負了天主生人的聖意？所以，古時天主降下十戒來，使人遵守，使人不被這三仇引誘去。若人真能守定十戒，無所干犯者，必定不被三仇引去，必定可升天堂，免墮地獄也。那十戒在天主教要上只説得簡題目，中間還有道理要曉得，畢竟要與傳教的仔細講解，方得明白，方能遵守。古時天主雖然降下十戒，有許多聖賢講解，勸人遵守，却因這聖賢都是人，他無有力量赦免得天下萬世的罪過；到這聖賢自家身上的曾有的罪過，更不是自家赦免得的。所以天主自家降生爲人，傳受大道，把自家身子贖了天下萬世人的罪過，然後人得升于天堂。其改惡爲善，免于地獄都不難。天主降生于一千六百一十九年之前，歲次庚申，當漢哀帝元壽二年，名曰"耶穌"，解曰"捄世者"。上邊供敬的，正是耶穌聖像也。降生爲人，三十三年在世，親傳經典，揀選宗徒十二人，顯出許多聖蹟，都在天主經典上，一時説不盡。及至後來，功願完滿，白日升于天堂。遺下教規，令十二宗徒，遍行于世，教人知道天地間只有一造物真主，至大，至尊，生養人類，主宰天下，今世後世，賞報善惡，乃人所當奉事拜祭的。其餘神佛、天地日月諸星，都是天主生出來的，不能爲人的真主，不當拜祭。又教人知道，人的靈魂常在不滅，今世當受十戒，爲善去惡。雖曾犯有過失，如今聞了耶穌的聖教，從了耶穌的遺言，誦了耶穌的經典，却把從前的罪過，悉祈天主赦免。立意赦免之後，必常受十戒，遵行不犯。命終之後，靈魂必得升天堂，不墮地獄也。這十二宗徒，散布天下，傳教于萬國。自近及遠，到今一千六百餘年。天下諸多國土，但是耶穌聖教大行的，其國中君臣、士庶、老幼、男女，一心爲善者多，其地方永遠昇平和睦，所以人人得安意爲善。其中讀書學道的，一心要推廣天主聖教，使萬國萬世人人得升天堂。所以發心輕世，願離了本鄉，勸化遠方。這是何意？一則爲天主宣傳聖教，是于天主位下立了功勳；一則天下人同爲天主所生，就是骨肉一般，勸得人識天主，改惡爲善，以免地獄、升天堂，是又有益于人。所以雖出海外百千萬里，亦所不辭。所以雖遭了風波、虎狼、蠻夷、盜賊之灾，亦所不避也。説有天堂地獄，雖然未見，却是實理。且看古今善人爲善，惡人爲惡，世間何曾報得他盡？若非死後天主報他，豈不枉了善人，便宜了惡人？所以説天堂地獄，不是虛無玄遠的。今雖不見，待我們見時，又翻悔不轉了，所以要及今翻悔轉來。只要真，天主自然赦罪賜福。不要説如今，就是臨終時一刻聽從了天主的教法，也還翻悔得轉來。直到氣盡了，罷了，萬萬無及矣。但天主教中，説簡爲善去惡，都要遵依了十戒，從自己身心上，實實做出來，方是。説簡改過悔罪，都要將自從來過失，真心實意，痛悔力除，後來不敢再犯，方是。若不是這等的真實，今世必定要被三仇引誘，後世必定下地獄，不得升天。天主豈是欺瞞得的，天堂豈是僥倖到得，地獄豈是僥倖免得的？如今釋道家，要人施舍些錢財，備辦些齋飯，燒化些紙張，便是功果，便要升天堂，脱地獄，此必無之理也。恐見者不察，謂天主聖像與釋道二家的像一般，故略説其理如此。若要明白，還須細細講解，茲不能盡述。

《天主聖像略説》終
耶穌會士羅儒望、黎寧石、丘良秉仝校

二、《天主聖教啓蒙》

解　題

　　《天主聖教啓蒙》一卷，其版本有明萬曆四十七年（1619）刻本。其版式爲每半葉9
行，行大字20字，小字20字。四周雙欄，外粗内細，白口單上魚尾。魚尾上題書名，魚
尾下記頁數。本次整理，即以此本爲底本。封面題"天主聖教啓蒙"，扉頁爲耶穌會標
誌。天主教香港教區古籍部網站收錄此書。據以翻譯的《教理單元》是耶穌會第一部
葡萄牙文著作，專門爲年輕人和鄉村中的慕道友而寫，曾以"金書"之名在葡萄牙管轄
的東方殖民國家使用，並被譯爲印度西南部一些地區的語言及泰米爾語。[①] 1609年羅
儒望到達南昌後，由於中國内地的傳教事業已有了一定的發展，而《教理單元》正是以
問答的形式講授教義，負責南昌傳教點工作的羅儒望遂決定將《教理單元》翻譯成中文
以備傳教所需。
　　耶穌會傳教士入華早期的著述，根據文風的不同，分爲天主教要理問答和天主教
教理兩類。在羅氏《天主聖教啓蒙》之前，有關的書籍大部分是要理問答，是與儒家士
子對話以及與佛教徒、道教徒争論過程中一般性介紹天主教基本哲學概念的書，適合
耶穌會傳教士向未接觸過天主教的中國士民傳教，以及分辨天主教與中國傳統故有的
宗教之間的不同。
　　此書采用的也是問答體，卻不是學生問老師，而是老師問學生，給人的感覺好似經過
學習的學生要被老師考核，問的問題也不再是天主教的教理，而是較爲深入的教義。每
個問題回答後，又會根據答案繼續深入提問，爲信徒和慕道者瞭解天主教的教理做詳盡
的闡述，這本書更適合已成爲基督徒的中國人。

---

　　① 　見（意）柯毅霖（Giann Criveller）著，王志成等譯《晚明基督論》（成都：四川人民出版社，1999年），
第146頁。

羅儒望"1609～1616 年在南昌府,將葡萄牙教理書譯作漢文('契丹文')"。[①] 南昌傳教點由利瑪竇於 1595 年開教,由於遠離政治的中心,加上耶穌會傳教策略的正確,南昌傳教點發展一直較順利與平和。傳教士們贏得了南昌上層社會的贊賞和紳士及宗親的好感。1596 年,利瑪竇在南昌建立了全國第三座耶穌會士住院,1608 年還開辦了南昌修院。身在南昌的明宗室建安王全家亦受洗入教。[②] 在這種情況下,羅儒望於 1609 年接手南昌傳教點的事務時,就有更多的時間投入到教務工作上。同時,由於南昌傳教點及附近教徒數量的增多,剛成爲教徒的中國平信徒們迫切需要天主教教理教導的書籍。在這種情況下,羅儒望選擇將《教理單元》翻譯成中文,"對於晚明數千名中國基督徒來説,當然需要有這麼一本書"。[③]

柯毅霖指出:"該書很好地説明耶穌會士如何區分要理問答和天主教教義。通過這種出版物,傳教士們基於穩固的教義及靈性基礎,促進了基督徒的生活。"[④]從全書的主要內容已經可以看出,《天主聖教啓蒙》不同於之前耶穌會士的著述,它對於教理的問題的講授是明確和詳細的。對於基督教的一些核心問題,如耶穌基督的神人二性有不容置疑的論證。值得注意的是,在《天主聖教啓蒙》中包含了基督教的衆多禱告經文,其中便有《聖經》中明確提到的《主禱文》。除《主禱文》外,《天主聖教啓蒙》中還包含了一些對聖母崇拜的經文,如《申爾福經》、《亞物瑪利亞經》等。天主教极重視聖母,對聖母的敬禮就是對耶穌基督的敬禮。《天主聖教啓蒙》中包含這類經文凸顯了天主教的特點。與《主禱文》不同的是,羅儒望明確説明這些經文的名稱,對經文的文本、作用和神學功能都有詳細的講解和敘述。

從這些文本可以看出,雖然羅儒望在進行《天主聖教啓蒙》的翻譯中,並未做出太大的適應中國的嘗試,如他在翻譯一些神學辭彙時還使用的是拉丁文音譯法,造成了一些名詞的過長及從字面上看不出到底爲何,但他的翻譯還是爲包括《聖經》及天主教其他信經在內的天主教教理在華的翻譯和傳播邁出第一步,做出了有益的嘗試。

早在 1584 年,羅明堅即寫了第一部中文的要理問答《天主實錄》。1596 年,利瑪竇將羅明堅的《天主實錄》重新撰寫,書名爲《天主實義》,但《天主實義》已非問答體。羅明堅的《天主實錄》雖然采取的也是師徒之間的對話,是"一部針對非基督徒的關於天主教信仰的護教小册子",但它"既是一部要理問答,又是一部天主教教義"。[⑤] 而羅儒望的《天主聖教啓蒙》,不同於《天主實錄》,亦不同於《天主實義》,則明顯是一部天主教教義書了。

---

① 見(法)榮振華撰,耿昇譯《在華耶穌會士列傳及書目補編》(北京:中華書局,1995 年),第 554 頁。

② 見吳薇著《明清江西天主教的傳播》,載《江西師範大學學報》(哲學社會科學版)2003 年第 1 期,第 55 頁。

③ 見前揭(意)柯毅霖著,王志成等譯《晚明基督論》,第 148 頁。

④ 見前揭(意)柯毅霖著,王志成等譯《晚明基督論》,第 148 頁。

⑤ 見前揭(意)柯毅霖著,王志成等譯《晚明基督論》,第 110 頁。

啓蒙卷上①

耶穌會　後學　羅儒望　述

　　　　　同會　費奇規

　　　　　　　　郭居静　訂

　　　　　　　　曾德昭

　　　　　值會　陽瑪諾　准

啓蒙卷下

耶穌會　後學　費奇規　述

　　　　　同會　傅泛際

　　　　　　　　畢方際　訂

　　　　　　　　費樂德

　　　　　值會　陽瑪諾　准

①　此頁魚尾上題書名爲"念珠規程"。

天主聖教啓蒙

泰西耶穌會士羅儒望譯著

"基利斯當"第一章

師:"你喚做甚麼名字?"

學:"我喚做某^{某就是教中聖}_{人、聖女的名號}。"

師:"你是基利斯當麼?"

學:"是,天主賜我做基利斯當。"

師:"怎麼説天主賜你做基利斯當?"

學:"我做基利斯當不是父母與我做的,也不是别人與我的。這是賴天主的慈悲,又賴耶穌基利斯多的功德,所以説天主賜與我做基利斯當。"

師:"人做了基利斯當,是到了甚麼地位? 受了甚麼品級?"

學:"這就是有福的兒子,就是天主的義子,有承受天上國的分。"

師:"若不做基利斯當,却怎麼?"

學:"這就是受禍的兒子,就是魔鬼的奴,没有天上國的分。"

師:"基利斯當是甚麼意思?"

學:"是心信口認耶穌基利斯多教規的意思。"

師:"怎麼説心信口認耶穌基利斯多教規?"

學:"做了基利斯當,不獨心内要信,有時口裏要認我是基利斯當。雖是因此舍身失命,寧死不可不認。"

師:"你這基利斯當的名,從甚麼緣因起的?"

學:"從基利斯多起的。"

師:"你曉得基利斯多是誰?"

學:"曉得。真實是天主,真實是人。"

師:"怎麼説真實是天主?"

學:"因是全能天主罷德肋惟一真子。"

師:"怎麽説真實是人?"

學:"因是童貞瑪利亞我等主母惟一真子。由此論他單是天主,却於天上沒有母;論他單是人,却於地下沒有父。"

師:"爲甚麼稱做基利斯多?"

學:"基利斯多,是傅油的意思。古時的禮,凡是朝廷即位,或受了天主寵愛有知未來的能,或有了祭天主的位,都受這箇禮。基利斯多,論他真實是人,領受這傅油的禮,就是受了斯彼利多三多極盛極大的額辣濟亞。譬如大王在別箇王的上,如大知未來的在別箇知未來的上,如大撒則耳鐸德在別箇撒則耳鐸德^{解人罪行聖察者}的上,所以稱做基利斯多。"

師:"你説的好。"

"聖號經"第二章

以十字聖架號,✠,天主我等主,✠,救我等,於我讎,✠。因罷德肋及費略及斯彼利多三多名者,✠,亞孟!

師:"凡做基利斯當的,要誠心尊敬基利斯多的聖十字。因爲基利斯多情願受難在十字架,救贖我衆人的罪,脱了我衆人被魔鬼及本罪的虜,所以我們該慣習做十字,勝那邪魔,避他一切的引誘邪感煽惑。我且問你,基利斯當有甚麼記號?"

學:"聖十字,是基利斯當的記號。"

師:"爲甚麼是基利斯當的記號?"

學:"爲基利斯多我等主用十字贖我們衆人,所以做我們的記號。"

師:"你説贖我們衆人,贖是何意?"

學:"有釋脱的意。"

師:"釋脱何人?"

學:"釋脱被虜人。"

師:"這等我們先前做過被虜人麽?"

學:"是。"

師:"是誰的虜人?"

學:"是魔鬼與本罪的虜人。乃亞當得罪後邊,衆人都是虜人。"

師:"説得是。基利斯多不曾贖人的罪,世人都做魔鬼的奴。所以我們當常念謝基利斯多爲人受苦的恩,也不可輕忽自己的亞尼瑪,爲是基利斯多所重的。這等你以後須要避罪如避毒蛇,勿再做魔鬼與本罪的虜,辜負吾主耶穌基利斯多贖罪釋脱你的洪恩。且問你,基利斯當有甚麼稱頌他?"

學:"有稱耶穌名號。"

師:"爲甚麼稱做耶穌?"

學：“爲耶穌譯言救贖世人的，所以我們遇險危艱難的事，習呼耶穌名號，祈求救護。”

師：“説得是。所以我們自己稱，或聽他人稱耶穌聖名，該行禮奉敬。我問你，基利斯當用十字有幾樣？”

學：“有兩樣。”

師：“頭一樣是怎麼？”

學：“做三箇小十字。一在額上，一在口上，一在胸上。向天主講。”

師：“你做我看。”

學：“以十字聖架號，✠，天主我等主✠，救我等，於我讐，✠。”

師：“爲何額上畫十字？”

學：“這是求天主不許我等陷於妄念。”

師：“爲何口上？”

學：“是求天主不許我等出不善的言語。”

師：“爲何胸上？”

學：“是求天主祐我等心不陷於惡，做出不善的事。”

師：“聖十字，是基利斯當的器械，把來戰勝那讐敵，保存這亞尼瑪的。你如今説第二樣是怎麼？”

學：“用右手做一大十字，從額到腹，從左肩到右肩。”

師：“你做我看。”

學：“因罷德肋及費略及斯彼利多三多名者，✠，亞孟！”

師：“用此第二樣大十字，爲甚麼？”

學：“這是認聖十字，燕包兩大事。即一天主有三位，及吾主耶穌爲人受死的事實。”

師：“一天主與天主的三位怎麼説？”

學：“天主的聖性聖體雖只一，而全在于三位。曰罷德肋，曰費略，曰斯彼利多三多。”

師：“爲甚麼天主有三位？”

學：“因爲罷德肋無源，并不生出於他位。費略生出於罷德肋，斯彼利多三多發出於罷德肋，并發出於費略。所以説天主雖只一主，其中有三位。”

師：“三位怎麼爲一天主？”

學：“因爲三位都共一體、一能、一知、一善。故三位止爲一天主。”

師：“你所説的位是甚麼？”

學：“我所説的位，非如常之位，是一靈物載一靈物之性的。如此一車，載此一人。凡有明悟力的就有他，如天主、天神、鬼魔及人都有，若禽獸草木皆無。”

師：“耶穌爲人受死怎麼説？”

學：“這是天主罷德肋的子，即是天主費略第二位下界爲人，把天學善行聖蹟誨人；又指引我們上天堂的直路，後來被釘死在十字架上，以救世人。所以做十字，不但把來認罷德肋、費略、斯彼利多三多三位共一真主，又把來認天主、費略第二位，即是耶穌基利斯多被十字架釘死，以贖衆罪。"

師："我們該用這聖號，是甚麼時候？是甚麼去處？"

學："早間起身，晚間臨睡，喫飯前後，出門，進天主堂。凡百行事接物的前邊，凡百險危艱難的去處，都該用他。"

師："爲甚麼這等常常用他？"

學："要求天主時時處處到我們的讐敵手裡，捄出我們來。"

師："爲甚麼要在凡百行事接物的前邊？"

學："要求天主不許我們的衆讐，壞亂奪取我們所行的事，惟獨歸於求天主的榮美。"

師："我們的讐敵是誰？"

學："這有三件：世俗、魔鬼、本身。"

"在天我等父者"第三章

師："我問你基利斯當，到曉得事體的年紀了，該曉得甚麼事？"

學："該曉得三件事。"

師："甚麼三件？"

學："該曉得善求、善信、善行。"

師："怎麼樣能善求？"

學："曉得在天我等父者，便是能善求。"

師："怎麼樣能善信？"

學："若曉得聖信十二節，或是信德的十四條，便是能善信。"

師："怎麼樣能善行？"

學："若曉得守諸誡，又曉得遠絕罪宗七端，便是能善行。"

師："説得好。我問你，曉得了這個，就能善求、善信、善行彀了麼？"

學："不彀。還要超出性上的三大德，天主所賜予我們基利斯當的。"

師："是那三德，甚麼名目？"

學："要天主賜予我亞尼瑪上的信德，纔能善信。賜望德，纔能善求。賜愛德，纔能善行。"

師："説得極是。既説能善求，該曉在天我等父者，你説我聽。"

學："在天我等父者，我等願爾名成聖，爾國臨格，爾旨承行於地，如於天焉。我等望爾，今日與我我日用糧，而免我債，如我亦赦負我債者；又不我許陷於誘惑，乃救我於凶惡。亞孟！"

師："在天我等父的經，是那箇做的？"

學："是耶穌基利斯多我等主做的，自己親口説的。"

師："爲甚麼做？"

學："教我等念經，祈求天主。"

師："念經祈求天主是甚麼？"

學："要我們發起心意，思想天主，祈求他的恩賜。念經的工，就像梯子一般，把人的亞尼瑪，升上天去，到天主面前，祈求許多事情。"

師："這許多事情，這經都兼包的麼？"

學："凡可求可望於天主的事情，這經都兼包的。經中總有七求，先四求，求天主賜我們諸善；後三求，求天主脫我們於諸惡。就諸善説，先求天主的榮；次求我等至最至後的福；次求額辣濟亞，所以能得其終福；次求其道，所由以得額辣濟亞，并得以保全之，又常不失之。就諸惡説，先求天主救脫我於徃日的惡；次求救脫我於未來的惡；次求救脫我於現在的惡。"

師："你説得好。如今解七求前邊'在天我等父者'這一句。"

學："這一句就是簡小序。其言雖約，其義最廣，今略説其一二以遵老師的命。這序紀載我等所以敢與至尊大的天主言語，望他實實肯俯聽我所求，准賜我所求，因他真是生我和萬物的生父，又真是選我爲他義子的義父，所以要我求望呼號他，若兒子呼父。此所以稱他做父，又不要我稱他做主，因爲稱主有威嚴之形，使人畏怕；稱父有愛之形，令人藹然親之。我稱天主做父，就思念天主極愛人好，指望祈求的事；又稱他我等的父，不稱他我的父，要我們心下思量，衆人們都該相愛相親如兄弟一般，所以説等；又説在天我等父，蓋天主雖是没有一處不在，畢竟天上是常常顯神顯聖的定處，要我思想有父在天上，天是我們的本鄉安樂去處，便不留心在地下，只管尋求身後上天的事；又且説簡在天，見得是宇内的共父共主，全有權柄，這是加增我望他。若使有意肯聽我求，畢竟也有能以准我求，無有所難，就知他既真是我父，一定可望他肯受我等求而准之，必不可疑惑。這是先序所載簡約之意。"

師："如今解第一求。"

學："於第一求，就求願天主見識於遍天下之人，賜之簡簡稱頌尊榮其聖名。"

師："解第二求。"

學："於第二求，就求天主所許與我天上國早早來到；又求夫與魔鬼世俗本身所常行之攻戰。既訖，就取我的亞尼瑪，升之萬福之天堂，使我永生永王，永無今世所有之阻當。"

師："解第三求。"

學："於第三求，就求天主賜我額辣濟亞，以得全然孝順，聽守十誡，猶如天上的諸天神、諸聖人，常孝順一般。而天上國之階，莫若孝順，遵守十誡者。"

師："解第四求。"

學："於第四求，就求天主賜我日用之神糧，即是經典中之聖語，及撒格辣孟多^{譯言聖事之迹}之施用也；又求日用之形糧，即是飲食衣服等件，係養肉身之物。蓋天主的聖語，傳教的聖賢所傳的説話；或我所讀的聖經賢傳及好書籍，或白尼登濟亞^{悔痛告解自戀}與共蒙仰^{領受耶蘇聖體}及撒格辣孟多等。若我不因罪過阻當之，必自有大力佑我，使能得天主額辣濟亞而又保全永久不失。若飲食衣服，必待他養此生命，以奉事天主。”

師：“解第五求。”

學：“於第五求，就求天主脫我於舊惡，即是赦我已犯的罪過，并求免本罪所當受刑罰之債，如我亦赦負我債者，就是我亦免讎敵侮辱我之債。若我不赦人侮我之輕罪，豈能望天主肯赦我忝辱天主的重罪？”

師：“解第六求。”

學：“於第六求，就求天主就我於未來之惡，即是誘感之諸端，或不我許被誘感；或既誘感，就賜額辣濟亞及神力以克去之，不被他染污。”

師：“解第七求。”

學：“於第七求，就求天主救我於現今的凶惡，不使我受他害，如諸般之患難勞苦等件；又求脫我於富厚之妄，高貴之虛。若虛妄的富貴，終必將阻我不得升天堂，就望天主莫把這富貴與我。若無害，憑天主與我，只天主明知，我不能測識。”

師：“你想著還有別的經，好似在天我等父的經麼？”

學：“我想這經，在衆經的上面。”

師：“怎麼說在衆經的上面？”

學：“因是耶穌基利斯多做來教聖徒念的經，又我們衆人該求天主極要緊的事物，都包在這經裏。”

師：“該求天主與我極要緊的，是何等事物？”

學：“願先求天主的尊顯，次求我等最後的真福，三求所以能得這真福的。”

“亞物瑪利亞”第四章

師：“我問你念經求天主，還要念經求別位的麼？”

學：“也要念經求衆聖人，替我們央求天主。但第一是先求聖母瑪利亞，爲他是第一箇替我們罪人轉求天主的。”

師：“把甚麼經求聖母？”

學：“有亞物瑪利亞經。”

師：“你念亞物瑪利亞經與我聽。”

學：“亞物瑪利亞，滿被額辣濟亞者，主與爾偕焉。女中爾爲讚美，爾胎子耶穌并爲讚美。天主聖母瑪利亞，爲我等罪人，今祈天主及我等死候。亞孟！”

師：“這經是那箇做的？”

學：“是聖阨格勒西亞^{譯言天}也，把當初天神嘉俾阨爾，來朝報聖母的幾句言語，又把聖婦依撒伯爾的幾句言語，又增上幾句做成的。”

師：“誰是聖母瑪利亞？”

學:"是一位母主,滿被諸善德的,爲天主母,在天上。"

師:"那一位在天主堂臺上的是誰?"

學:"是那在天上的像。我們看此在臺上的,該記念那一位在天上的。在臺上的,即是聖母在天上的像。所以該尊敬他,如在天上聖母一般。"

師:"聖母有幾樣的像? 我且問你,還有幾樣的聖母麼?"

學:"聖母沒有幾樣,只有一位在天上的。"

師:"凡人遇苦難時,有稱求慈悲聖母的,稱求安慰聖母的,許多名目,是甚麼緣故?"

學:"天主極重聖母。聖母替人央求,人得了大恩的甚多,又甚奇異的。因此我們稱頌聖母,用許多名目。"

師:"你念誦亞物瑪利亞經,對那一箇講?"

學:"對聖母講。"

師:"你求聖母甚麼東西? 你求聖母赦你的罪過麼?"

學:"不是求赦我的罪過。"

師:"求賜你額辣濟亞麼? 賜你天上真福麼?"

學:"也不是。"

師:"求誰赦宥你的罪?"

學:"求天主。"

師:"求誰賜你額辣濟亞,天上的真福?"

學:"都求天主。"

師:"這等求聖母的,是甚麼物件?"

學:"求替我轉求天主,賜我這等的無量大恩。"

"申爾福"第五章

師:"我且問你,還有別的經求聖母轉求天主麼?"

學:"阨格勒西亞,有幾樣經,求聖母轉求天主。中間有常用的喚做'撒耳物·勒日納',就是日課裡面的申爾福經。"

師:"你念申爾福經與我聽。"

學:"申爾福,天主聖母仁慈之母,我等之生命,我等之飴,我等之望。申爾福,旅茲下土,厄襪子孫,悲懇號爾于此,涕泣之谷,哀漣嘆爾。嗚呼! 其我等之主保,聊亦廻目,憐視我衆。及此竄流期後,與我等見爾胎普頌之子耶穌,吁其寬哉,仁哉,甘哉! 卒世童貞瑪利亞,天主聖母爲我祈,以致我等幸承基利斯多所許洪錫。亞孟!"

師:"誰教我們這'撒耳物·勒日納'?"

學:"是聖阨格勒西亞教我的。"

師:"你誦念'撒耳物·勒日納',向誰講?"

學："向聖母講。"

師："除了聖母,你還愛向祈求別的聖人,替你轉求天主麼?"

學："我們該向愛衆聖人及祈求他替我們轉求天主,但天主聖母的外,我所願極切,常愛向的聖人,即是管守我的天神,與我本名的聖人。"

師："説得極是。你自今以後,該這等行。你念甚麼,求常切向的聖人?"

學："我念聖阨格勒西亞定的經,也念在天我等父者與亞物瑪利亞。"

師："你前説在天我等父者,向天主念。如今又説向聖人念,這是甚麼意思?"

學："老師,我念在天我等父者,也要求天主有聖人的功德分上,仁愛我的亞尼瑪;也要求聖人替我獻這經與天主。兩説只是一箇意思。"

師："説得是。我且問你,甚麼時候好念經求聖人?"

學："雖是常該念經求聖人,但聖阨格勒西亞所設定喜樂瞻禮日,以尊敬當日的聖人,念他一生的行實聖蹟。這日向他念經,求他爲我轉求天主,是該當的。"

師："阨格勒西亞爲甚麼事定了瞻禮日,敘那聖人一生的事體?"

學："聖阨格勒西亞定了瞻禮日,敘聖人一生的事體,雖有許多緣故,但有五件要緊:第一件,聞見那聖人托賴天主,常行許多奇異聖蹟。所修的德甚盛,則我等自慨然感激。因而讚揚尊敬天主,并稱揚那聖人。第二件,要我們見阨格勒西亞,尊敬這聖人於地上如是之重,因而去追想聖人所享之榮福於天上者,何其極甚,必超出地上之尊榮,人所以敬之。第三件,要我們聞知那聖人一生的德行,一生的神戰神勝,因而發奮興起去學他。且自家説彼聖人亦原來是箇骨肉結成的人,與我一般,他既托天主至能成如是的大功,我若托賴天主何事不能。第四件,要我們愛敬聖人,求作我們的主保。向後切望他,替我們祈求天主。第五件,聖人在世時,尊敬阨格勒西亞像母親一般,替他捨身致命,要做箇效死的好兒子。故到他身後,這等重尊敬他。"

"聖信十二節"第六章

師："我們善求的經,你説過了,如今要你説怎麼樣纔善信?"

學："曉得聖信十二節,和那信德十四條,就是能善信。"

師："你説聖信十二節。"

學："我信全能者天主罷德肋化成天地;我信其惟一費略,耶穌基利斯多,我等主;我信因斯彼利多三多降孕,生於瑪利亞之童身;我信其受難,於般雀比剌多居官時,被釘十字架,死而乃瘞;我信其降地獄,第三日自死者中復生;我信其升天,於全能者天主罷德肋之右坐;我信其日後從彼而來審判生死者;我信斯彼利多三多;我信有聖而公阨格勒西亞,聖神相通功;我信罪之赦;我信肉身之復生;我信常生。亞孟!"

師："我且問你,聖信十二節是甚麼?"

學："是從天主正教人,該信的第一等事情。"

師：“聖信十二節是那一個做的？”

學：“是十二宗徒序列的。”

師：“他們序列聖信十二節，爲甚麼？”

學：“要我們誠信的緊要事情。”

師：“聖信是甚麼？”

學：“是天主賜予我們亞尼瑪的恩。即能佑人，使他堅心定意，實實信阨格勒西亞説的，真是天主顯示的事情。”

師：“我們該信的，是甚麼事情？”

學：“凡是聖阨格勒西亞教我們信的和那聖信十二節的事情，都是第一等極該信的，所以衆基利斯當，該曉得誦念他。”

師：“你見過了聖信十二節上的事情麼？你見了天主生天地麼？見了耶穌基利斯多降生、受難、復生，這許多事情麼？”

學：“不曾見。”

師：“這等你爲何信他？”

學：“因爲是天主顯示的。天主顯示的比我們親目見的還更真。”

師：“誰説與你爲天主顯示的？”

學：“聖阨格勒西亞，因受天主斯彼利多三多的光明，所以不會錯。他説教我們信，所以信了。”

師：“你怎麼樣解説所信的事情？”

學：“聖阨格勒西亞這樣解説，我也依他解説。”

師：“聖阨格勒西亞怎麼樣解説？”

學：“我是個童蒙，不曉得奧妙道理。聖阨格勒西亞，有大德大才明理的先生，他們會解説的，也會應對老師。”

師：“你説得是。且問你，汝常説聖阨格勒西亞，聖阨格勒西亞是甚麼？”

學：“凡天下人，已領聖水，信認吾主耶穌基利斯多所命信認的事情，并信認尊敬耶穌基利斯多所留教皇以代主教者。這等人皆成一總都會，即我所謂聖阨格勒西亞是也。這聖阨格勒西亞，我當信實有之，亦當信其惟一而無有二。”

師：“這阨格勒西亞，何故稱他爲聖，爲公？”

學：“謂之聖，因其首主，即耶穌基利斯多極爲聖；且其中也有聖肢，即聖人、聖女許多；又其所信諸端，所守諸誠，所用諸撒格辣孟多，盡皆是聖；又謂之公，因徧天下，止有一公阨格勒西亞而無二者。”

師：“神聖相通功，怎麼解説？”

學：“凡阨格勒西亞中人，所爲的德行，所行禱的功，我們皆互相有分通用的，如人身一肢安，衆肢皆安。”

師：“我信罪之赦，怎麼解説？”

學："我信聖阨格勒西亞有赦罪之真權。因其備有諸聖撒格辣孟多，是赦罪之具；又信阨格勒西亞中人，由撒格辣孟多的善用，以魔鬼的子，以地獄的罪人，變易爲天主的兒子，爲天上國的繼嗣。"

師："我信肉身之復生，怎麼解說？"

學："我信於窮盡世界大終之日，人人都要復生，復取生前所有之本身。只是此復生奇異之事，必不由於人力，而獨由於天主無量之能，無窮之力。"

師："我信常生，何以解說？"

學："我信天主於天上之國，已預備常生之去處，充滿萬般之榮福，除空了諸般之苦勞，所以賞善人者；又信地心中已具備常死永不生的去處，塞滿以萬般之苦，無毫髮之樂，所以刑罰惡人者。"

師："這聖信十二節，極是要緊的。你早晚該念他每每三次，又常常該行習信德的工夫。或任意自講幾句言語，口念如左：'吾主，爾真爲我天主，爾真爲我望，公母聖阨格勒西亞所設定各等的事情，令我信之，我每都誠心堅意認信之，一些無疑。我至今生居阨格勒西亞中，因我極歡極喜，極感天主的大恩！又托天主無窮之慈，篤望賜我卒世保存此聖信，生平守此聖誡，仍舊在阨格勒西亞裏邊，後得善終。亞孟！'"

"信德十四條"第七章

師："你說了聖信十二節，今再說信德的條件來。"

學："聖信之德有十四條，內中七條，是論耶穌基利斯多天主本性的事情。那七條是論耶穌基利斯多人性的事情。論天主本性七條，第一信其惟一全能者天主；第二信其是罷德肋；第三信其是費畧；第四信其是斯彼利多三多；第五信其以無物造成天地萬物；第六信其是救世之主；第七信其能賜與人真樂榮福。其七切係論耶穌基利斯多人性事情，第一信天主子曰費畧，因斯彼利多三多降孕；第二信其降生於卒世童貞瑪利亞；第三信其爲我們被釘十字架死而乃瘞；第四信其降地獄，取出那裏許多古時聖人的亞尼瑪；第五信其第三日復活；第六信其升天於全能者天主罷德肋右邊坐；第七信其日後從彼而來，審判生死的人，報他生前所做的善惡。"

師："這聖信的條件，是甚麼？"

學："是我們該信的，極要緊的。"

師："是信的條件和那聖信的十二節，是一般的，是兩般的？"

學："一般。聖信十二節裏面，就包含着的，分做十四條，要我們易得明白。"

師："那論耶穌基利斯多天主本性，第一條說我信惟一全能者天主，你怎麼說？"

學："我曉得只有一真天主，不用他物幫助，就能造成天地萬物。"

師："向後三條說信其是父，信其是子，信其是斯彼利多三多，怎麼說？"

學："這事情最深，我不曉得解，只堅心信這三條，是說三位一真天主。聖阨格勒西亞教我信,我就信了。"

師:"你説得好。我問你曉得甚麼譬喻,畧一解之更好?"

學:"曉得人之亞尼瑪只是一個,中間司記含,司明悟,司愛欲。記含的,明悟的,愛欲的,雖是三樣,他的性體只是一個亞尼瑪。那亞尼瑪雖是一,也抱三司。這等天主雖是一性體,也是罷德肋、費畧、斯彼利多三多三位。"

師:"第五條説,以無物生萬物,怎麼説?"

學:"我曉得天主不以物生成天地和那萬物;又時時保存主宰他,顯得天主的全能,教人稱揚尊榮他,又把來裨益我世人。"

師:"第六説我信是救世之主,怎麼説?"

學:"我曉得天主看其惟一子的功德,若我們行本分内的事,就赦宥了我們的罪過,又賜我們的額辣濟亞。"

師:"第七説能賜人榮樂,怎麼説?"

學:"曉得天主賜我們爲善的,受天上真福,無窮的安樂。天主所預備於天上,以加之於敬事己者。"

師:"説得好。我且問你怎麼樣説耶穌基利斯多人性的事情?第一條説我等主耶穌基利斯多,因斯彼利多三多降孕。"

學:"我曉得天主子,第二位費畧,因斯彼利多三多的功,用付入聖母瑪利亞純净胎中。取人的本性,即是真身、真亞尼瑪,與我們人一般,依舊還是天主,又今真是人。"

師:"第二條明白,不消解。第三條説爲我受難死而乃瘞,怎麼説?"

學:"我等主耶穌基利斯多有天主的性,也有人的性,所以真是天主,又真是人。論耶穌基利斯多,有人的性,真是人,所以能受難至死。若論耶穌基利斯多,有天主性,真是天主,絶不能受難至死。"

師:"論基利斯多是人,怎麼樣死?"

學:"耶穌的聖亞尼瑪離了肉身,喚作死。只是肉身和亞尼瑪都不曾離了天主的本性,却又受葬埋,是要明證他真正受死。"

師:"第四條降地獄,開脱了在那裏聖人的亞尼瑪,怎麼説?"

學:"我等主耶穌基利斯多,死在十字架上。後來聖尼瑪就降到地獄中,取出在那地獄裏眾聖人的亞尼瑪,脱了他與己同升天堂。"

師:"怎麼説聖人在地獄,有幾樣地獄?"

學:"論魔鬼和那惡人的地獄,只有一重。這一重上邊另有三重,也叫做地獄。"

師:"是那三重?"

學:"第一重是煉罪地獄。教中人得了額辣濟亞的死後,他的亞尼瑪便下在這裏煉他的罪。煉完了,纔得升天。"

師:"得了額辣濟亞的人,死後就該上天。你怎麼説下煉罪的地獄?"

學:"有額辣濟亞的人,或是生時不曾全受那該受的罪罰,也有得了微罪不曾痛悔得全。這般人必下煉罪地獄，補他當受的罰，煉他的微罪。煉完了，便得上天，受行善之報。若有額辣濟亞的人，死後不負債，就得上天受無窮真福，方不下煉罪地獄。第二重是未領聖水小孩兒的亞尼瑪，下在這去處。第三重叫做臨博，古時耶穌基利斯多未曾贖衆人罪，不曾復活的前，許多該上天的聖人，他的亞尼瑪下在這去處。此處也在地中，所以也叫做地獄。方纔說耶穌基利斯多降地獄，取出聖人的亞尼瑪，就是這第三重。但小孩與聖人的地獄，皆没有些苦楚。"

師："古聖人的亞尼瑪，爲甚麼在這去處？怎麼不上天去？"

學："爲始祖亞當的罪，天主不許人就上天，所以事奉天主聖人的亞尼瑪，也權住這去處。待耶穌贖了人的罪後，纔得上天受行善的報。"

師："你說得好。第五條說第三日復生，怎麼解？"

學："因耶穌基利斯多的聖亞尼瑪離了肉身，所以耶穌基利斯多叫做真死。到第三日，聖亞尼瑪合著肉身和那未死時一般，所以叫做復生。"

師："第六說升天於全能者天主罷德肋右邊坐，怎麼說？天主罷德肋有右手麼？"

學："天主罷德肋是極妙純神，無形無身，也無左右。我等主耶穌基利斯多，論他天主的本性，即罷德肋一般的尊，一般的能。論耶穌基利斯多人的本性，天主罷德肋賜予他的尊榮權能，比衆天神、衆聖人大不相同。因爲天主極尊重耶穌基利斯多的人性，所以說在於全能者天主罷德肋之右坐。"

師："第七條怎麼說？"

學："我等主耶穌基利斯多，有人的性，真是人。待世界窮盡的時候，當審判的日子，降下世間來決斷衆人所行的善惡，定他上天國，下地獄，永久不移的賞罰。"

師："你該用心奉事天主，守天主十誡，誠信天主的事情，早晚念經，痛悔自家的罪過。時時要想救自家的亞尼瑪，時時管顧身後的事。爲那後面審判的時節，望天主揀擇分別出來，同那衆善人受天主的賞，享天國的真樂。"

學："願依老師說，望天主賜我的聖佑，一心遵行。"

"十誡"第八章

師："你前說過了我們怎麼樣能善求善信，你如今說我們人怎麼樣能善行？"

學："若曉得了天主十誡，要守他；曉得了罪宗七端，要遠他。這是能善行。"

師："你說天主十誡與我聽。"

學："一、欽崇一天主萬物之上；二、毋呼天主名而設發虛誓；三、守瞻禮之日；四、孝敬父母；五、毋殺人；六、毋行邪淫；七、毋偷盜；八、毋妄證；九、毋願他人妻；十、毋貪人財物。"

師："你纔說是甚麼言語？"

學："是天主十誡。"

師:"怎麼説是天主十誡?"

學:"天主初生人,把這道理銘刻在我們心上。後面又叫美瑟聖人寫在石板上,傳與衆人。又耶穌基利斯多我等主,在世時節,復定之,且詳解之,所以叫做天主十誡。"

師:"這等説天下人都該守這十誡麼?"

學:"十誡是人性中自有之誡,天主銘刻於人心上。又人人的公主,止是天地之真主。所以不獨我們基利斯當該曉得,該守公主的誡,凡天下衆人都該曉得,都該守着。"

師:"我們怎麼樣守這第一誡?"

學:"專愛慕一真天主,望他救我,保養我,護佑我,報應我。常常求他爲天主,是衆善的根源。不向天主求,向那裏求?"

師:"這樣説,凡是敬奉佛道鬼魔等像,背了天主十誡,信他望他,都是錯走路的人麼?"

學:"敬奉佛道鬼魔等像這樣事,是衆人的大失,是大害。望他求他,是虛望,是妄求。"

師:"説得是。第二誡怎麼樣守?"

學:"但發誓要是真的,要是義的,要是緊的。不是這三者,不可發誓。"

師:"怎麼説是真的?"

學:"凡人發誓,若本曉得這場事不是,必發不得誓。就也把做是,内中也有疑處,也發不得誓。若都不管,信口發誓,雖微小事,也有重罪,所以發誓該真。"

師:"你説得是。我曉得天主至明的,至公的,至尊的。又求替我証那不真的事,這事忝辱了天主聖名。就如世上要求君主替我質証一件不真的事,就得大罪了,況至尊之天主。你怎麼説是義的?"

學:"我發誓雖是真實的事,但此事不合道理,就是不義的。這是要天主私意曲扶我做那不義的事,悖了天主至公至義的心。這發誓的罪,和那做不義事的罪大小一般。若違義的罪重大,發誓的罪也重大。違義的罪還是輕小,發誓的罪也畧輕小。"

師:"怎麼説是要緊的?"

學:"我發誓既是真的,又是義的。但是這事體没要緊,爲何就發誓起來,也有罪。"

師:"你説得好。人這樣輕易發誓,忝辱了大主。他的罪,或有大,或有小,自然明白。我且問你,除了天主,還有别樣的物可用發誓麼?"

學:"還有。這是或呪自己,或父母,或妻子的生命;或叫呼天地等物之名;或用聖十字;或稱聖人的名字;或用《聖經》中言語。用這等物發誓,以驗証真義、切要的事,也是好事,没有罪。若彼三件事不兼在,用這等物發誓,方纔有罪。"

師:"入寺廟裏發誓,可不可?"

學:"雖是前面那三件都在,不該入寺廟發誓,以驗証真義急要的事,就敬尊天主,認信爲衆真實的源。魔鬼就是衆虛誕假僞的祖,代呼他的名發誓以証真事,這是敬他做真實的根源。所以入寺觀廟裏發誓,大罪於天主。"

師："怎麼樣纔好發誓，沒有罪？"

學："若事是真的，又是義的，又是緊要的，用勤敬的心發誓，這就絕無罪。但我們不該習慣了常常發誓。若習慣了，恐怕有時犯了這第二誡，得了罪，進了魔鬼的羅網。"

師："發誓有這等險危，怎麼好輕易發得誓？ 只是我要驗證這事是真的，使人信我，該用甚麼言語？"

學："若我慣說真實的話，就不發誓，人也肯信。若我慣說不真的話，就發誓，他也不肯信。所以該常說真話。若有時要驗証這事或言語是真的，只消說這言真是，這事定是，我說決是，你不必疑。這樣言語也彀了。"

師："說得是。第三誡怎麼樣守？"

學："行聖阿格勒西亞定的，守那瞻禮日就是。今大約說，但遇瞻禮日，該聽一全彌撒^{彌撒者 祭天主之禮}，該停了日用的工夫，謹勤求亞尼瑪的事。天主當初造成天地，六日間造成，他第七日便休，不復作他物。意欲我等人，六日間做身上事，第七日即是主日，或他瞻禮日，要罷身上事的工夫，專務感謝天主，或求亞尼瑪的事。七日中取出一日，送獻天主，是甚麼難事？ 況這一日也不是爲利於天主，只爲求我自家的神利。"

師："第四誡怎麼樣守？"

學："孝順我們的父母，盡我們的力奉事他，愛養他，顧他所須，救他的艱難。"

師："你怎麼樣孝敬父母？ 若你的父母教你說謊妄証，或作別樣違理的事，你也依從麼？ 這也是孝敬麼？"

學："這等依從，便不爲孝。若父母教我背理，違天主的事，我必不可從，還要勸諫他。若父母教我順理的事，我該聽從。"

師："說得好。這等守這誡彀了麼？"

學："此誡包得廣，不止一件。天主這一誡裏面，也教我們敬朝廷和那管我的長官，與凡是在我上的人都要從他的命，不許違背。"

師："第五誡怎麼樣守？"

學："想着人與我是同類，同是在天大父生養的兄弟，不可殺他，不可傷他，不可害他，心中也不願害他。若見他受害，也該憐恤他。若朝廷官長用正法刑罰惡人，除民間的害，這等便不爲違誡。"

師："你說不願，是怎麼意思？"

學："我惡這人，怨這人，就願他受害，就不瞅睬他，不相見他，待他做冤仇一般。這樣行事，是不守第五誡了。"

師："殺禽獸的，也違了第五誡麼？"

學："禽獸是人所用的物。若禽獸是我的，我隨便殺來用，這無罪。若是別人的，偷來殺他，是違了第七誡，這必有罪。"

師："說的是。第六誡怎麼樣守？"

學："不做邪淫的事，不說邪淫的話，這就是守。"

師:"若不做不說,只是心下要邪淫,也違誡麼?"

學:"也是違誡。但論得細了,不在這一誡裏面,是第九誡裏面的。"

師:"你有甚麼規矩,或用甚麼事,可以免這第六誡的罪?"

學:"規矩方法有許多。假如節省飲食,不看邪淫的書,不吐邪淫的話,不唱邪媱的曲,不止自己不說不唱,也不要聽人說,聽人唱。此等的事,都是守第六誡的規矩。"

師:"若談色慾的言語,看說色慾的書,唱邪媱的曲,隨着好色的朋友。這等事極害小學後生,害他的名,又害他父母的名;害他的業,亂他的心,鈍了他的聰明,害他的性命;又極害他的亞尼瑪,使他做魔鬼的奴僕。你要守這誡,該求天主的全佑,常常遠絕這等魔鬼的引誘纏好。你再說第七誡怎麼樣守?"

學:"不拿別人的物件;也不強遲留別人的物件;也不勸人,不教人,不幫人,不引誘人拿取別人的物件。"

師:"願偷人的物件,也違這誡麼?"

學:"也是違誡有罪。若是論得細了,該在第十誡裏面。"

師:"第八誡怎麼樣守?"

學:"說人的不好,讒謗人的是非,是違了第八誡。我就是真曉得人的短處,別人不曉得的,我用好意思要救正他,說他的事,或向其父母兄長,或向其管治他的,這個使得。若不是為救正他,說與人知,揚他的惡,也違了這誡。或審判別人的行事,就妄斷了他不是,也違了這誡。或說謊,或錯賴人,或假做人的中証,或心中疑,決人為不好的,也違了這一誡。我不行這等的事,就是守這第八誡。"

師:"你說得極好。第九誡、第十誡你前面解過了,如今要你說兩句都盡這十誡,卻怎麼說?"

學:"是愛天主重在萬物之上,與愛人如己。"

師:"愛天主重在萬物之上,我們該怎麼樣做?"

學:"若因愛敬尊貴天主,寧失了我的財物,輕棄了我的功名,喪失父母與妻子,并失了我的身命,只不肯違了天主的命。這是愛天主重在萬物之上。"

師:"你曉得有甚麼事,可佑我們守這十誡,順行天主的命?"

學:"該早間醒時,就記念天主與天主賜的恩。該就念經若干遍,奉謝天主,求保佑我今日守這十誡,順天主的命。"

師:"晚間未曾去睡,也該行甚麼事纏好?"

學:"該省察這一日的思念、言語、行事,求天主赦宥我已得的罪過;又堅心定志賴天主的佑,改過遷善,隨便念經幾遍。"

師:"怎麼樣愛人如己?"

學:"但是依理義,依天主聖誡,願諸美福於我的,亦願有於人;不願諸醜惡於我的,亦不願有於人;且凡人加與我我不願的,不要把來加與人,就是愛人如己。"

師:"怎麼說依理,依天主聖誡?"

學："若我做不順理違天主誡的事，又教別人做，這雖是願人如我，卻是害人如害己，不是愛人如愛己。"

"聖阨格勒西亞定規"第九章

師："你説過了天主十誡，如今再説聖阨格勒西亞有甚麼誡？"

學："聖阨格勒西亞，雖有許多規誡，但起頭的誡姑舉四條。"

師："你説四誡我聽。"

學："第一在主日與各瞻禮日，要聽彌撒。第二在解罪，年中極少要解一遍。第三在當罷斯寡^{聖之督}時前後，要領聖體。第四在齋聖阨格勒西亞所定齋的日子。此外尚有數端，未爲甚要，姑闕以俟。"

師："第一誡怎麼樣守？"

學："每主日與各瞻禮日，聖阨格勒西亞，命我衆基利斯當，必該聽一個全彌撒；又聽彌撒中，必要極加敬謹，不要想閒事。設若有病，或有別故，緊要合理的緣故，不得來聽彌撒，也不妨。這個無罪。"

師："聽彌撒的時節，當做甚麼事，使我自己收斂加敬？"

學："不與傍人交談，不想外事，專想彌撒所像秘密玄妙的事，即吾主耶穌基利斯多如何爲我等受死，將他聖身自祭奉天主；又想耶穌聖體如何在那阿斯第亞麫餅裏面，如何千萬天神從天而降下來陪侍他，敬奉盡禮。"

師："撒責耳鐸德舉揚那聖阿斯第亞及聖爵時候，你曉得甚麼經文可誦之？"

學："曉得那日課裏面的祝文。"

師："你念我聽。"

學："俯拜稱謝吾主耶穌基利斯多，爲爾以爾十字聖架，救贖普世；伏祈吾主赦我等罪。亞孟！申爾福至寶血吾主，耶穌基利斯多，在十字臺上，爲人永福所流下者。"

師："第二誡怎麼樣守？"

學："凡基利斯當，及至曉得分別善惡的年紀，都要解罪。在開大齋的時，每年極少要一次。"

師："怎麼説每年極少要一次？"

學："因爲基利斯當到臨終時，或逢危險致死的去處，假如病篤，或要過海，或從行兵，或要領聖體，若有重罪，或重罪有疑處，都要先解，不然則犯了天主的命，違了阨格勒西亞的誡，且更加險自己的亞尼瑪，所以説極少也要一次。"

師："你説得是。但聖阨格勒西亞加這一句，年中'極少要一次'者，正欲勸諭我們，因屢次得罪天主，也就該屢次解罪。這罪是亞尼瑪上面的病痛，解罪是除去亞尼瑪病痛要緊的妙藥。人既屢次有病，怎麼不屢次用這藥去醫他？且問你，領耶穌聖體前邊，爲甚麼緣故先要解罪？"

學："如人若要請尊客,先須打掃那廳堂,等那客來,方爲尊敬。今我們的亞尼瑪,若沾染了死罪,就是魔鬼污穢了的房屋一般,所以我們凡要請耶穌基利斯多進住我們的亞尼瑪中,先該解罪,掃净了廳堂,等待着他。"

師："解罪之益有多少?"

學："頭先的益有三。第一天主赦宥人罪,又免人地獄永久之罰,改做暫時之罰,或生前自家取的,或撒責耳鐸德分付的,或身後下煉罪處補的。第二得復還前日的功勞。若是犯誠得罪了,後來雖行善亦無功,且前功縱仍在不滅,然卻枯死的樹無用。至解了罪,前日功勞復還,仍有利益。第三能得善人德行相通的功。"

師："你們以後若是常常解罪,一定不使失去如是之大利益。且問你解罪之工夫,該有幾件方得完全?"

學："論切要的,該有三件:要謙、要真、要全。"

師："怎麼是謙?"

學："若我們解罪的心中自家認是個重罪人,没一些功行,不該得赦宥,只是自悔求赦,大發敬謹恐懼,如對天主講一般,十分痛悔,十分要改,這叫做謙。"

師："怎麼樣纔是真?"

學："解罪的人,不可説不曾犯的罪,誣賴自家;也不要怕羞,或是爲別的意思,瞞昧了已犯的罪,不吐露出口。那解罪時節,須要想天主大能,無有不知,要瞞也瞞不得。一毫不敢隱藏,這叫做真。"

師："怎麼樣纔是全?"

學："要專心省察我的罪,省了後,把所得的罪都求解。"

師："你曉得甚麼規矩,劬那要解罪的人詳省,查他的罪?"

學："願解罪的人,該先罷諸事務,自藏於静室,密查十誡的條件,曾犯了不曾?七罪的條件,曾犯了不曾?形神哀矜的事件,如食飢的,飲渴的,衣寒的,顧病的及囹圄的,舍旅的,贖擄的,葬死的,以善勸人;啓誨愚蒙的,慰憂的,責有過失的,赦侮我的,恕人的弱行,爲生的死的祈天主,這樣事該行的不曾行得?不該行的又行了?又該想已前解罪後到如今,若未曾解罪的;想領聖水後到如今,察罪時候,其間或在家,或出外,曾與甚麼人交接談論,曾行甚麼事,曾務甚麼業,中間曾犯了罪不曾?遂一細查細檢,明曉得是罪,固就要解。但自疑是罪,解時要問明於解我罪者。這纔是用心省罪的人。"

師："説得好。你們要解罪的時候,該常常牢記這等做。且問你,第三誡怎麼樣守?"

學："凡基利斯當,到能分別認識耶穌基利斯多的聖體,在阿斯第亞中,必須領聖體一年一遍。在罷斯寡,或先或後的日,各隨其便。"

師："第四誡怎麼樣守?"

學："凡基利斯當,年滿了二十一歲,每年必當依瞻禮單所定大齋四十日,與每季三日,并阨格勒西亞所定大齋日,又主日前兩日,要戒肉食。若已滿二十一歲而有不齋之故,果合于義,雖不齋,無妨無罪。"

師:"這四誡是那箇定的?"

學:"此諸規程,乃聖教宗主漸次所命,以翼聖修德者。但今道未廣播,而奉道者未必堅凝,不必嚴以束之。故不能遵守者,未必遽謂有罪耳。預設此者,欲以引人自發本情,漸習積功。"

師:"你説得好。但此四誡阿格勒西亞,是我等仁慈之母,雖責泰西人守之,又明説亦不強新基利斯當盡守之,待天主聖教大行各處,纔可責其守之。若今未大行時,凡能守之者更有大功,不守者亦不得罪,但該明知其規矩是如此。"

"罪宗七端"第十章

師:"你説了天主十誡,是人人該守的,又説了阿格勒西亞的四誡,如今要你説我們該遠脱的罪有多少?"

學:"我們專心該遠的罪雖有許多,論衆罪的根源,只有七件。"

師:"你説這七件。"

學:"驕傲、慳吝、迷色、忿怒、迷飲食、嫉妬、懶惰于善。"

師:"你纔説的甚麼言語?"

學:"説七罪是衆罪的根,犯了的大概叫做死罪。"

師:"怎麼不就叫做是死罪,又説是大概?"

學:"這因是罪中間有重的,正是死罪;也有是畧輕易赦的,還要仔細説,所以不就叫做死罪。"

師:"人犯了這死罪,有甚麼樣的不好處?"

學:"失生他大父天主,失天上的福,失肉身和那天主贖來的亞尼瑪,我等主耶穌基利斯多受苦難的勤勞就没了我的分,自己亞尼瑪前得過的額辣濟亞都消滅了。這罪在亞尼瑪的時候,憑他做了許多作善的功績都没用了。這都是犯了死罪的不好處。"

師:"據你説,人犯了罪,就行了許多善事,都無益了麼?"

學:"果然是都無益了。隨他積下許多善行,這樣的亞尼瑪,要天主加他的聖寵,死後賜他天國的福樂,決不能殼了。只是一件有益,把這善行感動了天主,賜他些肉身上的安樂功名,日用糧等,屬地上的事。又有一件大益,把善行來感動了天主,保佑人心中明白曉得死罪的大害,見得他所行即是汚穢的事,走的都是魔鬼的路,使他專心痛悔從前所作的衆罪。這是犯了死罪,後又肯行善的大益。"

師:"你説得好。這個大益在犯死罪的人身上,極該貴重的。所以犯了死罪的時候,多該念經行善,求天主扶佑,使我見得如今在危險的地上。我且問你怎麼樣叫做死罪?"

學:"因殺了亞尼瑪,便失了聖寵,是亞尼瑪的生命也失了天主的友愛,做了天主的仇讐,所以叫做死罪。"

師:"這人不曾死,亞尼瑪怎麼樣死?"

學："老師，論亞尼瑪本性的命，不死不滅，有始無終的。但人有亞尼瑪，纔有人的行動知覺。亞尼瑪有了聖寵，所以行的事纔有功，有天上國的分，得受天主定下的賞、身後的福樂。所以無聖寵的，叫做死的；有聖寵，叫做生的。"

師："這死罪怎麼樣洗得去？"

學："有死罪的人，不曾進聖教，必要先入教領聖水，方洗去已往的諸罪。倘在教中，必要痛悔自己所得於天主的罪，又堅定了再不陷於罪；又解了罪，或定了從阨格勒西亞規矩，遇便就解，天主自然赦宥他。"

師："你說天主赦宥他，我問你，朝廷父母等在我上的，亦赦得人的罪麼？"

學："老師，若朝廷父母等在上的，能赦今世加得在罪人身上的刑罰；若在亞尼瑪上的罪要赦宥，要免我地獄的苦患，只有天主能得，其君父等在我上者不能也。"

師："你說犯了死罪人許多患害，今再說輕易赦的罪，怎麼樣加害於得罪的人。"

學："雖不到失聖寵的地位，雖未便做天主的讐、鬼魔的奴，也使他衰了愛天主的心，冷淡了行天主的事，和那求亞尼瑪身後利益的念頭，開了漸次陷於死罪的路。"

師："你說得是。若我不禁戒，又不洗除亞尼瑪上的輕小罪，便容易陷於重大的罪。《聖經》說'役人不忠於小事，將至不忠於大事'，就是這意思。我問你怎麼叫做輕罪？"

學："易得赦宥，所以叫做輕罪。"

師："求天主赦輕罪，該做甚麼工夫？"

學："或領受不拘撒格辣孟多，或聽彌撒，或洒聖水，或拊胸，或念我重罪人經文，或領俾斯玻向我做十字聖號，或專心誦在天我等父者等項，以表痛悔所得罪過的工夫，天主便赦宥他。"

師："你曉得我們該做甚麼事，纔不陷於這七件罪？"

學："做的事雖多，要緊的是行七德，與這七罪相反的。謹守亞尼瑪的三司，肉身的五司，不許他放縱，走到私那一邊去。"

師："反七罪的德是甚麼？"

學："謙讓反驕傲，捨財反慳吝，絕慾反色迷，含忍反忿怒，淡薄反飲食迷，仁愛反嫉妒，忻勤於天主之事反懶惰於善。"

師："怎麼說忻勤於天主之事？"

學："因這懶惰，莫非無度之憂；無節之欲。故行天主之事，當以忻勤敬謹，反這懶惰。"

師："亞尼瑪三司，是甚麼？"

學："司記含，司明悟，司愛欲。"

師："肉身五司，是甚麼？"

學："目司視，耳司聽，口司啖，鼻司臭，體司覺。"

師："愈違背天主斯彼利多三多的罪，有多少？"

學："有六件。"

師："你説我聽。"

學："第一自棄自絶，失上天拯亞尼瑪之望。第二無功德而望自得升天上國。第三專詆毀其所明曉得真是的。第四嫉妒他人的各等善福。第五硬堅執梗於罪惡。第六生平到終，稔惡不悔罪。"

師："對天主呼號求報復之罪有多少？"

學："有四。第一故意殺人。第二反人性的婬慾之罪。第三無故壓折困苦貧賤之人。第四遲滯虧損工匠與傭雇的工錢。"

師："世人的後事，《聖經》叫做人的最終，或叫做人的末後。設人能尋思其最終末後者，必永不犯罪。這等樣的人之末終者有多少？"

學："有四。就是死爲末，審判爲末，地獄爲末，天國爲末。凡人切切尋思這等，必自免得罪天主，免害自己的亞尼瑪。"

"七撒格辣孟多"第十一章

師："我們怎麼樣能善求、善信、善行，你説過了。今我問你，我們知那前面説的，能勾上天國，享永久的福樂否？"

學："不穀，還要天主加全佑，賜我額辣濟亞，所以得行前面説的善求、善信、善行三事。"

師："額辣濟亞，是甚麼物件？"

學："就是善人亞尼瑪的潤澤美麗，致天主向我而愛慕之。若額辣濟亞不在亞尼瑪之上，則亞尼瑪定是被罪污染，無德業之文飾，又無勇力以得之。勇力加倍，可以拂去誘惑，樹植德行。"

師："你説得妙。天主用甚麼事件，定甚麼規矩，與人這額辣濟亞？"

學："天主用阨格勒西亞，撒格辣孟多，賜與人額辣濟亞。只是要我們預先打點心頭，纔承得撒格辣孟多。"

師："撒格辣孟多，是甚麼？"

學："撒格辣孟多，譯言不可見的神事，顯見的記號，天主所設定以此顯示其所賜恩惠於人者。假如於第一撒格辣孟多中，用清水洗額於外，人目所見的，以指示天主如這樣洗亞尼瑪的罪於內，人目所不見的。"

師："阨格勒西亞撒格辣孟多，有多少？"

學："有七件。"

師："你説我聽。"

學："一保弟斯摩，二共斐兒瑪藏，三恭蒙仰，四白尼登濟亞，五阨斯得肋瑪翁藏，六阿耳等，七瑪第利摩尼阿。"

師："保弟斯摩，有甚麼意思？"

學："譯言洗滌，以清水洗人已前的罪。"

師："有甚美效？"

學："卻令人爲天主的兒子，得承受天上國的分；又洗脫往時的罪過，充滿亞尼瑪以天主的額辣濟亞與斯彼利多三多之七恩。"

師："共斐兒瑪藏，有甚麼意思？"

學："共斐兒瑪藏譯言強健。凡孩童到七八歲以上，主聖教者以聖油傅其額頂上強健之，使他做耶穌基利斯多的神武之士。"

師："有甚麼美效？"

學："強健人的心，增加亞尼瑪的勇力，使人不恐懼，使人認信天主聖教中事情。寧肯舍自己的性命，一些不肯背天主。一切令人爲我主耶穌基利斯多真正的神武之士，忻然奉行其役使，戰其神敵，即是魔鬼與世俗、肉身也。"

師："恭蒙仰，有甚麼意思？"

學："譯言領耶穌基利斯多聖體。"

師："有甚麼美效？"

學："養育、長進、保全亞尼瑪的性命，即是向天主的熱愛，又日日新他，日日厚他，不使他或消或冷。所以吾主耶穌基利斯多，賜與我們以他的聖體、聖血，藏在麵形酒形之下。若使明白與我們以他的肉、他的血，人必不敢，必不忍遽領。故蒙蔽以麵酒之形，欲人易領。所以撒責耳鐸德一念完耶穌所定的言語，那麵雖像是麵，却實非麵，真是耶穌的肉身，藏在麵色麵味之下；又聖爵中葡萄酒，撒責耳鐸德一念完那聖語，雖像是酒，却實非酒，真是耶穌的聖血，藏在酒色酒味之下。"

師："白尼登濟亞有甚麼意思？"

學："譯言心痛悔，口告解，實領其罪之罰。"

師："有甚麼美效？"

學："驅逐了、赦免了人保弟斯摩後犯的各等罪過，使人將天主的仇敵轉爲天主的友朋，復得前日因犯死罪所遺失的聖寵。"

師："阨斯得肋瑪翁藏，有甚麼意思？"

學："譯言以聖油傅危病人的五官之處。"

師："有甚麼美效？"

學："除滅罪過的餘跡，加病人亞尼瑪的神歡、神樂、神勇，使他臨終的時候，得戰勝他仇敵魔鬼；又屢次有利益，病人使疾病早愈，即有不愈，亞尼瑪的神病，日必瘳矣。"

師："阿耳等，有甚麼意思？"

學："譯言品級。阨格勒西亞中，近聖臺奉事者，有七等品級之賢士。那愈尊作彌撒的，就是撒責耳鐸德。"

師："有甚麼美效？"

學："天主加撒責耳鐸德，七等品級之士，以大額辣濟亞大德力，使他能善其職任。"

師:"瑪弟利摩尼阿,有甚麼意思?"

學:"譯言男女以婚合。"

師:"有甚麼美效?"

學:"凡男女以理義依天主聖教嫁娶,便受這個撒格辣孟多。天主必賜他以德力,并額辣濟亞,使他能和諧到老,相愛相敬,養育兒女,教訓他畏敬奉事天主,亦守其誡。若如此,畢竟在現世就得享福樂,至身後又享無窮的真福。"

師:"你說得極好。且問你,這七撒格辣孟多是誰初定的?"

學:"我等主耶穌基利斯多初定的,要由此以賜我等額辣濟亞,并要公分他受難被釘死之大功與我等。"

師:"撒格辣孟多,怎麼樣承得? 怎麼樣授得?"

學:"授受的,若人明犯有死罪,或疑惑犯有死罪,未曾受撒格辣孟多的,要先痛悔自家的罪,方纔授受得。若要領聖體,或是撒責耳鐸德未做彌撒時,先要解罪。"

師:"你說得好。若是你有親戚朋友,要領保弟斯摩,即是領聖水,你要勸他必先悔罪,方受撒格辣孟多的額辣濟亞。不然,就是領聖水那前邊的罪還在,未得洗脫。若在教中要行嫁娶的禮,也要勸他預先悔罪。若有便,就來解罪更好,方得承額辣濟亞,以善育養他生的兒女。"

學:"遵老師的命。"

師:"這撒格辣孟多,受得幾次?"

學:"保弟斯摩、其斐兒瑪藏、阿耳等,這三件只可受得一次。其餘常受得。論切要的是恭蒙仰、白尼登濟亞這兩件該常常受的,以去靈魂的罪過。"

師:"白尼登濟亞,有幾分?"

學:"有三分。"

師:"那三分?"

學:"第一分是誠心痛悔罪過,叫做恭弟利藏。第二分是開口明告罪過,叫做共費桑譯言告解。第三分是奉行認下的罪罰,叫做撒弟斯法藏以功准折罪過。"

師:"人怎麼痛悔得罪?"

學:"若專心爲天主痛悔從前犯過罪,堅意定了心,以後再不敢犯罪了;又定了意,有便就到撒責耳鐸德面前告解這罪,加我應得的罪罰,就奉行了。"

師:"親口解罪怎麼樣做的,你前邊說過了。今問你奉行罪的罰,你說是白尼登濟亞的三分,叫做撒弟斯法藏,怎麼樣做?"

學:"撒責耳鐸德聽審了罪,與我解了。他定下的罪罰事件,要全奉行。"

"向天主三德與四樞德"第十二章

師:"天主教中要緊的事,你都說過了。如今問你還有甚麼可行事,以承奉天主的聖意?"

學:"有向天主三德,有習積之德四樞,且有斯彼利多三多七恩與那屬形屬神哀矜十四端的行。"

師:"你説向天主三德。"

學:"聖信、聖望、聖愛。"

師:"你前面於第三章中論這三德,稱做超性之德,有甚麼意思?"

學:"超性之德者,言那三德,非是我性固有自然之德,亦非是人能習積之德,全賴天主賜力,方能習積之,所以這三德超出固有自然習積諸德之上。這獨是天主領聖水之初賦與人的,所以要向天主信望愛,方謂超越性上之大德也。"

師:"怎麼樣説天主賦與人當領聖水之初,未進教的許多也嘗有這三德,相愛的、相望的、相信的?"

學:"這是人間自然之德性,名目雖同,其實不同。那聖信、聖望、聖愛獨向天主,若人相信、相望、相愛,徒向人而已。那遊乎天上,這着乎土上。是故那謂之聖信、聖望、聖愛,而此則爲人信、人望、人愛也。"

師:"聖信怎麼樣向天主?"

學:"因這聖信使我們全信天主所顯示,或所默教於聖阨格勒西亞,所以説向天主。"

師:"聖望怎麼樣向天主?"

學:"因這聖望使我們全特賴天主、篤望天主,且能且肯依前邊所已與我的額辣濟亞,從我所依其聖佑所積的功勞,而賜我以天上國的常生,所以説聖望向天主。"

師:"聖愛怎麼樣向天主?"

學:"因這聖愛使我們愛天主重於萬物,又使我們爲天主愛人如愛己。"

師:"你説習積之德四樞。"

學:"智德、義德、勇德、廉德。"

師:"怎麼説的樞德?"

學:"這四德爲衆習積德行之樞機領首,一切爲諸庸德之源。蓋凡人日用常行各樣的德,一行一止,都皆從這四德出來。就如門扇一開一閉,時刻在那户樞中轉動,所以叫做樞德。"

師:"你説四樞德之職分。"

學:"智德使我謹慎仔細不致人欺,我自家也不去欺人。義德使我施於上下的人所宜施的。勇德使我爲天主的使役,不怕死與肉身的凶禍。廉德使我禁止抑遏無節度的諸欲。"

師:"你説斯彼利多三多七恩。"

學:"一是上知恩,二是透徹恩,三是謀議恩,四是勇毅恩,五是識見恩,六是仁愛恩,七是聖畏恩。"

師:"這七恩賜有何效?"

學："輔佐人德業，又使基利斯當得到成就的去處。蓋聖畏恩，就是畏懼天主的，抑止我等不敢得罪天主。仁愛恩，就是仁愛天主的，使我等全孝順天主，專愛天主。識見恩，就是天主經典與各樣善書的學識，使我等由此得識天主的旨意。勇義恩，就是亞尼瑪的勇力，使我等承行所已知天主的聖旨。謀議恩，就是善擇那謀議中更好的，使我由此得覺悟鬼魔的邪計詭謀。透徹恩，就是從屬五官有形之相，由此去透徹那無形之體，使我能通達聖教中可信玄奧的事跡。上知恩，就是精通天主的事理而甘味之，使我等得致成就處，直令我將自己的生命與一生的諸行，盡歸於天主，不自求功名而專求天主榮美。這等精知之士，已明知所始向者以至於終，莫非天主，所以萬行萬事都歸於天主。"

師："你説形神哀矜之行。"

學："形之七端，一食飢者，二飲渴者，三衣裸者，四顧病者及图圄者，五舍旅者，六贖虜者，七葬死者。神之七端，一以善勸人，二啓誨愚蒙，三慰憂者，四責有過失者，五赦侮我者，六恕人之弱行，七爲生死者祈天主。"

"亞尼瑪"第十三章

師："你前屢説人有亞尼瑪，我且問你，一個人有多少亞尼瑪^{譯言靈魂}?"

學："只有一個，叫做靈明，能論理的。"

師："這個亞尼瑪是那裏來的?"

學："是天主造的。"

師："天主用甚麼物件造這亞尼瑪?"

學："天主有無限的能，全不用甚麼物件，隨時造成萬民的亞尼瑪，一個一個與之。"

師："天主幾時造人的亞尼瑪?"

學："天主賦亞尼瑪在肉身中，那時節造成的。"

師："天主在那裏賦與人?"

學："在母親懷胎時賦與的。該生男子，母受胎四十日賦亞尼瑪。該生女子，母受胎八十日賦亞尼瑪。"

師："人死了後，亞尼瑪還在麼?"

學："人的亞尼瑪，不死不滅，只有始，没有終。人雖死，他的亞尼瑪常在。"

師："人死後，亞尼瑪在那裏?"

學："善人的亞尼瑪上天堂，受無窮的真福；惡人的亞尼瑪下地獄，受長久的真苦。"

師："人的亞尼瑪下了地獄後，還有甚麼方法救得他?"

學："亞尼瑪下了地獄後，再没有方法可救。所以我們該行善，專心奉事天主，求免地獄的永苦，求得上天無終窮的永久福樂。"

師："人的亞尼瑪，變禽獸轉男女身麼?"

學："人的亞尼瑪，不變禽獸，也不轉人身。一個人只有個亞尼瑪；一個亞尼瑪，只是一個人的亞尼瑪。若説變禽獸，轉男女身，這是邪魔的計較引誘人不善，做成下地獄的路，決不該聽信他。”

師："你説得是。變禽獸，轉男女身，是邪魔的説，決不可信。只是一件，你見了亞尼瑪麼？"

學："亞尼瑪是個没形没影的物件，人的肉眼怎麼見得他。只用理明得他，與見的一般。"

師："亞尼瑪在肉身上那去處？"

學："亞尼瑪全在人的百肢，也全在人的一肢。"

師："斷了人一肢，也斷了亞尼瑪麼？"

學："亞尼瑪没形像，也没多少分數，所以分斷不得。斷人的一肢，身雖不全，亞尼瑪依舊是全在的。"

師："禽獸也有亞尼瑪麼？"

學："禽獸有覺亞尼瑪，没有靈亞尼瑪。"

師："禽獸的亞尼瑪與人的靈亞尼瑪，有甚麼不同？"

學："禽獸的亞尼瑪隨著禽獸死就滅了，不能把前邊事推到後邊，不曉得無形的神物，不曾分別善惡，没有揀擇的意，所以與人的亞尼瑪大不相同，只叫覺亞尼瑪。"

師："草木也有亞尼瑪麼？"

學："草木與一切，凡百有生之物，都有亞尼瑪。但禽獸之亞尼瑪，叫做覺亞尼瑪；草木之亞尼瑪，叫他做生亞尼瑪，比禽獸覺亞尼瑪，還賤些粗些。"

師："這三品亞尼瑪，有甚麼職分？"

學："下品的亞尼瑪，是草木的亞尼瑪，但有一職，使草木生長。草木或自枯，或人斫，其生亞尼瑪也枯滅不在了。禽獸的亞尼瑪有兩職，一是生長，一是曉得寒熱、澀滑、疼痛等情，只是不能推論事情道理。人的亞尼瑪卻有三職，是既有那上面的生覺二亞尼瑪兩樣的職，又另有一異樣的貴職，就是使人謀度議論，分別善惡真假等項。這三品亞尼瑪，詳細的論，見在亞尼瑪格物書上面。"

師："有人説亞尼瑪是一個氣，亦有説是陰陽的精，亦有説生於空，死了後又歸於空。此等説話，你信麼？"

學："這等説話，我全不信。這是邪魔要使世人不知亞尼瑪，不重身後的事，不怕行惡，所以張這等羅網，陷了多少人下地獄。"

師："人有肉身，又有亞尼瑪，兩分結合來，纔成一個人，這道理無疑。我問你，我們該重這肉身，還該重這亞尼瑪，誰貴誰賤？"

學："保養肉身，不害自己的性命，是順理的。若論輕重，我們還該首重亞尼瑪。若爲救亞尼瑪，把肉身來受害，甚是合理。若爲重肉身害了亞尼瑪，是大得罪天主，必下地獄，這是極背理的事。"

師："這等我雖捨了命，爲救亞尼瑪，不敢犯天主的誡，好麼？"

學："我們寧可失了財，失了位，失了兒子，失了親戚，失了命，決不可犯天主的誡，害了自己亞尼瑪，使他永久受地獄的苦。"

師："人爲奉事天主，爲守誡失了命、亡了身，亞尼瑪到那裏去？"

學："人奉事天主，不肯犯天主誡，捨命受死，亞尼瑪定就上天，受無窮的真福。"

師："有人說祭享先人的亞尼瑪來喫，又有燒紙錢，說在地獄的，把做陰間費用，這等的事合理否？"

學："我見這等樣事不得不深痛，甚憐世人不知亞尼瑪的性情，是個自立的物，寔有一個，只是無形無像，本不食不飲、不長不老、不饑不渴、不用世間飲食。說亞尼瑪來食，把紙錢作費用，極是非理的言語。"

師："你說得是。今世的人只知自己有肉身，不知自己有亞尼瑪，只留心行肉身上的事情，絕不曉得亞尼瑪的事情，可哀，可哀！又有說死人的亞尼瑪常來看顧家中，這話是不是？"

學："人死後，他的亞尼瑪或上天堂，或下地獄，不是天主的命許他來家，必不得來。天主命許他來家，這等事也少有。人家念道佛經，懺做道場，百般樣事，枉費錢財，求祖宗父母至親的亞尼瑪來家，有甚麼益處？若魔鬼假做了他的亞尼瑪，來家中誘哄本家人，這也間或有之，終不可信。"

師："你說得是。奉事天主的人，常該求天主開明世人的心目，明白亞尼瑪身後的事，盡心竭力去遵行，便得真福，可昇天上國也。"

《聖教啟蒙》終

三、《誦念珠規程》

解　題

　　《誦念珠規程》不分卷。其版本有：1. 明萬曆四十五年(1617)刊本。柯毅霖認爲其爲 1617 年出版。[①] 但本次整理，未之見也。2. 明萬曆四十七年(1619)刊本。其版式爲每半葉 8 行，行大字 19 字；四周雙欄，外粗内細；白口，單上魚尾，魚尾上題書名，下記頁數。在羅馬耶穌會檔案館藏有一個刊本，收録在前揭鐘鳴旦、杜鼎克編《耶穌會羅馬檔案館明清天主教文獻》第 1 册。但它並非完本，缺前面的書名等頁及最后兩頁。此次整理，即以此爲底本；香港天主教教區網頁亦收録了此書，另據補。

　　與《天主聖教啓蒙》相同的是，《誦念珠規程》也是羅儒望二次創作的翻譯作品。《誦念珠規程》以耶穌會著名版畫家納達爾編《福音史事圖解》爲藍本。納達爾是耶穌會創立者依納爵·羅耀拉(Ignacio de Loyola，1491～1556)的首批門徒之一，也是該會的最早創立者之一，曾擔任過耶穌會副會長，是著名的靈修神學家。但是納達爾衹完成了《福音史事圖解》的文本，版畫部分是威克里斯兄弟依照普拉汀(Platin)等畫家所作的畫製成的銅版畫，並最終於 1593 年在比利時出版。[②]

　　早期入華的耶穌會傳教士們一直很注重《福音史事圖解》，將它看成耶穌會靈性上和傳教事業上的里程碑。1598 年和 1599 年，龍華民神父曾兩次致信耶穌會會長索要該書。最遲到 1605 年，此書已傳入中國。利瑪竇在 1605 年 5 月 12 日寫信給葡萄牙的阿爾瓦雷斯(John Alvarez)神父，提到此書已有一個副本在中國，由身在南昌的陽瑪諾神父保管着。[③] 羅儒望大約在 1605 年初次接觸了《福音史事圖解》，由於當時其負責南京傳教點的

---

①　見前揭(意)柯毅霖著，王志成等譯《晚明基督論》，第 148 頁。
②　見前揭(意)柯毅霖著，王志成等譯《晚明基督論》，第 243～244 頁。
③　有關《福音史事圖解》出版及傳入中國的情况，可參閱前揭柯毅霖著，王志成等譯《晚明基督論》，第 243～244 頁。

活動,順理成章地將此書帶到了南京。應該也就是從那時開始,羅氏開始著手將《福音史事圖解》二次創作爲漢文,並最終於 1617 年以"誦念珠規程"之名刊刻。

《誦念珠規程》采取的是圖文結合的方式,詳細記述了誦念《玫瑰經》這一向聖母祈禱經文的方法。所謂《玫瑰經》,正式名稱爲《聖母聖詠》,於十五世紀由聖座正式頒佈,是天主教徒用來敬禮聖母瑪利亞的的禱文。"玫瑰經"一詞來源於拉丁語"Rosarium",意爲"玫瑰花冠"或"一束玫瑰","Rosa"即玫瑰之意。此名是比喻連串的禱文如玫瑰馨香,敬獻於天主與聖母身前。天主教認爲《玫瑰經》是整本福音的概要,能够教導教徒以口誦心想的方式默想基督一生的奧跡。①

初期的教會修士有每日誦念聖詠的習慣,自中世紀流行對聖母的敬禮後,《玫瑰經》逐漸由修院晨頌祈禱的 150 遍聖詠演變出來,並於 1495 年獲得教宗亞歷山大六世(Alexander VI, 1431~1503)的承認。基於此《玫瑰經》根據耶穌的奧跡分爲三個五端(歡喜五端、痛苦五端、榮福五端),傳統上每天照順序奉獻一種"奧跡",組成 150 遍對聖母經的誦念,效仿聖詠的 150 篇。羅儒望在翻譯《玫瑰經》時嚴格遵守了這一規律,因之《誦念珠規程》分爲"誦念珠首一分規程"、"誦念珠中一分規程"和"誦念珠後一分規程"三部分,分別教誦聖母的歡喜、痛苦和榮福五端。每一端都用以下方式闡釋:宣講主題,跟着念十遍"極有德,極有福,童貞瑪利亞",組成對瑪利亞的 150 遍贊頌。之後便要求默想(稱爲"獻")。最後包含一"求"。當然,每一端也是一個關於耶穌基督的奧秘。

《玫瑰經》作爲天主教傳統裏深受重視的一种祈禱經文,需要信徒通過默想經文重溫天主救贖世人的奧跡。《誦念珠規程》中"獻"的出現,正是要求信徒默想聖母和耶穌奧跡的所在。而"求"的出現,則明確説明要聖母轉求"爾極愛之子耶穌",這也是天主教崇敬聖母、稱頌聖母的原因所在。可見,《誦念珠規程》的出現標誌着中國首批天主教徒的信仰生活的成熟,也説明早期入華傳教的耶穌會士們認爲信徒們應普遍熟知最重要的信仰奧秘以及特別熟知耶穌生平的種種奧秘。

《誦念珠規程》秉承了《福音史事圖解》的寫作特點,采取圖文結合的形式。在每一次對聖母的祈禱前,也是每一個耶穌奧跡前均配有圖像一幅,共計 15 幅。每幅畫的內容均是配合接下來要敘述的耶穌的福音故事。羅耀拉很早就認爲有必要將文字和圖像結合起來,耶穌會極注重靈修,靈性的修煉不僅建立在對《聖經》等教理文本的研習上,而且要憑藉對於宗教故事的想像,以意念構建具體的場景,以達到身臨其境的境界。納達爾按照羅耀拉的囑託編輯了《福音史事圖解》,其重要的目的就是爲了靈修者按照本書所提供的圖像去默想。羅儒望在將《福音史事圖解》翻譯成《誦念珠規程》時保留原有的模式,應該也有希望中國的天主教徒們能够身臨其境地默想耶穌基督的奧跡。相比於《誦念珠規程》的文本而言,《誦念珠規程》中的圖像顯得更爲重要,同樣,由於圖像的出現,《誦念珠

---

① 有關《玫瑰經》的介紹,可參閱慈幼英文學校(中學部)天主教同學會《玫瑰經》,http://www.docin.com/p—8047773.html#documentinfo。

規程》成爲目前發現的中國天主教最早的繪圖小册子。

　　本書充分體現出當地中國民間版畫書籍插圖之特長。例如,在《天使報信》和《瑪利亞訪問伊利沙伯》中所展現出的中式庭院及空間分割,疑是《西厢記》插圖再現;《園中禱告》中的山巒、樹叢的佈局和繪刻方式,讓人聯想到《西游記》的插圖。

　　特别值得注意的是,本書首次出現了"基督受難"的畫面。由此可見,羅儒望編輯出版的《誦念珠規程》更多的是面對已經受洗和慕道者的。

　　由於此書已經在葉農選編、點校《明清天主教〈聖經〉故事版畫集》(澳門:澳門文化藝術學會,2012 年)中,故本次整理與結集,就不再收録。

耶穌會士畢方濟漢文著述集

葉農　王婧　整理

前　言

　　畢方濟（亦名畢雲霽），字今梁。他中文名取姓"畢"，是采用了原名"Sambiasi"的第二個音；方濟是其名方濟各（Francesco）的簡寫。[①]

　　畢方濟是明末清初基督教傳華史與中西文化交流史中的重要人物之一。作爲一名耶穌會士，他不畏辛勞，奔波於各地傳教，足跡遍及廣東、福建、浙江、上海、江蘇、山東、河南、北京等地，成績卓著。在"南京教案"中受到重創後不久，耶穌會在南京的傳教活動得到恢復和發展，畢方濟於此頗有貢獻；在南明時期，爲耶穌會爭取到的傳教特權，曾一度讓傳教士們看到國主奉教的希望，他們希望的"基督教在羅馬全盛時期的榮耀"也僅有一步之遥。這些都與畢方濟在華苦心經營的人際網絡有著密切關係。在明朝（南明）帝王看來，畢方濟則是一名忠心耿耿、可力挽狂瀾、拯救帝國命運的重臣。畢方濟三次出使澳門，充分體現了明王朝對他的倚重，而畢方濟不辱使命更是體現出他卓越的外交才能。

　　畢方濟精通西學，亦深諳中國文化，被弘光帝譽爲"西域之逸民，中國之高士"，是一位百科全書式的人物，天文學、地理學、火器、算學、哲學、文學、繪畫、心理学、經濟学、生物学、生理学，他無所不知。如果不是輾轉各地傳教、周旋於明王朝與澳葡間耗費了畢方濟大部分精力，他可能會有更多時間來著書立説。但由畢方濟留傳下來的僅有的幾種漢文著述，我們還是不難發現其廣博的學識。

一、畢方濟來華及其在華經歷

　　1582 年，畢方濟出生於那不勒斯王國的科森察（Cosenza），1602 年 10 月進入初修院，1603 年 4 月 30 日加入耶穌會，經過嚴格挑選，1609 年 3 月 23 日，搭乘前往印度的"佩伊艾達德女士（Nossa Senhora de Piedade）號"船，同船的還有艾儒略等耶穌會士，1610 年到

---

　　① 　鄭芝龍在贈給畢方濟的詩中稱"泰西景教傳天語，身是飛梁接天庭"（見王重民撰《海外希見録》，載《圖書季刊》第二卷第一期，1935 年，第 32 頁）；鄭氏將"梁"解釋爲可"接天庭"的"飛梁"，認爲畢方濟是星宿下凡，做人類的飛梁，可以濟人升入天庭（見前揭方豪著《中國天主教史人物傳》，第 146～147 頁）。

達澳門。他原被派往日本教區,後被改派來中國,在澳門等待時機。[①] 1613 年,畢方濟奉召進京,始入中國內地,並一直在華傳教達近四十年。1649 年,卒於廣州。其在華活動大致情況如下:

(一)"南京教案"時期

1613 年,畢方濟被召入京,至 1616 年,一直居住在北京,其主要活動是學習漢語,並與眾多士大夫結交,初步建立起了其在華的交際網絡,爲其以後在華傳教打下了良好的基礎。1616 年"南京教案"爆發後,畢方濟得到徐光啓、孫元化、楊廷筠等教徒的庇護。初發時,畢方濟匿於徐光啓私第。[②] 1617 年,萬曆皇帝對沈㴶的奏疏做出反應,將所有傳教士遣返回國。隨着形勢漸趨緊張,畢方濟不得不離京南還。但是畢方濟並沒有去澳門,而是暫時藏匿於南方的教徒家中。後獲得在杭州過着退隱生活的楊廷筠的保護,又應孫元化之邀至嘉定,費賴之指出:"一六一六年南京仇教之事起,被逐南還。山東巡撫教名納爵(Ignace,葉注:即孫元化)留之居嘉定,不聽還澳門。納爵爲之預備禮堂一所,居宅一處。此宅並用以作青年研究之所,足容十一二人。"[③]據畢方濟萬曆四十八年(1620)致羅馬耶穌會總長 Muzio Vitelleschi 的信函可知,他在"南京教案"爆發後,曾經避居於松江舉人 Sun Ko Yam Ignacio 家中(應爲孫元化)。[④]

1621 年,"南京教案"尚未平息,畢方濟重新潛入北京,匿居於徐光啓寓所。後因故離京南還,次年,至上海,管理附近一帶城鄉傳教活動。[⑤] 期間他常徒步奔走於各鄉之間進行傳教。由於其爲人仁厚儉樸、和藹可親,深得教徒的喜愛,皈依者眾多。[⑥] 1624 年、1625 年,畢方濟至常熟傳教。瞿式耜《仁會引》稱:"歲在子丑,泰西上德艾公、畢公相繼來虞。余憂居無事,得詳叩其學術之原委。"[⑦]

1628 年 1 月,畢方濟參加嘉定會議,與會的有陽瑪諾、高一志、龍華民、金尼閣、畢方濟、郭居靜、李瑪諾、魯德昭、費奇規、艾儒略、黎勃勞 11 人,主要討論"Deus"的譯名問題。[⑧] 同年,因積勞成疾,身染重病,赴山西休養。行至開封時,受洗名爲伯多禄(Pierre)的商人邀請,暫居開封進行傳教。在此遇到了之前在北京結識,時於開封居要職的幾名

---

① 參見前揭(法)費賴之著,馮承鈞譯《在華耶穌會士列傳及書目》,第 143 頁;前揭(法)榮振華撰,耿昇譯《在華耶穌會士列傳及書目補編》下册,第 591 頁。

② 見蕭若瑟著《天主教傳行中國考》卷三《下逐客令》,載輔仁大學天主教史料研究中心編,陳方中主編《中國天主教史籍彙編》(臺北:輔仁大學出版社,2003 年),第 210 頁。

③ 見前揭(法)費賴之著,馮承鈞譯《在華耶穌會士列傳及書目》,第 143 頁。

④ 見黃一農著《兩頭蛇——明末清初的第一代天主教徒》(上海:上海古籍出版社,2006 年),第 92 頁。

⑤ 見前揭(法)費賴之著,馮承鈞譯《在華耶穌會士列傳及書目》,第 143～144 頁。

⑥ 見前揭(法)費賴之著,馮承鈞譯《在華耶穌會士列傳及書目》,第 145 頁。

⑦ 見瞿式耜撰《仁會引》,載張應麟編《海虞文苑》,收錄在《北京圖書館藏古籍珍本叢刊》(北京:書目文獻出版社,1998 年)集部一百一十八册,第 367 頁。

⑧ 見徐宗澤著《中國天主教史概論》(上海:上海書店,1990 年影印),第 327～328 頁。

官員。華方濟憑藉他們的介紹,聲望鵲起,在開封建立新教區,並在此傳教數年。① 之後畢方濟又輾轉到了山東、南京。

(二)"南京教案"之後的傳教事業

經過 1616 年、1620 年兩次教難,耶穌會在南京的傳教事業遭受重創。直至"南京教案"過去十餘年後,1634 年初,畢方濟賴徐光啓舉薦,奉皇上命至南京協助修曆,傳教工作纔得以恢復,教徒人數迅速增加。② 傳教事業之所以逐漸恢復,一方面是由於畢方濟正直賢良,精通文學、數理,善於誘人心所致;另一方面是其利用朝廷命其測量北極緯度、觀察日食月食,參與修曆之際,與官吏交好,爲之後傳教打下了良好的基礎。特別是畢方濟準確預測了日食後聲望大增,明朝政府對其有所倚重,使得南京的傳教工作相當順利,甚至應天巡撫張國維③亦受洗入教,洗名保禄。

在教案中,南京所有教堂均被拆毁。他來到南京後,在教徒的幫助下購置房產,建立教堂和墓地。如《天主教傳行中國考》對此記載道:"官紳士庶,無不踴躍。乃建堂二所,一在城外,附近設教士塋地,地名雨花臺,一在城内,去西門不遠,時稱漢西門。"④除此之外,1641年畢方濟在南京城内虎踞關(Hou Kiu Koan)爲天使建一教堂,⑤題堂門曰:護守山。⑥

畢方濟還不時巡歷舊教區,爲人授洗。1641 年,在淮安成立婦女善會。⑦ 還曾在揚州、蘇州、寧波、無錫及江浙其他城市傳教,其足跡遍及江南各地。

(三)南明时期的傳教與世俗活動

此时,華方济雖已生命垂暮,但依然精力旺盛。1643 年 9 月至 1646 年年底,華方济三次受命出使澳门,奔波於明朝(包括南明)與澳葡間,尽展其外交才能。

1. 1643 年畢方濟首使澳門

從萬曆末年明朝政府開始從澳門購炮起,直到崇禎三年(1630)葡萄牙籍耶穌會士陸若漢(João Rodrigues Tsuzu,1561~1634)再次赴澳門購炮募兵,明朝政府與澳門保持着良好關係。⑧ 但由於崇禎三年陸若漢招募的葡萄牙遠征軍計劃中途流産,再加上在對澳

① 見前揭(法)費賴之著,馮承鈞譯《在華耶穌會士列傳及書目》,第 144 頁。

② 見前揭(法)費賴之著,馮承鈞譯《在華耶穌會士列傳及書目》,第 144 頁。Joseph Dehergne, S. J. , Les Chrétientés de Chine de la période Ming (1581~1650), *Monumenta Serica*, Vol. 16, 1957. pp. 56~59. 轉引自周萍萍著《十七、十八世紀天主教在江南的傳播》(北京:社會科學文獻出版社,2007 年),第 53 頁。

③ 張國維,字玉筍,東陽人。天啓二年(1622)進士,崇禎七年(1634)擢右僉都御史,巡撫應天、安慶等十府(見前揭張廷玉等撰《明史》卷二百七十六《列傳》第一百六十四,第 7062~7063 頁)。

④ 見前揭蕭若瑟著《天主教傳行中國考》卷三《下逐客令》,第 210 頁。另參見前揭徐宗澤著《中國天主教傳教史概論》第 351 頁的相關記載。

⑤ See also Les Chrétientés de Chine de la période Ming (1581~1650), p. 57.

⑥ 見前揭(法)費賴之著,馮承鈞譯《在華耶穌會士列傳及書目》,第 145 頁。

⑦ 見前揭徐宗澤著《中國天主教傳教史概論》,第 312 頁。

⑧ 見湯開建著《明季澳葡政權的走向及與中國政府之關係》,載《新史學》第十二卷第三期,2001 年,第 19~45 頁。

門開放的廣州貿易市場上葡商違法亂紀①,到崇禎十三年(1640)時,明朝政府下令關閉廣州市場,禁止葡萄牙人在廣州開展貿易。② 澳門方面一直希望恢復廣州方面的貿易,並多次派市政議員爲代表赴廣州談判,要求開通廣州貿易,但一直未獲准。③ 崇禎十六年(1643)十二月,據博克塞(Charles Ralph Boxer)公佈的葡文資料,兩廣總督沈猶龍突然向澳門方面提出④,要求"澳門提供一門大鐵炮和一名炮手來防衛廣州,防禦農民起義軍李自成即將發動的進攻,并另送三名炮手至南京"⑤。

　　擔任溝通兩廣總督沈猶龍與澳門方面關係的正是畢方濟神父。畢方濟於1638年到1644年間,在揚州、蘇州、寧波以及江南、浙江兩省的一些地区傳教時⑥,結識了南京兵部尚書史可法。1643年的耶穌會年報稱:"他與駐紮在那裏(南京)的總督相交甚歡,接待他的規格很高。應總督的請求,畢方濟神父開始踏上漫長的旅途,前往澳門,爲帝國服務,將爲中國商洽幾個炮手和火槍,以對付那個反叛者(李自成)。同時想辦法將(耶穌會的)人帶入中國,因爲把他們夾帶在總督的使團內不是什麼難事,但由於後來出現的事件,沒有帶進人來。"⑦這位駐紮在南京與畢方濟有交情的"總督",應爲崇禎十六年七月二十(1643年9月2日)上任南京兵部尚書的史可法。⑧ 史可法整頓武備的第一要事,就是造炮、習炮。⑨ 他推薦了徐光啓之外甥、亦爲天主教徒的陳於階"量授南欽天監博士職銜,教

---

　　① 參見中國第一歷史檔案館、澳門基金會、暨南大學古籍研究所合編《明清時期澳門問題檔案文獻彙編》(北京:人民出版社,1999年)第一册第七號檔《兵部尚書熊明遇等爲澳關宜分裏外之界以香山嚴出人之防事題行稿》,第12頁。(瑞典)龍思泰(Andrew Ljunstedt)著,吳義雄等譯《早期澳門史》(北京:東方出版社,1997年),第101頁。

　　② 參見(葡)施白蒂(Beatriz A. O. Basto da Silva)著,小雨譯《澳門編年史》(澳門:澳門基金會,1995年),第48頁。

　　③ 見前揭(瑞典)龍思泰著,吳義雄等譯《早期澳門史》第三卷第二章,第101頁。

　　④ 見王永瑞據(康熙)《新修廣州府志》卷十八,稱丁魁楚於崇禎十六年出任兩廣總督[《北京圖書館古籍珍本叢刊》(北京:書目文獻出版社,1998年)第三十九册,第368頁],然(雍正)《廣東通志》卷二十七、(道光)《廣東通志》卷十八均稱丁氏於崇禎十七年(1644)任兩廣總督,結合《明史·丁魁楚傳》、《明史·沈猶龍傳》,可證(康熙)《新修廣州府志》誤,丁氏出任兩廣總督應爲崇禎十七年。

　　⑤ See Boxer, Charles Ralph, The Military Anabasis in Support of Ming Against Qing by Portuguese During 1621～1647, in *Estudos para a Historia de Macau*, 1991, No. 1, p. 199;見前揭(葡)施白蒂著,小雨譯《澳門編年史》,第50頁。

　　⑥ 見前揭(法)費賴之著,馮承鈞譯《明清間在華耶穌會士列傳(1552～1773)》(上海:天主教上海教區光啓社,1997年),第144頁。

　　⑦ See Gouveia, António de, Cartas Ânuas da China, 1636, 1643 a 1649, Macau: Instituto Português do Oriente e Lisboa, Biblioteca Nacional, 1998, p. 128.

　　⑧ 見談遷著,張宗祥校點《國榷》(北京:中華書局,1958年)第六册卷九十九"崇禎十六年七月辛亥",第5984頁。前揭《明史》卷二七四《列傳》一六二,第7016～7017頁。"更新八事"中的一條即爲"内庫神器不能不習"[(明)史可法撰,張純修編《史可法集》(上海:上海古籍出版社,1984年)卷一《上留都軍政八事疏》,第9頁]。

　　⑨ 原疏爲陳垣抄本,不見於《史可法集》中。轉引自前揭方豪著《中國天主教史人物傳》,第180頁。

練諸營火器"①。陳於階"幼從光啓學天算,又受神學於意大利人畢方濟,問銃法於日爾曼人湯若望"②,於火器製造尤精。造炮有人,但精於火炮技術的炮手奇缺,史可法遂邀當時在福建傳教的副省華南區省長艾儒略赴澳門商議有關火炮事宜。③ 在艾儒略不能成行的情況下,畢方濟擔當此重任。1644 年耶穌會年報稱"當時在南京教堂的畢方濟神父出差去了澳門"(年報内容還是指 1643 年畢方濟出使澳門的事情)。④ 畢方濟離開南京赴澳門應在史可法到任南京兵部尚書之後,即 1643 年 9 月以後,於是纔有 1643 年 12 月澳門往廣州和南京贈炮和炮手之舉。但從目前所見到的資料和對當時形勢的分析,畢方濟和支持南京的 3 名葡萄牙炮手並未成行。因爲到崇禎十六年十二月時,張獻忠已攻陷江西所有州縣,從廣州往南京的交通已完全被義軍遮斷。⑤ 支援明朝的葡炮和炮手決不會在此時冒險北行。故畢方濟這時應住在廣州或澳門,静待時局的變化。

2. 畢方濟二使澳門(1645 年)

崇禎十七年三月崇禎帝自殺,明亡。同年五月,福王朱由崧即位於南京,建立南明第一個政權。面對中國政治格局發生的重大變化,澳門耶穌會與澳葡政府必定會對正處在劇變中的中國政治形勢制定新的政策。從崇禎末年開始,耶穌會就計劃力圖自上而下地使明王朝皈依天主教。⑥ 崇禎皇帝雖最終未能奉教,但明朝宮廷及上層士大夫奉教之風已相當流行。⑦ 到明王朝滅亡的前夕,天主教已在明朝的上層社會扎下很深的根基。如果明朝不亡,耶蘇会所希望的"基督教在羅馬全盛時期的榮耀"也許就可以在中國實現。然而清鐵騎的入關與南下,粉碎了他們的皈依計劃。由於對清政權對天主教的態度尚不明確,澳門教會擔心經過數十年辛勤努力而獲得的在明王朝中的地位會隨着漢族政權的顛覆而消失。福王政權在南京建立後,他們又重燃希望,他們意識到此時殘存的南明政權更需要外來力量的支援,而澳門則是對南明政權進行有力支持的最重要力量來源地。於是他們開始了新的皈化計劃,即扶持南明政權,支持南明政權的中興大業,力圖使明王朝自上而下地皈依天主教,並由此而改善澳門與明政府的關係。這一決策的第一步便是崇禎十七年十二月初六日(1645 年 1 月 3 日)畢方濟向弘光帝進貢與上疏。

此時剛剛建立的弘光政權亦需要得到澳葡政府的支持,以抵禦清軍鐵騎的進一步南

① 見史可法撰《爲特舉逸才,以資練備疏》,轉引自前揭方豪著《中國天主教史人物傳》,第 179 頁。
② 見前揭《明末殉國者陳於階傳》,載前揭《陳垣學術論文集》第一集,第 249 頁。
③ 見李嗣玄錄《思及艾先生行畧》,載(意)艾儒略著,葉農整理《艾儒略漢文著述全集》(桂林:廣西師範大學出版社,2011 年),第 389 頁。
④ See also Gouveia, António de, Cartas Ânuas da China : 1636, 1643 a 1649, p. 184.
⑤ 見計六奇著《明季北略》下册卷十九,載《張獻忠陷江西郡縣》(北京:中華書局,1984 年),第 392～393頁。
⑥ 見前揭蕭若瑟著《天主教傳行中國考》卷四,第 115～117 頁。
⑦ 見(法)沙百里(Jean Charbonnier)著,耿昇、鄭德弟譯《中國基督徒史》(臺北:光啓文化事業出版社,2005 年),第 142～144 頁。

下。崇禎十七年十二月初七日,南明政府即批復:"奉聖旨海禁初開,畢方濟著劉若金帶往海上,商議澳舶事宜。"這實際上是派畢方濟、劉若金代表南明政府去與澳門葡萄牙人談判,以爭取澳門的支持。① 這一次畢方濟與澳門方面的海上談判獲得成功。於是,弘光帝於弘光元年(1645)三月末正式發佈詔書,任命畢方濟神父爲欽差大臣前往澳門。② 臨行前,弘光帝還爲畢方濟題詞:"帝以《聖諭歐邏巴陪臣畢方濟》文曰:'誠於事天,端於修身,信義素孚……弘光歲次乙酉春王吉旦立(1645年1月28日)。'"③弘光帝於弘光元年五月被俘,南京失守,弘光朝與澳門交往事遂告中止。畢方濟後離開澳門暫居廣州。但畢方濟出使澳門並没有半途而廢。畢方濟第二次出使澳門是受南明弘光、隆武二帝之托,這一次出使大約在隆武元年(1645)12月前結束,澳葡政府及耶穌會從中獲利頗多。④葡萄牙國家檔案館還保存有一份1645年12月20日的檔案,其主要内容亦是:免國王兩條船税,澳門船免全年。此檔案證明畢方濟爲中國皇帝大使。⑤

3. 畢方濟三使澳門(1646年)

畢方濟第二次赴澳門之行雖已結束,但明朝政府出使澳門的目的似乎尚未達到。雖然明朝政府對澳門方面已給予相當多的優惠條件,包括赴廣州自由通商、免税、建立教堂及賜予陸若漢墓地,但澳門方面未見任何對明王朝援助的承諾和行動。可見,畢方濟第二次赴澳門並未完成使命。正因爲畢方濟的第二次出使並未獲得澳門方面的實際援助和承諾,隆武帝遂派畢方濟第三次赴澳門:"方濟遂以使臣身份,偕同太監龐天壽同赴澳門。"⑥隆武二年(1646)八月,隆武帝遇難。畢方濟第三次赴澳門具體時間不詳,據《耶穌會士在亞洲》中的資料,畢方濟1646年6月15日(農曆五月初三日)還在福州,但從龐天壽已參加隆武二年八月擁立永曆帝監國的會議來看,⑦畢方濟從福州出發的時間不應晚於隆武二年六月。⑧ 但當畢方濟、龐天壽到廣州時,隆武政權已經覆滅,故新立桂王永曆政權"因龐天壽之進言,永曆仍以隆武所予特權,授諸畢方濟"。⑨

畢方濟這一次赴澳門,結束的時間應在1646年年底,這一次獲得了澳門葡萄牙人

① 見前揭(法)費賴之著,馮承鈞譯《在華耶穌會士列傳及書目》,第145～146頁。

② 見阿儒達圖書館編《耶穌會士在亞洲》,JA 49－Ⅴ－13. fol. 381v－382。

③ 見前揭方豪著《中國天主教史人物傳》,第144頁。

④ 見(法)裴化行考釋《明末耶穌會士一封信》,載《國立北平圖書館館刊》(北京:書目文獻出版社,1992年)第六卷第五號,第4856頁。

⑤ 見葡萄牙國家檔案館藏,ANTT/Cart. Jesuit., liv. 83, doc. n° 57。

⑥ 見前揭(法)費賴之著,馮承鈞譯《在華耶穌會士列傳及書目》,第146頁。

⑦ 見計六奇撰《明季南略》卷九《粵中立永曆》,第334頁。

⑧ 見前揭阿儒達圖書館編《耶穌會士在亞洲》,JA49－Ⅴ－13《畢方濟神父廣東之行及返回福建》,1646年6月15日,fol. 555～561。

⑨ 見前揭(法)費賴之著,馮承鈞譯《在華耶穌會士列傳及書目》,第146頁。畢方濟這次去澳門,龐天壽實際上並未同行。現存葡文資料只記錄了龐天壽一次訪問澳門,爲1648年10月,參見金國平、吳志良著《龐天壽率團訪澳記》,載《中西文化研究》2004年第1期,第62～66頁。

的軍事支持。① 陳綸緒神父發現藏於西班牙國家圖書館的珍貴文獻《中華帝國局勢之
總結》一書中收錄了瞿安德的一封信，其中稱："〔永曆元年正月，清將李成棟犯肇慶〕
……永曆帝不知所措，奉教官員 Lucas（焦璉）適時出現，他屬下擁有強大兵力以及從澳
門來的葡萄牙槍砲手，我與這位聖教的保護者 Doctor Lucas 同行（，奉帝幸平樂）。另一
位在永曆朝掌兵權的天主教徒是龐天壽（Panaquileyo），鑒於兵力短缺，龐氏遂將堡壘的
防禦工作交付澳門來援的槍砲手（由 Nicolas Ferreyra 率領）。"② 上述資料均可證明一
點：隆武二年（1646）畢方濟奉使澳門獲得了成功，澳門葡萄牙人派葡兵 300 人支持剛剛
建立的永曆政權，這些葡兵於 1646 年底從澳門出發，1647 年初到達桂林，被安置在奉教
將領焦璉的部下，並參加了永曆元年的桂林保衛戰。③ 錢海岳著《南明史》卷七十四《畢方
濟傳》："永曆元年，（畢方濟）入桂林，大製西洋銃。清兵迫，糾夷兵三百，助瞿式耜城守，
大破清兵，桂林獲全。"④ 可見，畢方濟及他赴澳門帶來 300 名葡萄牙士兵，均參加了桂林
保衛戰。在桂林他還助永曆朝廷製造了西洋銃，這些由畢方濟製造的西洋銃，在桂林保
衛戰中還發揮了重大作用。⑤

　　畢方濟作為明王朝的使臣，在明朝滅亡前夕及南明時期三次出使最終完成了借澳葡
軍事力量支持明朝抗清事業這一大計。然而明朝大勢已去，明廷滅亡在即，南明小朝廷
也並沒有因為澳葡軍事力量的介入而挽狂瀾於不倒。雖然畢方濟的努力在明方並未獲
得成功，卻給澳葡政府的未來走向提供了警示：援明抗清的政策不可以繼續，堅持抗清將
危及澳門的安全。雖然稍後仍有龐天壽出使澳門之舉，但澳葡政府已表示了一定的冷
淡。⑥ 而到卜彌格（Michal Boym，1612～1659）經澳門出使教廷時，澳葡政府明確表示反
對，最終致使卜彌格返回時不能經澳門入境而客死中越邊境。⑦

　　畢方濟的人生最後一段時光是在廣州度過的。在龐天壽的幫助下，廣州的新教堂得
以順利落成。本來可以安度晚年的畢方濟，此時又逢清兵攻佔廣州，幾乎喪命，幸有僕人

　　① 　見前揭（葡）施白蒂著，小雨譯《澳門編年史》，第 53 頁；前揭（法）費賴之著，馮承鈞譯《在華耶穌
會士列傳及書目》，第 302 頁。
　　② 　See also A European Document on the Fall of the Ming Dynasty（1644～1649），pp. 75～109。
轉引自前揭黃一農著《兩頭蛇——明末清初的第一代天主教徒》，第 333 頁。
　　③ 　詳見前揭黃一農著《兩頭蛇——明末清初的第一代天主教徒》，第 334～337 頁。
　　④ 　見錢海岳著《南明史》卷七十四《畢方濟傳》（北京：中華書局，2006 年），第 3548 頁。
　　⑤ 　見徐鼒著《小腆紀年附考》下冊卷十四，順治帝四年（1647）五月乙丑條"時三王兵將抵桂
林。……式耜與焦璉分門嬰守，用西洋銃擊中騎兵，王師稍卻"，載前揭計六奇撰《明季南略》卷十二《瞿
式耜守桂林》及戴笠撰《行在陽秋》第 19 頁，均有相同之載。
　　⑥ 　見前揭金國平、吳志良著《龐天壽率團訪澳記》，第 64 頁。
　　⑦ 　"永曆十二年（1658）卜氏行抵暹羅，澳門葡人恐得罪清廷，遣人通知，不許其進入澳門。氏不得
已，乃乘一荷蘭船至交趾暫居。……氏在交趾與廣西邊界徘徊，不久即知中國全國已被清征服，百感交
集，乃於永曆十三年（1659）陽曆 8 月 22 日病歿。"見前揭方豪著《中國天主教史人物傳》，第 221 頁。

相救,纔死裏逃生。之後得到清軍中名叫巴雷托(Didace Baretto)①的武將的保護。又"被韃靼人在廣東的總督認出,並獲得了優待和之前所有的榮耀"。②

畢方濟身體恢復後,仍在廣州及其附近傳教,直至 1649 年 1 月歿。③ 永曆帝欽製悼詞④,命以盛儀葬於隆武帝之賜地中。⑤

三、畢方濟在華交遊考

明清鼎革之際,由於畢方濟有貫通內外的政治資源、縱橫捭闔的處理技巧,同時他又善於言辭,故其交遊廣泛。畢方濟在華近四十年裏,上至王公權臣,下至平民百姓,莫不與之交好。據現有文獻記載,與畢方濟交往頻繁而可考者如下:

(一)畢方濟與南明帝王的交往

1. 弘光帝朱由崧。畢方濟的人格魅力吸引了衆多人與其結交,其中就包括深受萬曆帝寵愛的福王朱常洵,他"聞畢方濟名,亦不時召見,大顯敬愛之意"。⑥ 弘光帝受其父影響,與畢方濟接觸應頗多,至此我們也就不難理解弘光帝登極後爲何對畢方濟信任有加,委以重任,派其赴澳門求葡兵援助,並在畢方濟出發前,特意題詞對其大加褒獎。⑦

2. 隆武帝朱聿鍵。畢方濟與隆武帝情誼深厚,他們初識於常熟。⑧ 隆武稱帝後四次下詔,召畢方濟至福州。⑨ 并撰有御製詩《答友人高士畢方濟字今梁進〈修齊治平頌〉》,見本集。⑩

隆武帝立國後,財力匱乏,軍事屢弱,危機四伏,急需外界援助。隆武帝甚至將恢復疆土、成就偉業的希望寄託在畢方濟身上。隆武帝當時欲授畢方濟封疆大吏,

---

① 巴雷托修士的父親是西班牙人,修士本人生於新西班牙。當畢方濟神父在南京時(1634~1641),他在那裏當輔理修士。他可能來自福建泉州,當時那裏有不少來自臺灣和菲律賓的西班牙人。1635 年耶穌會會士錄上沒有他的名字。可能是在 1636 至 1640 年間入會的,他的初學似在杭州,再從杭州去了南京。在 1642 年至 1645 年間,他似乎解除了聖願,脫離了耶穌會,去爲清人服務。1647 年,他當上了清朝的武官,對重來廣州的畢方濟神父,曾出過一些力。見前揭(法)費賴之著,梅乘騏、梅乘駿譯《明清間在華耶穌會士列傳(1552~1773)》,第 336 頁。

② See Chan, Albert(陳綸緒), A European Document on the Fall of the Ming Dynasty(1644~1649), in *Monumenta Serica*, no. 35(1981~1983), p. 91.

③ 見前揭(法)榮振華撰,耿昇譯《在華耶穌會士列傳及書目補編》,第 164 頁。

④ 見前揭(法)榮振華撰,耿昇譯《在華耶穌會士列傳及書目補編》,第 164 頁。

⑤ 1934 年 2 月 15 日,德禮賢(Pasquale d'Elia)稱"隆武帝賜地在澳門對岸 Lappa 島之銀坑村中,方濟墓殆在此處",見前揭(法)費賴之著,馮承鈞譯《在華耶穌會士列傳及書目》上冊,第 147 頁。

⑥ 見前揭蕭若瑟著《聖教史略》卷十二,第 72 頁。

⑦ 見前揭方豪著《中國天主教史人物傳》,第 144 頁。

⑧ 見前揭(法)費賴之著,馮承鈞譯《在華耶穌會士列傳及書目》上冊,第 146 頁。

⑨ 見前揭(法)費賴之著,馮承鈞譯《在華耶穌會士列傳及書目》上冊,第 146 頁。

⑩ See also A European Document on the Fall of the Ming Dynasty(1644~1649), p. 89.

並命其爲軍事大員,但方濟均未受命,①僅以"日宣諭使"身份赴澳門請求軍事援助。隆武帝御製詩中提到"借旅安世後,太昊委來真",暗示畢方濟向澳門借兵成功恢復大明江山後,允許天主教自由傳教。然而耶穌會最希望看到的國主奉教尚未實現,這也成了畢方濟的首要任務。1645 年 12 月 2 日耶穌會士由澳門寄往羅馬的報告稱隆武帝即位後,耶穌會獲得了極大的利益,除了新皇帝尚未奉教外,可以説純係耶穌會的人了。②

3. 永曆帝朱由榔。端王第四子,隆武叔父,封爲桂王,1646 年在肇慶稱帝。永曆稱帝后,朝政混亂,南明政權處於風雨飄搖之中,抵禦清兵,重整南明政綱顯得尤爲重要。憑藉在崇禎、弘光、隆武朝的出色表現與政治資本,畢方濟立足永曆一朝,有其必然因由。然而永曆皇帝對畢方濟本人的倚重與信賴,亦出於對其背後政治資源的渴求與期望,故永曆因龐天壽進言,仍以隆武所予特權授諸畢方濟。畢方濟此次出使未辜負永曆帝之期望,他帶來的 300 名葡兵在桂林保衛戰中發揮了重要作用。1647 年,畢方濟還進入桂林大製西洋銃,協助瞿式耜擊破清軍。③ 之後畢方濟離桂林到達廣州,至 1649 年去世。由於畢方濟在永曆朝時所做出的巨大貢獻,永曆帝欽製悼詞與賜葬他,我們不難看出畢方濟在永曆朝所具有的分量。

(二)畢方濟與士大夫交遊

明朝時王陽明心學盛行,士大夫空談心性,不務實事,此種作風一直延續到明末。隨着内憂外患日益嚴重,一批有識之士開始反思,提倡經世致用的實學。耶穌會士所采取的適應性傳教策略正好迎合了明末士大夫的這種需求,他們以學術爲媒介,借助西方科學知識,逐步引起士大夫的注意和敬重,然後利用這種人脈關係深入中國各地進行傳教。畢方濟亦是適應性傳教策略忠實的實踐者,他利用自己的學識廣泛結交士大夫,這爲他在中國開展教務奠定了堅實的基礎。其交遊的中國士大夫,參見下表:

---

① 據前揭(法)裴化行考釋《明末耶穌會士的一封信》注 12 稱,現北平圖書館藏有畢神父自譯的拉丁文的福王贈詩一首,該譯文即以奉贈福王的。另方豪著《畢方濟傳》中亦稱"隆武帝又有贈今梁詩,藏國立北平圖書館,編目二六五四五",載前揭方豪著《中國天主教史人物傳》,第 145 頁。筆者在中國國家圖書館找到了編目爲二六五四五的檔案,遺憾的是,此檔年代久遠,紙張極易破損,爲保護文物起見,筆者未能一睹該檔真面目,僅將封頁所寫内容抄録如下:"Traduzione Latina di un'ode Scritta dal Principe Fu(福王,1645~1646) in lode del Padre Francesco Sambiaso da Cosenza, Missionario in China dal 1613~1649."意即"翻譯成拉丁文的福王(1645~1646)所寫贊美來自科森察的畢方濟(1613~1649)神父的詩"。據此王在位時間"1645~1646"推斷,此檔很可能是將隆武帝(唐王,1645~1646)與弘光帝(福王,1644~1645)二人混淆,藏於中國國家圖書館的檔案應爲畢方濟翻譯成拉丁文的隆武帝贈詩。

② 見前揭(法)裴化行考釋《明末耶穌會士的一封信》,第 4855 頁。

③ 見前揭錢海岳著《南明史》卷七十四《畢方濟傳》,第 3548 頁。

畢方濟交游表

	姓　名	字號、籍貫、科舉情況	交遊經歷
天主教教徒	徐光啓	字子先,號玄扈,上海人。萬曆三十二年(1604)進士。"中國天主教三大柱石"之一。	1613 至 1616 年畢方濟初至北京時,就與徐光啓相識。"南京教案"期間,徐爲畢提供保護。徐氏原欲攜畢氏前往朝鮮,因故取消,未能成行。在上海及江南一帶傳教多仰仗徐光啓的幫助。1624 年,由畢方濟口授,徐光啓筆録《靈言蠡勺》在上海或嘉定得以刊印。
	李之藻	字振之,又字我存,號存園寄叟,教名爲良,因此又字涼庵,號涼庵居士、涼庵逸民,浙江仁和人(杭州分仁和、錢塘兩縣)。"中國天主教三大柱石"之一。	畢方濟的力作《靈言蠡勺》收録於李之藻編刻的《天學初函》理編中,並隨《天學初函》的廣泛傳播而引起衆多士人的關注。此外李之藻不但刊刻了《睡畫答》,還專門撰引置於書前。並利用畢方濟進行鑄炮工作。
	楊廷筠	字仲堅,號淇園,別號井寒子、鄭園居士、泌園居士,領洗聖名爲彌額爾,故又號彌格子,浙江杭州仁和人。萬曆二十年(1592)進士。"中國天主教三大柱石"之一。	"南京教案"時,庇護傳教士;在參加"嘉定會議"時,與畢方濟的意見相左。
	孫元化	字初陽,號火東,江蘇寶山高橋人。萬曆四十年(1612)舉人。徐光啓的入門弟子。	1616 年"南京教案"初期,畢曾藏匿於徐光啓家。此時孫元化可能追隨徐光啓亦在京,二人可能初識於徐光啓家。1629 年,由畢方濟撰,孫元化校訂的《睡答》、《畫答》合刻爲《睡畫二答》,並附有李之藻《睡畫二答引》於文前。孫元化精通火器,火器知識的獲得,亦有可能是向畢方濟這位火器專家虛心請教的結果。
	瞿式耜	字伯略,一字起田,別號稼軒,江蘇常熟人。萬曆四十四年(1616)進士。	天啓三年(1623),丁父憂返里,恰於此時結交了艾儒略、畢方濟等神父,並領洗奉教。1624 年、1625 年畢方濟曾到常熟,當時瞿式耜憂居無事,"得詳叩其學術原委"。①"南京教案"後,畢方濟主持南京傳教活動,還曾赴瞿式耜家鄉常熟,爲300 人授洗。之後,還有一些其他的聯繫。
	鄭芝龍	號飛黄,小名一官,少年時代前往澳門時受洗,教名爲尼古拉(Nicolas)。	鄭芝龍、畢方濟均爲隆武帝倚重之臣,又因二人同奉天主,關係甚爲親密。鄭芝龍亦曾作詩一首,贈予畢方濟,題爲《平虜侯賦》。
	許纘曾	字孝修,號鶴沙,江南華亭人。順治己丑(1649)進士。	許纘曾曾就煙草問題向畢方濟請教。

---

① 見瞿式耜撰《仁會引》,第 367 頁。

（续表）

其他士大夫	熊明遇	字良儒，江西進賢人。萬曆二十九年（1601）進士。是明末第一批接受並傳播西學的士大夫之一。	他曾分別爲龐迪我《七克》、熊三拔《表度説》作序，並有《格致草》流傳於世。熊明遇與畢方濟熟稔，與龐迪我、陽瑪諾、徐光啓和畢方濟等人來往頗多。熊明遇與畢方濟可能初識於京都，接受了畢方濟在《靈言蠡勺》中關於靈魂的論述。
	冒襄	字辟疆，如皋人。風節自勵，名重一時。明末冒襄、方以智、陳貞慧、侯朝宗，矜名節，持正論，品覆執正，裁量公卿，時稱"四公子"。	畢方濟曾饋贈西洋布予冒襄，冒襄特爲愛妾董小宛製衣。畢方濟與"四公子"均有來往，尤與冒襄、方以智關係密切。
	方以智	字密之，號曼公，又號鹿起，別號龍眠愚者，南直隸桐城人。反清失敗後出家，改名大智，字無可，別號弘智，人稱藥地和尚。明崇禎十三年（1640）進士。	爲明末清初著名學者，其學識足以與顧炎武、黄宗羲、王夫之諸家並駕齊驅。1636年方以智流寓金陵，因與冒襄結識之故，始與畢方濟交往。而由瞿式耜引薦與畢公來往亦有可能。
	阮大鋮	字集之，號圓海，又號石巢、百子山樵。萬曆四十四年（1616）進士。	因阿附魏忠賢，崇禎初名列逆案，削奪配贖，廢棄17年。削籍後，先是居於故鄉懷寧百子山別業，來往於桐城、懷寧兩地，崇禎八年（1635）移居金陵，廣交文友，以作劇自娛，同時招納遊俠，談兵説劍，覬以邊才召。畢方濟應於此時與其結交。阮大鋮有詩贈方濟，載於《詠懷堂丙子詩》。

四、畢方濟漢文著述

　　畢方濟一生奔波於中國内地許多地方，從事傳教事務以及代表明朝、南明王朝來往於南京與澳門之間，並無太多精力從事漢文著作的撰寫工作。他的漢文著述，現存主要有以下幾種：

　　一、《靈言蠡勺》。此書是畢方濟最爲重要的一部漢文著述，由畢方濟口授，徐光啓筆録，是述及靈魂的專書。1624年，在上海或嘉定刊刻。陳垣先生對之評價甚高，謂李之藻《天學初函》諸編中"《靈言蠡勺》説理最精"。①

　　二、《睡答》、《畫答》。1629年，畢方濟另外一部漢文著述《睡畫二答》刊刻。此書由孫元化校訂、李之藻作引。書爲問答體，論及睡眠、繪畫等問題，參以哲理。徐宗澤稱此"二答"可作警世之鏡。

① 陳垣撰《重刊〈靈言蠡勺〉序》，載《陳垣學術論文集》第一集（北京：中華書局，1980年），第67頁。

三、《坤輿全圖》。該圖爲畢方濟 1633 年於南京繪製,[1]1648 年在廣州刊刻,眉部有《地本圓體》的説明。

四、《畢方濟奏摺》。崇禎十七年十二月初六日,畢方濟上疏弘光帝,主要涉及富國強兵四大策、賜陸若漢神父墓地、與澳門通商等内容,是明末清初一宗極爲重要的史料。

---

① See Bernard — Maitre, Henri, Les adaptations chinoises d'ouvrages européens. Bibliographie chronologique depuis la venue des Portugais à Canton jusqu'à la mission française de Pékin 1514~1688, in *Monumenta Serica*, 10(1945), p. 347. 該圖爲畢方濟 1633 年於南京繪製,轉引自林東陽著《南懷仁對中國地理學和製圖學的貢獻》,載(美)魏若望(John W. Witek)編《傳教士・科學家・工程師・外交家南懷仁(1623~1688)——魯汶國際學術研討會論文集》(北京:社會科學文獻出版社,2001 年),第 140,163 頁。

一、《靈言蠡勺》

解　題

　　《靈言蠡勺》二卷。由畢方濟口授，徐光啓筆録。其版本有：1. 明天啓四年（1624）上海或嘉定刊本。本次整理未之見也。2. 明崇禎元年（1628）李之藻輯《天學初函》本，由杭州慎脩堂刊刻。其版式爲每半葉 9 行，行大字 18 字，小字雙行 18 字。四周雙欄，外粗内細。白口無魚尾。書口上題書名，下記卷數、頁數。本次整理，即以此本爲底本，校以他本。今北京大學圖書館、巴黎法國國家圖書館、梵蒂岡羅馬教廷圖書館均有收藏。3. 民國八年（1919）廣東新會陳垣校刊鉛印本。其版式爲每半葉 13 行，行大字單行 33 字，小字雙行 33 字。四周雙欄，外粗内細。白口單上魚尾。魚尾上題書名，下記卷數，章節標題，頁數。中國國家圖書館藏本之卷上卷首處鈐有“陳垣同志遺書”紅印一枚。全書共 26 頁。民國初年，馬相伯和英斂之（即“萬松野人”）曾校訂明刻本。此版係陳垣據馬相伯和英斂之提供的“崇禎間慎脩堂重刻《天學初函》本”加以排印。據李天綱指出：“原上海天主教徐家匯藏書樓亦藏有明刻《靈言蠡勺》，見於徐宗澤《明清間耶穌會士譯著提要》著録。今查考從原上海徐家匯藏書樓流出，後輾轉歸藏臺北‘中研院’史語所圖書舘的明清圖籍目録，祇見有陳垣一九一九年《靈言蠡勺》印本，未見有任何明刻本。史語所藏原屬徐家匯藏書樓的《天學初函》中，獨缺《靈言蠡勺》，或許正是馬相伯先從徐家匯藏書樓取出‘校正’，後交由陳垣‘重刊’的緣故。”①4. 民國十年（1921）北京公記印書局排印本。其版式爲每半葉 13 行，行大字單行 33 字，小字雙行 33 字。四周雙欄，外粗内細。白口單上魚尾。魚尾上題書名，下記卷數、節標題、頁數。頁數之下，題“北京公記印書局排印”。封二題“是書自明季刊行後，久已無傳。前此重印時，以能讀者少，祇印千部。不意南北

―――――――――

　　① 　見李天綱著《點校説明》，載朱維錚、李天綱主編《徐光啓全集》第 3 册（上海：上海古籍出版社，2010 年），第 377 頁。

紛紛求索，未兩年竟至告罄。茲特再版，敬供願讀者諸君子之研究。一九二一年九月竺菴附識。”封三爲《靈言蠡勺勘誤表》。

此書曾廣爲流傳，並收入《四庫全書》子部雜家類存目二［參見《四庫全書存目叢書》編纂委員會編《四庫全書存目叢書》（濟南：齊魯書社，1997 年）第 93 册］，亦收録在朱維錚、李天綱主編《徐光啓全集》（上海：上海古籍出版社，2010 年）第 3 册中。

此書是畢方濟最爲重要的一部漢文著述，主要介紹西方的靈魂説，係翻譯歐洲的同類著作。其母本爲葡萄牙科英布拉大學（Universidade de Coimbra）出版之《亞尼瑪學説概要》（*Synopsis of Commentarium Conimbricense in Tres Libros de Anima*，Coimbra：1596）。[①] 它是“明末引進‘西學’，翻譯古希臘亞里斯多德和歐洲經院哲學之‘亞尼瑪’（靈魂）學説之重要著作。徐光啓翻譯《泰西水法》時，曾對熊三拔説：‘道之精微，拯人之神；事理粗跡，拯人之形。并説之，并傳之。’《靈言蠡勺》當即徐光啓所稱‘拯人之神’之作。《靈言蠡勺》的‘靈魂論’，可與《寰有詮》（傅汎際、李之藻合譯，一六二八）的‘宇宙論’、《名理探》（傅汎際、李之藻合譯，一六三一）的‘邏輯學’、《修身西學》（高一志譯）的‘倫理學’一起，并稱‘西學’之精微”。[②]

《靈言蠡勺》一書，“令人認己而認陡斯，以享其福”。畢方濟認爲：“欲通亞尼瑪之妙，非二事不可”，即依天主經典所説，依我信德（信天主之德）之光。”接下來畢方濟便依《聖經》，依信德分別對亞尼瑪之體、亞尼瑪之能、亞尼瑪之尊、亞尼瑪所向美好之情加以闡釋。《〈靈言蠡勺〉引》中稱“費禄蘇非亞（格物窮理之學），總歸爲兩大端，其一論亞尼瑪（靈魂），其一論陡斯（天主）”，“亞尼瑪之學，於費禄蘇非亞中，爲最益，爲最尊”，“亞尼瑪者，令人認己；論陡斯者，令人認其源。論亞尼瑪者，使人可受福；論陡斯者，使人享福”。

畢方濟還把西方的靈魂説等同於佛教“覺性之説”。如《四庫全書總目》持儒學正統觀，認爲其爲變幻佛經之“巧論”，見本集。

此書將哲學、生理、心理以及天主教義等融爲一體，十分玄奥，往往是知意而難以言達。是書經徐光啓潤色後，如妙筆生花，論説相當精辟，這一方面得益於徐光啓深厚的文字功底，另一方面也説明徐光啓對西方靈魂説領悟至深。

此书對畢方濟的傳教工作亦大有裨益。費賴之《畢方濟傳》中稱皇族中有個名叫“三公爺”的，起初不解“亞尼瑪”之意，因閲讀此書而入教。[③] 艾田蒲（Rene Etiemble）所著《中國之歐洲》亦有相關記載：後來，一位王子讀到《靈言蠡勺》，當他讀到那位耶穌會士用以傳譯“ame”一詞的“ya ni ma”三個音譯的所謂漢字時，突然受到神啓，驚歎不已，竟把連他這個中國人都絶對看不明白的純粹拼湊而成的三個字當作靈魂存在的證據。於是，這

---

① 參見前揭李天綱著《點校説明》，第 378 頁。据查，科英布拉大學圖書館現藏有“Commetarii Collegii Conimbricensis Societatis Iesu in Tres Libros de Anima, Aristotelis Stagiritae（Conimbricae：typis et expensis Antonijà Mariz, 1598）”一書。

② 見前揭李天綱著《點校説明》，第 378 頁。

③ 見前揭（法）費賴之著，馮承鈞譯《在華耶穌會士列傳及書目》，第 147 頁。

位名叫 Sang Kong－ye(尚孔易)的王子皈依了天主教。這確實是"智慧之光的傳播"相當
有趣的效應。①

　　《靈言蠡勺》在明末士大夫中應頗具影響,熊明遇接受了西方靈魂説與此書不無關
係。陳垣十分推崇此書,認爲是書在《天學初函》諸編中説理最精,當陳垣先生由萬松野
人處假得鈔本,之後又復得崇禎間慎脩堂重刻《天學初函》本後,於 1919 年將《靈言蠡勺》
予以重刊,"將與海内學人共證紀昀等所謂其書'即釋氏覺性之説而巧爲敷衍'者,其批評
有價值否也?"②

---

　　① 　見(法)艾田蒲著,許鈞、錢林森譯《中國之歐洲》(鄭州:河南人民出版社,1994 年)下册,第 10 頁。

　　② 　見陳垣著《重刊〈靈言蠡勺〉序》,載《陳垣學術論文集》(北京:中華書局,1980 年)第一集,第 67
頁。另見後引。

《四庫全書總目》提要

《靈言蠡勺》二卷,兩江總督采進本。

明西洋人畢方濟撰,而徐光啓編録之。書成於天啓甲子,皆論亞尼瑪之學。亞尼瑪者,華言靈性也。凡四篇,一論亞尼瑪之體,二論亞尼瑪之能,三論亞尼瑪之尊,四論亞尼瑪所同美好之情,而總歸於敬事天主以求福,其實即釋氏覺性之説而巧爲敷衍耳。明之季年,心學盛行,西士慧黠,因摭佛經而變幻之,以投時好。其説驟行,蓋由於此。所謂物必先腐而後蠱生,非盡持論之巧也。①

---

① 見(清)永瑢等撰《四庫全書總目》(北京:中華書局,1965 年),第 1081 頁。

重刊《靈言蠡勺》序①

《靈言蠡勺》二卷,明畢方濟譯撰。方濟字今梁,意大利人,以利瑪竇卒後三年至中國,時萬曆四十一年也。方濟事蹟,漢籍不概見;《明史・外國傳》僅一見其名。《聖教奉褒》載:崇禎十二年冬,方濟疏陳時事四端,曰明曆法以昭大統,辨礦脈以裕軍需,通西商以官海利,購西銃以資戰守。得旨,畢方濟着劉若金伴往海上,商議澳舶事宜。《聖教史略》載:方濟傳教南京、松江、淮南、常熟諸郡,得人甚衆。瞿式耜父汝説,亦受洗於其門;又嘗傳教開封,與福王常洵友善。北京陷,常洵子由崧稱帝於南京,謀遣使澳門,借葡兵拒敵,即以方濟往。既至,而南京亦陷矣。唐王聿鍵,故嘗得罪被廢,親族多離貳,方濟獨厚待之。及稱帝,招方濟入閩,欲有所謀。未幾,聿鍵敗,瞿式耜奉永曆守桂,復遣龐天壽與方濟至澳門,繼續前議。永曆元年三月,拒清人於桂林,有洋兵三百助戰,方濟之力也。方濟在華三十餘年,卒於杭州。初,方濟至京師,即習爲華言,與其士大夫遊。是書成於天啓四年,即其至中國後十一年也。爲之筆録者徐光啓,時光啓年六十三矣。其言博辨奧衍,玄妙新奇,而不遠於人事;苟能潛心釋慮,紬而繹之,未有不悠然起高尚之思,而生向至美好之精者,要視乎能保持此情思之久暫耳。李之藻輯《天學初函》,以此書隸理編,其器編即《幾何原本》等十種,均著録"文淵閣",後人分收於"守山閣"、"指海"等叢刻中。世間多有傳本。理編九種,惟《職方外紀》、《四庫全書》著録,收於"守山閣"外,《畸人十篇》、《天學實義》、《辨學遺牘》、《七克》等,均見屏於《四庫》;然今天主堂尚有刊本;惟《靈言蠡勺》、《西學凡》、《交友論》、《二十五言》等,則絶板久矣。諸編中,《靈方蠡勺》説理最精;余從萬松野人假得鈔本,酷愛之,即欲重刊,以廣其傳;近復得崇禎間慎脩堂重刻《天學初函》本,因屬樊君守執細爲比勘,遂付活版,將與海内學人共證紀昀等所謂其書"即釋氏覺性之説而巧爲敷衍者",其批評有價值否也?《天學初函》,在明季流傳極廣,翻板者數次,故"守山閣"諸家均獲見之。惟理編自遭《四庫》屏黜以來,校刻家不敢過問。之藻之意,本重在理編,使人知昭事之學之足貴。而《四庫》及諸家所録,乃舍其理而器是求,真所謂買櫝還珠者哉?然吾人今之所以能知有是書者,實賴《四庫》此一斥。《四庫》明謂特存其目,以著之藻左祖異端之罪也,今反以是喚起吾人之注意,豈紀昀等所及料哉?方濟所著,尚有《睡答》、《畫答》二編,曾見李之藻所爲《睡畫二答引》,未覩原書也。一九一九年新會陳垣序。

---

① 載前揭徐宗澤著《明清間耶穌會士譯著提要——耶穌會創立四百年紀念(一五四〇年——一九四〇年)》,第 202~204 頁。

重刊《靈言蠡勺》序①

人之始生，至纖弱而無能；其他動物愈纖細，類醢雞，則其能愈完備。嘗研動物學，考蜘蛛其初出網食也，先高騰遠矚，各據一方，以免逼處之供不應求，何能之備且周耶？人不踰十齡，有食不能自供給，相形固大不如；然取獠猵使英后乳之，聲似英君；嗣取韓獹宋捉，固天下之良犬也，雖乳以楊妃乳，不得與禄山比者無他，他動物無靈魂，惟人獨有，生前有，生後有，知此乃有良心之可言，以自異於其他動物。否則，爲兵匪，實行無政府可也；否則，爲過激黨，實行共產共妻可也。妻可共，無夫婦矣；産可共，無家庭矣。無夫婦，父子何由生？無父子，家庭何由立？家庭者，邦國之造端，無則兩無；夫婦者，人類之造端，無則兩無。無人類，無邦國，尚何人道之有？乃何以言兵匪，下之人無不懼焉；言過激，上之人無不懼焉。及至言人有靈魂，與生前生後之俱有，則掩耳走，何居？曰："非靈魂之有否是掩，掩良心之讞決難當耳。"回憶民國肇始，有同志擬設良心隊，日討國人而警之。今既愈趨愈下，欲言良心，可不先言靈魂？與靈魂不與身俱死，使獲罪於賦人良心者，生可暫逃，死終莫逃，拜懺燒錠無益也，徒見其知法犯法而已。故根本之解決，在辨色食之性與靈魂之性，毋認奴爲主也可。茲因陳援庵君，前既一再考訂也里可温，今春又重刊《鐸書》，夏又重刊《靈言》。《靈言》底本，良與萬松野人嘗與從事校正，故樂取孟子"無放其良心，以自異於禽獸"之説，而爲之序。至人生大學間，真究竟，則已具本書，亦陳君重刊之意也夫。民國八年相伯馬良時年八十。

---

① 載前揭徐宗澤著《明清間耶穌會士譯著提要——耶穌會創立四百年紀念（一五四〇年——一九四〇年）》，第 204 頁。

《靈言蠡勺》引

亞尼瑪^{譯言"靈魂"}之學，於費禄蘇非亞^{譯言"格物"}中，爲最益，爲最尊。古有大學，牓其堂曰"認己"。謂"認己"者，是世人百千萬種學問根宗，人人所當先務也。其所稱"認己"，何也？先認己亞尼瑪之尊、亞尼瑪之性也。若人常想亞尼瑪之能、亞尼瑪之美，必然明達世間萬事，如水流花謝，難可久戀，惟當罄心努力，以求天上永永常在之事。故格物窮理之君子，所以顯著其美妙者。爲此，推而齊家，治國，平天下。凡爲人師牧者，尤宜習此亞尼瑪之學，借此理以爲齊治均平之術。蓋亞尼瑪之學，理居其至崇高之處，以臨御亞尼瑪之欲能、怒能^{説見篇中}。可以駕馭，使之從我。凡諸情之動，能節制之。治人之法，一切臨御駕馭節制之勢，略相似焉。君子在上，以恩德柔善良，欲能之象也；以威稜御強梗，怒能之象也；以法制禁令，消弭亂萌，節度諸情之象也。亞利斯多曰："醫者欲療肉體之病，尚須習亞尼瑪之學。"治人者療靈心之病，其須習也，殆有甚焉；等而之上，欲論天上之事，其須如此。又更有甚焉者。蓋從亞尼瑪，可以通達神無質者之情狀。而亞尼瑪還想本己之性，亦略可通達天主之性。爲依其本性所有諸美好，可溯及於諸美好之源故也。故古昔典籍，無不贊歎亞尼瑪，謂之甚奇。如曰"亞尼瑪爲世時與永時，兩時間之地平"^{世時者，有始有終；永時者，無始無終。天下萬物皆有始有終，天主無始無終。亞尼瑪有始無終，在天主與萬物之間。}若^{周天十二宮，六宮恒在地上，六宮恒在地下，而地平在其中間，爲上與下分別之界限也}；如曰"亞尼瑪爲有形之性與無形之性兩性之締結"；如曰"亞尼瑪爲宇宙之約^{謂上則爲天主之肖像，天神之相似；下則爲萬物之所尚是也}"。故亞吾斯丁曰："費禄蘇非亞，總歸兩大端。其一論亞尼瑪，其一論陡斯。"亞尼瑪者，令人認己；論陡斯者，令人認其源。論亞尼瑪者，使人可受福；論陡斯者，使人享福。今略説亞尼瑪四篇：一論亞尼瑪之體，二論亞尼瑪之能，三論亞尼瑪之尊，四論亞尼瑪所向美好之情。總歸於令人認己而認陡斯，以享其福焉。方之本論，未免挂一漏萬，聊當嚆矢，以待異日詳之耳。

天啓甲子七月泰西後學畢方濟謹書

《靈言蠡勺》卷上

泰西畢方濟口述

吳淞徐光啓筆録

慎脩堂重刻

論亞尼瑪之體

惜哉！吾世人迷於肉身，忘想亞尼瑪之至妙也。聖白爾納曰："有多多人，能知多多事，而不知自己；覓多多物，而獨忘自己；求美好於外物，而未嘗旋想自心之內有美好在也。人人自心之內有至美好之形象^{至美好者，天主也。何獨人可謂之天主像，他物則否乎？物無靈，不能識天主。}。人之亞尼瑪能識之，能向之，能望之，能愛之，能得之，能享之，故曰有至美好之像，何必外求物乎？"

欲盡通亞尼瑪之妙，非二事不可：一者依天主經典所説；二者依我信德^{信德者，天主之德，信之光也。}。今依《聖經》，依信德，略言之。

亞尼瑪，是自立之體，是本自在者，是神之類，是不能死，是由天主造成，是從無物而有，是成於賦我之所、賦我之時，是爲我體模，是終賴額辣濟臣^{譯言"聖寵"。}、賴人之善行，可享真福^{以上數端，下文詳言之。}。

何謂自立之體？凡格物者，欲定一物之稱謂，必以總專爲法，闕一不可^{總稱者，衆共之。如人有生，草木禽獸亦有生。生者，人與物所同也。專稱者，如人有靈，能推論理，草木禽獸無之。靈者，人所獨也。故指人爲有生之物，此謂總稱，指人爲能論理者，此爲專稱。}。自立之體者，亞尼瑪之總稱也。自立體，不止亞尼瑪，而亞尼瑪則是自立體。如凡言有生之物，不止是人，而人則是有生之物^{格物之説，有自立，有依賴。自立者，自爲體而爲他物所賴。依賴者，不能自立，依自立之體而自有。不依賴於自立之物，則不能自爲一物。}。

何謂本自在者？言本自在，以別於生魂覺魂也^{魂有三：生魂、覺魂、靈魂。草木之魂，有生，無覺，無靈；禽獸之魂，有生，有覺，無靈；人之魂，有生，有覺，有靈。}。生魂、覺魂，從質而出，皆賴其體而爲有。所依者盡，則生覺俱盡。靈魂在人，非出於質，非賴其體而有，雖人死而不滅，故爲本自在^{本自在，與自立之體異義。如人是自立之體，馬亦是自立之體，但馬之體模因馬而在，無馬，則無馬之體模，不得言本自在。人之亞尼瑪，人在亦在，人不在亦在，故言本自在者也。}。

前謂神之類，言神類以別於他不屬神之類，如生、覺魂等。又以正他諸妄説，如謂魂為氣等也。

何謂不能死？以別於他物之生魂、覺魂不能自立，與體偕滅也。又以正人死魂與偕滅之妄説也；又以正夫人有三魂，死則生覺已滅，靈魂獨在之誤論也。亞尼瑪，是一非三。只此靈魂，亦生亦覺。人死之後，因無軀殼，故生覺不用。儻令復生，靈魂與肉身復合，仍用生覺，如前未死時〔如草木凋落，枝葉花實皆晦於根。迨於春時，根力重申，枝葉華實依然發見。〕

何謂由天主造成？以明非天神等所造成也。天主造成萬物，造成人類，造成天神，造成天地。可見不可見，一切諸物，皆非他所造成，何獨亞尼瑪由他造成，不由天主乎？

何謂從無物而有？以明非天主全體中分予之一分也，亦非他有大靈魂分彼而予此也。

何謂成於賦我之所、賦我之時？以明非造成之初先造幾許靈魂，原居天上，與天神同，或他貯，隨時取用也；又非欲賦予時先化成，後賦予也；又非肉身之外造成靈魂，并合為一也。日造肉身，肉身已成。日造靈魂而賦之，新新非故。即成時，便賦界，即賦界時，便成。成與賦但有原先後，無有時先後〔時先後，如器先造而後用，如水先源而後委也。至如日光一照，若高若下，同時俱有，特後金水月天而至於地，不得言由地而至於月水金天，此謂原先後。却非日光某时先至金水月天，某时後至於地，故無時先後。又若父子等，相因而有之物，亦有原先後而無時先後。何者？當無子時不可謂父，有子而可謂父。故父子之稱，同時俱有。〕

何謂為我體模？凡物皆有兩模〔凡物有四所以然，曰作，曰模，曰質，曰為。模者，模狀之。如是者，為是物，置之於本倫，別之於他類也，俗言謂"樣子"。譬之車輪，牙周、輻轑、轂抱賢空，為模也。若輪，人是"作"者；材木是"質"者；用之利轉以行車，是"為"者〕一體模，一依模。體模者，內體模，物所由成。非是模，不成是物。依模者，外形模，物之形像可見者是也。今言亞尼瑪為人之體模，以明非由熱、冷、乾、濕四情會合而成，可聚可散，如陶人埏埴也。

何謂終賴額辣濟亞？賴人之善行，可享真福？是言亞尼瑪之為者也〔為者，四所以然之一。如造矩為作方，造規為作圓也。〕亞尼瑪在人，他無終向，惟賴聖寵，可盡力向事陡斯，立功業以享天上真福也。亞吾斯丁曰："天主造成人之亞尼瑪，為通達至美好。"通而愛之，愛而得之，得而享之，曰額辣濟亞者，以明天上真福，非人之志力〔欲得真福，須立為善之功。欲立為善之功，亦必賴主祐。若自賴其志力，為善立功以得福，未能也。〕與天主公祐，所能得之〔為善立功，既賴主祐矣。然主祐有二：一公祐，一特祐。公祐者，人與物所共得。一切生長安存及其各行各動，皆須天主公祐。故天主為萬行萬動之原所以然，而行動之物，須其行動之次所以然。如火為熱之次所以然，而天主為熱之原所以然。此原所以然之公祐，無物不得。既所共得，即若物所自有者。然若專藉此與物不異，用以為善立功而得真福，亦未能也。〕必有額辣濟亞之特祐，然後能為義者〔凡未認天主，不得其聖寵，或已認之，而因行惡失聖寵者，皆屬於不義。因於主祐而幸認之，幸改過遷善，即獲聖寵，是名義者〕，為天主所愛而當受真福也。曰賴人之善行者，額辣濟亞之特祐，又有三端：一為初提醒特祐，二為次維持特祐，三為後恒終特祐。"初提醒特祐"者，非我功力所致，天主徒與諸人者也〔人向無聖寵之先，多抱不義，忽自覺非而欲悔改，此為提醒之特祐。我既不義無光，為何得此提醒之祐？乃是天主憫我罪人，自肯提醒，無因而得。故曰"徒與諸者"。如暗途中有坑阱，我向冥行，將陷於阱，忽得明燭，與者之恩。〕"次維持特祐"者，人已得提醒，又賴此維持特祐，與我偕行，日遷於義，而行義加勤，獲祐加重。此維持之特祐，為可與而與者也〔可與者，未可言當與也，未可言必與也。能偕維持之祐，日進於善，以應主恩。如既得明燭，從此進步。進步不止，燭光不息。因其肯進，與之燭光，令可至於欲至之地。中道而止，亦不可知，未應得受能至之報，故曰"可與而與"，非當與而必與也。〕賴此維持特祐，而偕行諸善，為義不止，又得天主與我恒終特祐，時刻偕行，至死為義者，毫無間斷。此"恒終特祐"，亦可與而與者也。如是命終，而得真福，則爲當與而與當與而與,不得不與如工完者也。可見,不因自身善行,雖得提醒之祐,不能得維持之祐。又賴此維持之祐,進進不止,而得恒終之祐。至死爲義者,然後得受升天之真福,享當與之定報。故曰賴人之善行,而可得真福也。聖亞吾斯丁曰:"凡能自主之人,欲去前不義,不自悔,不能遷於義者,曰能自主。爲孩童無知,不能自主者,不論,故也。"

從此可推,他言人之亞尼瑪可分散於諸有生者,非也。又言亞尼瑪有形像,附我形像,因人小大,因人老幼者,亦非也。爲人之亞尼瑪,是神類,無幾何可論,全在全體,亦全在全體之諸分。如天主無所不在,全在天地之間,亦全在天地間之諸分也。

又從此推,人之亞尼瑪,非人也,但是人之一分。爲其無形無象,又不能死,必與軀殼合,乃成人耳。

又從此推,或言亞尼瑪在人,如主人在家,舟師在船。此喻似之而非也。信如此喻,將疑亞尼瑪不爲人之內體模。不知人之爲人,全憑此爲內體模,若脫離者,不成爲人。非若主人或去,家猶是家;舟師或離,船猶是船也。若不於離合際會精求至理,但於生死論其粗迹,相合即生,相離即死,即上二端,差可設爲權喻,以曉愚俗。

又從此推,或言人心爲亞尼瑪之所,但居中心而制百體,如國主居朝,宰制四境,此亦非也。亞尼瑪全在全體而活其體,模其體,若在一分,即全在其分。而活其分,模其分,無有方所,何得言但居中心而遙制各分?然亞尼瑪雖全在所在,活之模之,而每於其中施爲運用,諸關生命之事,如身中之火,身中之血,皆從心而出;若水自泉源,分別枝泒。故謂心爲亞尼瑪之初所,又爲亞尼瑪之終所。初所云者,非謂初居中心,次及各分也。爲諸關切生命之事,由心運用,故運用之初,似在心始。終所云者,非謂先在諸分,退歸於心而人命終。爲諸關生之事,既由心運,及於末際,諸分謝事,心猶運用,漸至終絕,故運用之末,似在心終也。蓋亞尼瑪在心而在諸分,活心而活諸分,模心而模諸分,無有時先後,止有原先後耳。

又從此推,或言亞尼瑪是人之血,或言在人之血分,皆非也。亞尼瑪,神類,全在全體,全在諸分,何得爲血?何得在血?但血爲生命之輿,又具熱性,而周行百脈。一切喜怒哀樂、愛惡羞懼諸情,皆憑血運,皆因血顯。比之筋骨皮肉等,殊覺迥然。故亞尼瑪之功用,於此特爲顯著耳。

又從此推,亞尼瑪一種學問,早夜以思。比於他諸學問,致爲有益。如上文聖白爾納曰:人知多事,不如知己;覓多物,不如覓己;求美好於外,不如想美好在自心之內。

論亞尼瑪之生能覺能

亞尼瑪既生既覺,其能如何?今略陳數端:

其一,爲人身萬行萬動、至近至切之所以然。

其二,凡生魂所有之能三:一者育養之能育養者;如草木藉於膏潤,人身資夫精血,日以滋養,二者長大之能,三者傳生之能。試觀人生,既能育養,又復長大,旋至充滿。充滿之後,又能傳生類己之人,一一如草木然。是生魂所有之能，天主於人之亞尼瑪，皆全畀之，即人之亞尼瑪，亦可稱爲生魂也。

其三，凡覺魂所有之能二：一動能，一覺能。鳥獸等生而能動，草木無之。人亦生而能動，是有覺魂之動能也。覺能又有二：一者外覺，二者内覺。行外覺以外能，外能有五司：耳、目、口、鼻、體是也。行内覺以内能，内能有二司，有四職：一公司，主受五司所收聲色臭味等，受而能分別之。二思司，思司有三職：其一，主藏，五司所收，皆受而藏之，如倉庫然；其二，主收覺物自然曉達之意^{如羊知狼是其讐，即知懼也}；其三，主藏所收諸物之意。内二司之外，別有一能，曰嗜司。凡外五司、内二司所收之物，可嗜之，可棄之，此爲嗜司。嗜司之能，又有二分：一者欲能，二者怒能^{怒非喜之對，如草木怒生之怒，言其敢也}。凡所嗜所棄，於己相宜，則欲求之；不相宜，則欲去之，此爲欲能。所嗜所棄，於己相宜，則敢求之；不相宜，則敢去之，此爲怒能。或嗜或棄，各兼二者。然欲能柔，怒能剛。怒能，欲能之敵也。已上内外諸司，人與鳥獸等無異，是覺魂所有之能。

天主於人之亞尼瑪，亦全畀之。即人之亞尼瑪，亦可稱爲覺魂也。但人之欲能、怒能，本屬於理而聽其命。如此爲可愛，此爲可慕，此爲可捐，此爲可禦。理所是者，不得不從。乃時欲自任，當聽從時，每存抑惜。如馬於御者，意自欲騁，因其控止，特爲躑躅也。是在人情可覺察，譬若威主烈士，或時憤發，如火熾然。而忠臣良友，力相規戒，如火得水，旋爲消滅矣。

論亞尼瑪之靈能

天主於人之亞尼瑪，若但予之生魂、覺魂，即與草木禽獸等無以大異。其予之令超軼萬類、卓然首出者，靈魂也。靈魂有内三司：一曰記含者，二曰明悟者，三曰愛欲者。

論記含者

記含者，名之爲三，總之歸一。爲亞尼瑪之能，藏物之像，以時而用，能記有形、無形之物。其所爲亞尼瑪，爲腦囊。其功有二，其爲益難盡言。

何謂"名之爲三，總之歸一"？凡論物理，先考名實。如物有同名異實者，舉其名，先定其物之實，然後可得而論也。一魚也，水蟲名魚，走獸名魚，天星名魚。但言"魚"者，格物家未知所的指，謂之"疑謂"。若定指其一而論之，謂之"指謂"。今言記含，名之爲三。其一記能，能記也。其一記功，記之也。其一習像，已記也。總之，歸於記含。今所指論者，記能也，亞尼瑪之能也。

何謂"亞尼瑪之能"？是總稱也。亞尼瑪之能有三司，不止記含，而記含則得稱亞尼瑪之能。

何謂"藏物之像，以時而用"？是則記含之分職，所以別於他司也。凡外五司所收之物，皆有形質，不能入於內司，則取其像，入於公司。此像甚粗，既從思司，分別取細，入於記含之司。待至欲用，隨時取之。若無形之物，不屬外司，爲內二司所收，亦入公司。本無粗像，不必取細。徑從思司，藏於記含之司，以時取之。取之者，所藏之物，種種不一。若隨時欲取一物，則記含之司，悉呈諸物，任所欲得，如庫司主藏，待命出之也。是知記含之藏物，甚多無數。故亞吾斯丁曰：“記含之容，大哉，玄哉！記含之竅，微而密哉，曲而深哉！無物不登其門，無物不入其藏，非收物之體也，收物之像也。久收之以聽用。”

何謂“能記有形、無形之物”？記含者，分之有二：一曰司記含，一曰靈記含。司記含之職，止能記有形之物，故禽獸等皆有之。即禽獸等亦不必全有，何以明之？試觀巢居穴居者，恒識所止，去而復還，能識其子。又犬、馬、牛、羊等四足之彙，亦能作夢。犬方酣睡，忽然而吠，非由夢乎？既能作夢，必有經歷之事藏於內司。又如畜狸犬者，各加名稱，聞呼以至，此司記含之效矣。惟魚亦然，扣擊作聲，旋予之食，後聞是聲，群然唼聚。其在水中亦有本所，恒依向之，趨利避害，旋徃復來，皆由能記也。其無記者，但具嘗司觸司，止識見在之事，不能憶既去之事。如蠔之屬，生而不動，不能記含，亦無用記含；又如蟲蛆之屬，雖有動作，茫無歸向，亦無記含矣。靈記含之職，能記無形像之物，惟人有之。何者？人能記物之專，又能記物體之總。總者，無形之物也^{如乙能記甲爲兄，丙爲弟；又記甲、丙總爲同生；又記同生之甲、丙總爲人。兄弟爲專，同生爲總，人爲大總。同生與人，無形之物也。又如記人之白，記馬之白，又能記一總白。總白者，無形之物也。}又能令人死後，其靈魂必能記生前之事，此亦無形之物。且外司已謝，必不緣司記含，當緣靈記含也。

何謂“其所爲亞尼瑪，爲腦囊”？靈記含依亞尼瑪之體，與明悟、愛欲同，皆謂之不能離之賴者^{格物之論，有二種依賴：一能離於承受之體，如色如味。色改黑，則失白；味變酸，則失甘也。一不能離於承受之體，如熱於火，冷於冰是也。}司記含之所在者，腦囊，居顱顬之後。何言兩記含當有兩所？試思天主賜我能視有形之物，既有有形之目，則能明無形之物者，必有無形之目；能嘗有形之味，既有有形之舌，則能嘗無形之味者，必有無形之舌。有形之司，收有形之物，其所記含，必有有形之所；無形之司，收無形之物，其所記含，必有無形之所。有形之所則腦囊，無形之所則亞尼瑪。

何謂“其功有二”？一者憶記，二者推記。憶記者，先我所知，今如先所知，復向而知之。何者？先所未知，直無所知，不可謂記；先有所知，後已悉忘，不可謂記。惟先所知者，今一念及，宛然如見，此謂如前所知，復向而知之。亞利斯多曰：“凡經過之事，屬於記含。見前之事，屬於所司。將來之事，屬於望。推記者，從此一物而記他物^{如從記鷰而推記其黃，又因而推記黃金之黃。又如記今春之濕潤，因而推記去春之濕潤。}蓋記含無他，止於先所藏者，今復覓之。覓未得時，設遇與此相似之物，或與此相連貫之物，乘其機緣，展轉相關，因而得所欲得，此爲推記也。推記須因衆物而得一物。憶記者，不須衆物，直記此物。此兩所記，總皆經歷之事，物像猶在，故可憶可推，其實一也。若本無知者，知而悉忘者，無此物像，莫克憶矣，莫可推矣。

從此可知，人之亞尼瑪，既離肉身之後，尚有憶記而無推記。何者？推記而記，緣我嘗忘。所緣忘者，爲記含之器，或受他損，以亂其像。亞尼瑪既離肉身，其所記含，不藉肉身之器，無可受損，同於天神之類，故也。

若禽獸之屬,亦有憶記而無推記。何者?凡推記之節次有三:一者須記他物,二者由他物而推尋此物,三者因而遇此物。皆緣人靈能推論理,以致其然。此中包含明悟,能推記者,則是睿哲之徵,非物類推無靈所能與也。或有言禽獸能推記者,如補大爾歌曰:"狐狸遇冰,先聽流澌,以爲行止。"一似因聲知動,因動知危,因危知溺也;走狗逐兔,遇三歧之路,先嗅其一,次嗅其二,悉無兔氣,次及於三,不復再嗅,徑往逐之,此亦能推之驗。不知是等禽獸所知,非靈魂之正推,乃推之像耳。走狗逐兔,緣趨利甚急,迫使速去,此知覺中自然之能;狐涉聽冰,緣其避患甚巧,平時遇水,聞聲不敢逕渡,今聞水聲,亦復知避。此知覺中之復記,皆非因此得彼,若人靈之推論矣。

何謂其益難以盡言?凡人誦讀談講,思惟學習,諸凡所得,賴此而得久存,賴此而得應用。故天主予我記含之司,如藥肆然,任所取之,以療我心靈也。補大爾歌曰:"記含者,百學之藏,諸業之母,智者之子。"令人無記含,必不得稱智者。謂智者,必以昔視今,以往知來。若非前記不忘,將何藉以推測,得稱智邪?凡物有知其爲奇,而不能知其奇之所以然者。若記含者不知何緣,能以不同類、不同品、無量數物入於諸藏,雜然并容,井然不混,無來不收,無取不應,分求分予,合求合予,簡擇而求,簡擇而予。試觀書生背誦經籍,所取給字像,經歷數時,袞袞不竭,聽者欲厭,而記含之司出之不倦。又且纖悉靡遺,次序不越,後出者,先不能逆阻;求此者,彼弗敢混投,此亦奇而不可知之一也夫!

西國有記含之法,習成者,試與一篇書,默識一二過即成誦。從首至尾,又從尾至首,又中間任命一字,順誦其後,逆誦其前。或更隔數字誦一字,無所不可。又如伯爾西亞國王濟禄,兵士四十萬,皆識其名,般多國王米的利達能説二十二國方言。此皆原本資性,亦因學習,然足徵記含在人,奇妙無方矣。雖然,天主以此記含之司,賦之亞尼瑪,以予人者,何也?欲令人記憶天主之恩而感之謝之也。人能記百凡事理,而不記天主恩,即無所不記,如無一記;能記憶天主而不能記憶他事,即一無所記,其爲記多矣。

論明悟者

明悟者,分之有二,總之歸一。爲亞尼瑪之能,以明諸有形無形之物,不獨明彼,而亦自爲所明,亦非恒爲所明。爲其能明恒須物之像,雖自無質,其所不在有質之體,而不受壞於所向,亦不能死。顧亦與司相似。其功有三。

何謂"分之有二,總之歸一"?分爲二者,其一作明悟,其一受明悟。作明悟者,作萬像以助受明悟之功;受明悟者,遂加之光明,悟萬物而得其理。作者能爲可得,受者所以得之也。何以必言二者?凡物之所然,皆有二緣:一爲作緣,一爲受緣,先有作者,後有受者。試如器用,造之者爲作者,用之者爲受者。又如耳所聽之聲爲作者,以耳聽之爲受者。若未有作,安得有受?盡所然如是,何獨明悟否乎?今有一理於此,已得明悟,是所以然也。其緣則先有作者爲可明,次有受者明之,則遂明矣。試以有形易見者解之:凡明悟者,非明悟其物之體、物之質,必將棄其體質,精識其微通者焉。體質者爲專屬,微通者爲公共。如遇一有形之物,彼先出其像,入於我之目司。此時物去則像隱,其像全係物之體質。是爲至粗,非可明之物,能被明悟者也。既而入於公司。公司者,五司之共所也。此像既離於此物,然物之專像,無所不收。像與物各有係屬,是在精粗之間,亦未爲可明之物也。既從公司入於思司,而分別之,則此物咸別於他物,既不能無分彼此,即像與物微有係屬,不能化於大通,亦未爲可明之物也。既而歸於作明悟者,不惟盡脱於物之體質,并悉捐棄其爲彼爲此,但畱物之精微,衆物所公共者,則可得而明悟之矣。譬一尺度於此,木爲體質,尺爲其全,寸爲其分。所當明悟者,其全大於分也。目司所收,有形之度。載尺與寸,未離體質也。公司所收,脱去木體,止有體之形像。載尺與寸,即與他物總受總藏,未能分別也。思司所收,則已從他物而分別之,脱去形象,獨畱其分與寸矣。作明悟所爲,則全脱於度并其尺寸,但畱微妙玄通。至公大總者,爲全與分,是則爲可明之物,足以被明悟者也。既爲可明,則受明悟者加之光而遂明之,明其全大於分矣。又如物有白者,則是可見之白。日光未至,但爲可見之白,不爲已見之白。日光既至,遂從而見之。作明悟所爲者,如白可受見也。受明悟,如施之光而見白也。"總之歸一"者,作明悟,受明悟,兩者缺一,即不能完明悟之功,故總此兩者,爲亞尼瑪之能。譬如定時水漏,上下各爲一斗,一者主施,一者主受,兩者缺一,即不成器,合此兩者,方成一漏刻之能,總名一定時之器矣。

何謂"亞尼瑪之能"? 亦總稱也。亞尼瑪之能,不止明悟,而明悟即得稱亞尼瑪之能。

何謂"以明諸有形無形之物"? 此言明悟之分職,以別於他内司也。明悟之司,所職者,凡物皆通達其公共之理,公共之性。但物之有形無形,截然不類。其明諸有形者,不能脱其公質,而獨脱其私質。如人本有肉體,則從其肉體者明悟之,而不論其某肉體爲某人也。若無形之物不係於質,則可得而通之,如天神等無形之類是也^{此謂靈魂離身之後也。} 蓋欲明悟此物,必令其物合於明悟之司。有形有質者,不可得入,即不可得合。故必脱去私質,取其公共者,與作合而明悟之。若無形無質者,不須解説,自能成靈像而作合也。故亞利斯多曰:"亞尼瑪者,是萬物。"謂一切諸物,凡有形者,盡歸五司。亞尼瑪得用明悟者,取其像而通之。無形者盡歸明悟,取其靈像而有之,而通之。則亞尼瑪不化爲萬物,而萬物皆備,是得有萬物也。如外五司所收之物,皆歸公司,若輻輳於轂,爲萬物之總府,即公司亦可稱爲萬物。内司所收之物,皆歸於明悟而承受之,通達之,亦萬物之總府,可稱爲萬物矣。

何謂"不獨明彼,而亦自爲所明,亦非恒爲所明"? 凡明悟所明有形之物,必須解脱私質,獨取其公共者明之。若本司亦自無形質,無容解脱,是以不獨明彼而亦自明,故明悟比爲亞尼瑪之神目也。形目者,能見萬物,不能自見。明悟者,能見萬物,又能轉見自己矣。其非恒明者有二:一者,須復念,自明其明,不須解脱,了無隔礙。應得恒明,但緣自明,必須廻光返照而得之,故非恒明也。二者,亞尼瑪在人肉體,恒接於有形有質之物,中多混雜。不及時返照於己之無形無質也,故不獲恒自能明也。

何謂"爲其能明恒須物之像"? 格物家言明悟者之受明悟,必有靈像以爲明悟之種,何以徵之？五司於其所司，若無司像，必不能司其所司。明悟者於其所明，若無靈像，亦不能明其所明，一也。又明悟者之能明物，無像不屬其能。於彼於此，原無定向。欲明此物，必有明此物之種以明之，焉得不須此物之靈像，以別於彼物？欲明彼物，必有明彼物之種以明之，焉得不須彼物之靈像，以別於此物？或言明悟既屬能明，則思司所收之像無所不呈。明悟者隨呈隨取，自足爲明悟之種，何事又須靈像？不知思司所收之像，猶微係於物之形質，若彼若此，未能全爲公共微通之物；且思司所呈，自外而至，未爲明悟者本司所有。凡物之所以然者，必須所然之原，在於所以然本己之中，乃能作其所然。若從外至者，必不能作。^{如火之熱物，熱爲火之所然，火爲熱之所以然。其能熱之原，必在火體之內，而後出之以熱物，是爲作其所然。若能熱之原在火之外，火何由作熱？}故明悟者必須有物之靈像在於本己之中，而後能作明悟，非藉外之司像所能作也。又因此靈像而作明悟，故既明之物，恒留而不滅。緣是格物之家分物像爲四等。其下者，爲屬五司之物像，恒係於所向。在則存，舍則亡。其次上者，屬內二司之物像。脫於所向，亦自能留。顧其收藏之所，尚屬有質。因其有質，初則存收，後亦漸次隳壞。其又上者，爲明悟之靈像。當作明時，向於所向。既明之後，已脫於所向，而靈像尚在爲其存留之所，爲亞尼瑪，不係於形質之所，是以所向既去，猶抱而不脫也。其最上者，爲天神所有萬物之靈像也。人類所有明悟之靈像，雖屬精微，不免漸次而得。天神於萬物之靈像，自天主造成天神，即萬物之靈像，同時俱得，不由漸次也。

何謂本"自無質，其所不在有質之體，而不受壞於所向，亦不能死"？依前論，明悟者既能爲萬物，即不宜自具一物之質。若自具一物，即不能爲萬物^{如太質本無一物之模，故能爲萬物之模。若自有本模，即不能爲萬模。如舌本無味，然後能別萬味。若舌先自有一味，即不辨他味}。他司如外五司，固在有質之所，即內司亦不能無有質之所。惟明悟獨在亞尼瑪，不在有質之所。其在全不係於肉體，既不在有質之所，而獨在亞尼瑪，即與亞尼瑪同是恒在。雖肉體滅，有質之所亦滅而此爲不滅，故不能死。其"不受壞於所向"者，他司係於肉體，其所向，若最大者，即所向在此，不能及彼。所向既大，即能向之力或受衰滅^{如目視日，是所向也。日光既大，即目力倶能向日，不能向於他物。目受日光，力既不敵，即目力受其衰滅}。惟明悟者無所不明。所向在此，亦能及彼。無多不應，任所向者。最大最難，愈增其力，愈加其明。不因所向之大，壞其能向之力也。

何謂"亦與司相似"？凡司皆有受，乃有作。不受所向，則無從可作；不作是功，則受功不竟。明悟者，亦作靈像，受之而明，故爲相似也。

何謂"其功有三"？其一直通，其一合通，其一推通。直通者，百凡諸物，一一取之，純而不雜^{如甲知是甲，病知是病，冷水知是冷水，乙知是乙。一一直知，未相和合也}。合通者，和合二物，并而收之，分別然否^{如甲與冷水二物，今言甲飲冷水，是合其然也。乙亦一物，今言乙不飲冷水，是合其不然也}。推通者，以此物合於彼物，又推及於他物^{如冷水能作病，甲飲冷水，推知其病也。冷水能作病，乙不飲冷水，推知不病也}。直通者，皆真無謬，一物自爲一物，故也^{甲即是甲，病即是病，何謬之有？}。合通者，推通者，有真有謬，以此合彼，有中有否。以此合彼，又以推他，歧路愈多，愈多不中故也^{如甲飲冷水，飲即是不中。乙不飲水，不飲即中，或其飲之，則是不中也。又如水飲作病，甲飲水，推知其病，果飲果病，則中。或其不飲，或飲而不病，皆是不中。飲水作病，乙不飲水，推知不病，果其不飲不病，即中。或其飲之，或不飲而病，皆是不中也}。

凡推通者，獨人類爲然，禽獸不能推通。天神至靈，天上天下，物物皆能通極至盡，不待時刻,無有先後,皆屬直通。人則以此推彼,漸次迨及。人之推知,如積時累日,先後序至。天神之直知,如無窮之時,無始無終。故天神稱爲靈者,人稱爲推靈者。

明悟者在人,明哉,尊哉,曷言乎其尊也?論在我所得之服習有兩端。其一自立所者,則愛欲所得屬諸義,明悟所得屬於知也。知方於義,則明悟者爲尊。其一天主所賜予,我得而服習者,獨於明悟者,錫之靈光以慰亞尼瑪之內目而得見天主,則明悟者又尊。論內外之行^{凡亞尼瑪之行有二端:其一出外者,外五}^{司之接物是也;其一在內者,內三司是也。}則愛欲之行,雖在於內,未免出而交於所愛。故曰人有所愛,其心每在所愛之物,不在所居之身是也。明悟之行,恒在於內,每攝入所悟之物,兩所由全完其功用者,一則有藉於外,一則全藉於內,如是則又尊。又愛欲不能自行,必先明悟者照之識之,然後得行其愛也。記含亦然。故愛欲,瞽也,而明悟爲其目,照之引之,若駕馭之,主持之,爲其萬行之所以然。故天神爲天主所使,大天下之原動者。^{十重天,各有天神主持運動,因之運用四行。}^{化生萬物。是神動天,天動物,故稱爲原動者}明悟爲小天下動,^{人身萬行萬}^{若小天下}之原動者,如是者則又尊。故明悟之能,似於天神。明悟能使人別於禽獸,明悟可通達至微至玄至深之所,可達於至高至明天上之上,爲亞尼瑪警省守視之神燧,爲諸讐之間諜,爲分別萬真萬僞者試金之石,爲分別諸毒物之靈藥,爲亞尼瑪中居堂皇、審判功罪之官司,爲照察黑暗私欲之燎燭,爲炳耀潤飾心宮之夜光珠,爲亞尼瑪渡海舶檣最高遠照、以察視深淺險易之明燈,爲亞尼瑪辨可否、決嫌疑、定猶豫之指南鍼,爲亞尼瑪中遍照遠近巨細、明無不見之視遠鏡。故亞尼瑪藉明悟以克明明德,其在亞尼瑪之國,如大天下之有日也。吾人既有此光,可得窮理格物,致極其知,以至於萬物之根本。若有人明悟萬事而不識根本,如在大光中而目眩如盲,與黑獄無別,豈不惜哉?

論愛欲者

愛欲者,分之有三,總之歸一。爲亞尼瑪之能,任令愛惡諸物得自專,不必自明,不能受強。其所向爲先所知之美好,惟於至美好,不獲自專,而爲至自專。巍巍尊高,王於內外。

何謂"分之有三,總之歸一"? 三者,其一性欲,其二司欲,其三靈欲。性欲者,萬物所公共,生、覺、靈之類皆有之,是各情所偏宜,專欲就之,不待知之。^{如石欲下就於地心,火欲上就於}^{本所,樹末欲就於風日雨露之}^{所及。又如海魚專就於海}^{又如人專欲就於常生真福。}舍此所宜,雖百方強之不安,必得乃已。亞吾斯丁曰:"主造人心以向爾,故萬福不足滿。未得爾,必不得安也。"司欲者,生物所無;覺類,人類則有之,是各情所偏,偏於形樂之美好,其在人爲下欲。下欲者,令人屈下,近於禽獸之情;令人失於大公,專暱己私也。靈欲者,生、覺物所無,惟靈才之天神與人則有之,是其情之所向,向於義美好。故在人也,居於亞尼瑪之體,爲上欲,爲愛欲^{靈欲爲諸愛欲中之至尊}^{至貴者,故可獨名愛欲}。司欲與靈欲,其所以異者數端。一者,靈欲隨理義所引,司欲隨思司所引。隨思者不論義否,惟所樂從也。二者,靈欲所行,皆得自制,司欲所行,不由自制。惟外物所使,隨性不隨義。其在禽獸,絕不自制,一見可欲,無能不從。故聖多瑪斯曰:"禽獸所行,不可謂行,可謂被行,不能自制之謂也。"其在於人,一見可欲,或直從之,或擇去之,或從否之間虛懸未定。如是者,稍似自制,實則稟於靈欲以使其然,非由本質,蓋乃自制之影耳。又人最初一欲,不待思辨,觸之即發者,雖屬靈欲,而靈未用事,若者不得爲罪。嬰兒有欲,靈亦未用。病失心者,靈爲病阻。三者亦皆不能自制之類也,其曰總三歸一者,爲是三者依其本情,雖有三向,如性欲本向者,是利美好;司欲本向者,是樂美好;靈欲本向者,是義美好,然歸於一總美好,故曰"總之歸一"也。

或曰:"愛欲與明悟,同爲亞尼瑪之內司。向者言明悟有二,其一作者,其一受者。今言愛欲,却不分作愛欲、受愛欲,何也?"曰:"外五司皆不必言作者、受者,爲是諸司所向皆自能發其本像,動其本司。且諸司所向皆係粗像,有質之物,未能至於無質之等。物與司皆係於質,則皆相似,則所向之物,即是可司之物,不必作司作彼之像,與司相似,而後收之也。明悟不然,所收之像,皆從有質而來,不得爲可明之物。必有作者,化有質以爲無質,是名靈像,然後爲可明之物,遂從而明之耳。且愛欲者,凡物可愛可惡,皆從明悟所明之靈像呈於愛欲,愛欲者遂受而愛之惡之。故作愛欲之功,似明悟者先已作之,不待愛欲者自作之。故愛欲一司,不必分作與受也。"

何謂"亞尼瑪之能"?亦總稱也。亞尼瑪之能,不止愛欲,而愛欲則得稱亞尼瑪之能。

何謂"任令愛惡諸物"?此言愛欲之分職,以別於他內司也。所云"任令愛惡"者,獨指靈欲也,依於亞尼瑪之體,爲其不可離之賴物。

何謂"得自專"?"得自專"者,亦獨指靈欲也。靈欲在人,自能主宰。凡明悟所呈,一切所向,雖有可愛,有可惡,然可愛者或能惡之,可惡者亦能愛之;或可愛,可惡,虛懸以待其去取。若性欲、司欲,覺類所共具者,自無主持。惟意所便,惟欲所使。一見所向,即偏向之。於己所利,不得不趨;於其所害,不得不避,勢不得已。故聖多瑪斯曰:"凡禽獸所行,非作者,乃被作者。"蓋先不能知其可否,惟他所使,是名不自主之行也。惟靈欲在人,先知其合理與否而後行之,故自爲主之行。不能自主者,其行隨性,故無功亦無罪,不可得賞,亦不可得罰。譬如生身長大,飲食便溺等,皆不得不然,非我所能分別去就,何功罪之有?能自主者,其行隨理,故順理爲功,逆理爲罪;功可賞,罪可罰也。

何謂"不必自明"?愛欲者,雖不能自明,亦不必自明。爲其隨明悟者之明,一切所呈可愛可惡,已先爲明之故也。或言:"愛欲者既不自明,曷爲又有功罪?"曰:"明悟雖借之光照,明其可否,至其主宰,全在愛欲。譬如輔弼之臣,陳言是非得失,豈能強之國主?其獨斷獨行者,君也。明悟則輔,愛欲則主。故功與罪,歸之愛欲矣。"

何謂"不能受強"?凡自主之行,是名人之行。若本非願作,因有所畏而強作之,是亦名爲人之行否?曰:"是亦人之行也。何故?因畏而作,作者是我,是亦自主之行,安得不名人行而無功罪乎?故記含、明悟,皆可受強。如邪魔顯設多像,呈於記含,彼記含者,不得不爲容收,溷殽真僞,呈於明悟;彼明悟者,或因而謬誤分別。惟愛欲者,操棟獨持,雖顯諸可愛,莫能令我必愛;顯諸可惡,莫能令我必惡。但能誘惑,莫使必從。凡所向者,及諸邪魔,及諸萬苦萬刑,皆不能強我所行。如瑪而底兒,雖歷無量艱苦,其德意屹然不動,更加精勇,足可徵驗。是知一切所行,皆屬愛欲自主自作,故不能受強而功罪歸之也。"或言:"假有暴君,強令是人拜禮魔像,抑按肢體,稽首屈膝,無能不從,安得爲不受強者?"曰:"凡若此者,是名體行,不名意行。彼能按抑我體,不能按抑我意。凡罪所罰,必由意所愛欲,是體行者不由本意,即得無罪。向言不能受強者,意行也。暴君能強抑我體,我不受強之情,可出之舌;縱斷我舌,我不受強之情,可形於四肢百骸;縱斷我命,不能滅我與愛欲爲一體之亞尼瑪。安有我不愛欲,而強之可令愛欲者乎?豈惟他不受強,即於天主,亦不受強。蓋天主欲人之愛欲作一善功,如悔罪等,則視其時候,乘其機適,與之額辣濟亞。既得額辣濟亞,兼乘此機適,其人雖能不作,畢竟作之,則此人之作此善功,皆由自主。天主特以令切行之特賜額辣濟亞^{額辣濟亞有二:其一爲足可行之額辣濟亞,其一爲令切行之特賜額辣濟亞,其品數皆同,但不乘機適,人莫之用。是雖可行而不必行,則爲足可行。若乘有機適,而令必行,則爲令切行。故人纔覺有此機適,則是天主所用以救我者。此時是可行者,即爲令切行者,不可不亟承聖佑,乘機作之。若失此機會,後此雖有額辣濟亞,亦但是足可行者,我不用之必行也}。委曲引掖,作此機緣,令我肯作,非強我作之也。譬如小兒在彼,我以果餌乘其飢候,出而示之。彼雖可以不取,畢竟來取,是我特引之使來,非強之使來也。從此可見天壤間萬樂萬苦,皆不能移人之愛欲,故曰'不能受強'。"

何謂"其所向爲先所知之美好"?凡美好,若先不知之,則不爲愛欲所向;若先知之,則真美好,是其所向。即本非美好而蒙以美好之貌,亦是所向。或問:"有人自斷其命者,此何美好而亦向之?"曰:"凡愛欲所向,無有不以爲美好者。若欲死者,爲是生時必有甚苦。當受苦時,不知此死爲更甚大苦,而謂死者得免目前之苦,則亦以此死爲美好也。凡美好有三:其一樂美好,其一利美好,其一義美好。世間所有萬物之美好,皆至美好之一微分,而天主則爲完全之美好,樂者、利者、義者,無不備足,無不充滿。故世物之美好,爲愛欲之分向,而天主爲愛欲之全向。世物雖盡得之,我不能足,我不能安。而天主真福,我得之,則至足至安。"或問:"既爾世物爲分向,爲不足不安,而人情惟樂與利,慕之求之,天主爲全向,爲至足至安,乃不必慕之求之,此又何也?"曰:"樂美好最能動人,一見便生欣悅,不煩計慮,故向之最易,更甚於利,勿論義也。若利美好,亦能動人,稍須計慮乃可得之,故次於樂。此兩美好,皆着於物,其美好易見,故庸人、小人皆趨慕之。若義美好,在物之外,非庸常所見,必須智慮籌度,乃能知其美好而願得之,故向之爲難,獨君子能然。此三美好,趨向難易等級分異者,緣人靈魂係於肉體,樂與利,最爲肉體所便;義美好則靈魂所便,肉體所不便,故也。至若天主,其爲美好,無形無像,更非庸衆所見,必遠慮卓識,思路超越,乃能知其美好。令有人得向此美好,此其所爲,必邈然出於樂利之上,寧違世間萬樂而受萬苦,寧去世間萬利而就萬害,必欲得此而後已。凡人有甘歷苦辛,冒危害而求之者,爲樂與利其中也。求得天主,至於萬苦萬害,欣然欲之,安得不有至樂大利在其中乎?特尋常識慮不能及此,故雖全備滿足,至樂大利,反不若世間暫樂微利足動人意耳。庸人惟肉體是狗,惟樂利是求,不知其違義犯天主,陷於萬罪,故罪人謂之愚人。"

何謂"惟於至美好,不獲自專,而爲至自專"?謂若能明見至美好,即不得不愛,勢不在己。何者?明見之後,凡諸至樂大利,可願可求,爲愛欲所向者,完備滿足,自能全攝愛欲者而愛欲之。爲此是亞尼瑪愛欲者之全向,故得之爲得至足,爲得至安,爲得至樂,爲得至利,爲得至義,是不得不愛,故爲不獲自專。而此不獲專者,正是本情所最向,所至愛至欲者,故又爲至自專。譬如向日之蓮，其向日也，爲受彼利益，不得不向，似乎不得自專，而以向之爲益，不然則害，是其本情所甚願者，得非至自專乎？凡在天之神聖明見天主者，皆如是也。

何謂"巍巍尊高，王於内外"？或言："愛欲與明悟者，如孿生姊妹，等級不異，無有尊卑也。"亞利斯督格物之論，獨明其不然。爲愛欲明悟，本不同類。凡物之類，如數自然，無有二數可相等者，則物類之中，定有等差，無有二類能相等者。亞吾斯丁雖云三内司同等，特言三内司皆在亞尼瑪之體，以亞尼瑪之尊，而爲同等之尊。若各論其本類之尊，不得不有差等，則最尊者，愛欲也。何者？欲明亞尼瑪之能孰尊孰卑，凡有三端。一視其所習之德，一視其所行之行，一視其所向之向。愛欲者之所習、所行、所向，尊於明悟者之所習、所行、所向，故愛欲尊於明悟矣。今論所習，愛欲所習者仁也，明悟所習者智也，以仁方智，則仁尊，則愛欲尊。論所行，愛欲之行自動，又令他動也；明悟之行，爲他所動也。自動又令他動者，方於被動者，則自動令他動爲尊，則愛欲尊。又如指我以爲善之路，與令我即得成爲善者，兩相較，則得成者爲尊。明悟者，開我迪我，使我知有真福。愛欲者，令我得有真福，則愛欲尊。又反論之，明悟之反爲不知，愛欲之反爲惡。人之不知德行，方於人之惡德行，其惡孰重？惡者甚重，則愛欲尊。論所向，愛欲所向爲全美好，明悟所向爲分美好。蓋明悟所務，惟在求真。真雖美好，特美好中之一端。美好中尚有多端，愛欲者無不愛之，是爲全也。以全較分，則愛欲又尊。夫天神斡運各天，次天主而爲大天下之初動。人之愛欲，在人之小天下。凡内司外司，百骸四體，各聽所命而效其職；亦次亞尼瑪而爲諸動之初動。故曰巍巍尊高，王於内外也。夫以愛欲之尊如是，其所向爲至美好，而有人焉用此愛欲，俯狗世間之至輕至微，以王尊而見役於卑瑣下賤之類，豈不至爲屈辱，至可愧悔者乎？

《靈言蠡勺》卷下

泰西畢方濟口授

吳淞徐光啓筆録

慎脩堂重刻

論亞尼瑪之尊與天主相似

天下萬物,其美好精粹,皆有限數。其與天主無窮之善,無窮之妙,無相等者,亦無一能彷彿無量億數中之一二者。今言亞尼瑪與天主相似,特是假借比喻,爲是其影像耳。形與影,不爲相等之物,亦無大小多寡可爲比例也。儻不達此意而泥其詞,謂我真實可比擬之,豈不屈抑天主而長世人莫大之傲哉?後諸比意,惟爲顯揚天主全能大智至善之性,又讚美其普施於人亞尼瑪無窮之恩云耳。其云相似,凡有數端。總歸三者:一曰性,一曰模,一曰行。如左:

性一,天主性分,本自滿足,不屑他物充之。聖亞吾斯丁曰:"亞尼瑪乃無形無壞自立之體,與天主甚相似也。雖本無形象,有天主之像在焉。"伯爾納曰:"人之亞尼瑪,能幹萬物之務,而萬物不能充其欲。蓋亞尼瑪既爲天主之像,則可容無窮美好。其在天主下萬物之美好,必不能滿之,故相似。"

性二,天主之性極純,無質模,無總專,無一毫之雜。亞尼瑪之性亦純,無質,無形,無分。但亞尼瑪之純,有總專之合,與天主異耳。_{總專之合者,人各有亞尼瑪,是名爲專。凡人之亞尼瑪,同是靈者,是名爲總。天主無是也。}

性三,天主純神,能灼見萬事萬物而不屬於人目。亞尼瑪,神類也,無形無質,亦不屬於人目,而明達萬物萬事之理,至幽、至賾、至眇之情,皆能洞識。

性四,天主至靈、至理、至義,而爲萬理萬義之準則。人之亞尼瑪,有靈,有理,有義,方諸草木禽獸無靈、無理、無義之亞尼瑪,特爲超越。

性五,天上天下惟一天主,其功行甚多,而有不同。人身惟有一亞尼瑪,其功行甚多,亦各不同。

性六，天主本不能死而無終。人之亞尼瑪亦不死而無終，故與天主相似。其異者，天主無所始而亞尼瑪有始，始於天主。

性七，天主體在，能在，見在，而無所不在。人之亞尼瑪，能充周於全體，其明愛無際，能徹於天上天下，徧於地上地中。凡厥所欲，無不可在。

性八，天主之體，無所由成。天主之功行，惟由於己。人之亞尼瑪，惟由天主親所造成。亞尼瑪既備物之靈像以行其功，即其功行不由他物，其居本軀時，明悟、愛欲、記含之功行不由於本軀，離本軀後，亦能明悟，亦能愛欲，亦能記含，如在本軀時，故其體其行，皆不由他物，與天主相似。

模一，天主本性，常明達自己，常愛樂自己。人之亞尼瑪，若效天主之性，則能向天主，能明天主，能愛樂天主，而賴其額辣濟亞以明之愛之。雖未能全明全愛，亦與天主相似，故肖天主性之像焉。若效天主之三位，亦爲肖天主之像。蓋天主雖一性，實有罷德肋、費略、斯彼利多三多三位。人雖一亞尼瑪，而實有記含、明悟、愛欲三司。天主費略，生於罷德肋。天主斯利多三多，則由罷德肋與費略。亞尼瑪之明悟者，由於記含。亞尼瑪之愛欲者，則由記含與明悟。

亞吾斯丁自爲問答曰："亞尼瑪何以爲天主之像？"曰："爲其能記天主，能明天主，能愛天主，故爲天主之像。"又曰："亞尼瑪爲天主之像有三：依其性，依其額辣濟亞，依其榮福榮福，西言我樂利亞。依其性者，亞尼瑪本性，能明能愛天主。此能明能愛之性，人人所有，則皆有天主之像。依其額辣濟亞者，人有額辣濟亞，即能行明行愛於天主，特未全耳。此行明愛之功，惟義者有之，亦皆有天主之像。依其我樂利亞者，凡獲真福之神聖，賴我樂利亞之光榮福之光者，人之亞尼瑪升天後，天主賜之榮福之光，以堅固慰藉之，乃可見天主也。如無榮福之光，必不能見天主。亞尼瑪得榮福之光，比之目衰者得眼鏡也，無所間隔其明愛，得見天主。如此無間隔得見天主而向真福，惟天上之神聖有之，亦皆有天主之像。"

模二，額辣濟亞者，譯言寵恩，乃天主賜人以增美乎亞尼瑪而寵愛之，實爲萬善之根，升天之憑。論額辣濟亞之性，其尊超越於亞尼瑪與諸諳若而似天主之性，故亞尼瑪得額辣濟亞時，其欲愛與否之意，轉合天主之命。若額辣濟亞有以變亞尼瑪與其明悟愛欲之行，而相肖於天主然。

模三，天主與萬物爲物，任意行之，如用械器然。亞尼瑪以其神能全模肉軀，并模各分，而爲人亦任意行之，如用械器然。

模四，天主所已造之物，與所未造而能造之物，盡有其物之意得亞意得亞者，譯言物像，製作規模也，具存於己人之亞尼瑪，因外五司所司之物，以明悟者明之。而明悟者明其所明之物時，翕然歸一。故亞尼瑪所明之物，則有其物之像具存於心，而亞尼瑪與天主相似。

模五，《經》曰："居於聖愛者，則與天主偕，而天主亦與之偕焉。"又曰："親附於天主者，則切體於天主焉。"蓋天主所愛之人，則與其人偕焉。諺曰："亞尼瑪所愛者，比其所模者相居更爲親切。"蓋本（業）［亞］尼瑪所愛之物，則與其物偕焉，故與天主相似。

模六，天主性體，充徧於天上天下，而天上天下不能界容於天主。人之亞尼瑪，充徧於全軀，而全軀不能界圍於亞尼瑪之諸行。

模七，天主全在全宇宙，亦全在宇宙之各分。即各分内有一分毁壞，而天主全無一分毁壞。人之亞尼瑪全在人之全軀，亦全在全軀之各分；雖軀有或分，而亞尼瑪不可得分；軀或有壞，而亞尼瑪無一毫得壞。

行一，天主是萬物之始^{萬物皆由天主造成故也}，又萬物行^{凡物將有所行，必得天主扶祐之，乃可行也}之始。人之亞尼瑪，是本軀内外諸司^{人有内司、外司，内有明悟、愛欲、記含等，外有視聽、啖嗅、覺、觸等，皆由亞尼瑪而成其所司也}之始，及其自然行之始，又其介然行之始^{自然之行者，順其本性行之。如火燥、水潤、鳥飛、魚躍，人之視聽、啖嗅等，皆行乎自然，無善無惡，無功罪者也。介然之行者，係於人意，故或善或惡，或功或罪，可揚可抑，可賞可罰，介有兩端之意也。若此兩行，皆由亞尼瑪爲之始也}。

行二，天主是萬物之終，是萬物爲者之所以然，是萬物之成，是萬物所向之福。人之亞尼瑪，是本軀之終^{本軀爲亞尼瑪所用器械，器械非能自爲用，必用於匠作。故亞尼瑪爲本軀之終，本軀萬行之所以然}，亦天下萬物之終^{天主造人，貴於萬物，爲其在世能敬事天主，而世後得享天主之福。既界人此靈才，乃造成天地，如房舍然，令居處其中；造成草木禽獸等物，如錢穀然，待人隨取隨足。令人之亞尼瑪，得以泰然恭嚮其所自，而終得享天主之福。故人之亞尼瑪，爲本軀天下萬物之終}。

行三，天主通達明悟萬物，而其通達之勢，超越於神人所通達者無量倍數。^{神人之通達，雖精雖細，尚有未盡。惟天主之通達，能洞徹各物本性之淵微，窮盡其義理之幽眇，至其所以然之所以然，而毫髮無遺，故超越於神人所通達無量倍數}人之亞尼瑪，亦能明達屬造成之物、不屬造成之物^{屬造成之物、不屬造成之物者，分別天主與萬物也。萬物皆稟生於天主。惟天主無始無原，豈屬造成？}，能通達屬質、不屬質之物^{屬質、不屬質之物，分別有形有像與無形無像者也。如天神、靈魂、道理等，皆不屬質之物，而亞尼瑪悉能通達之}，其屬質之物，通達之際，變爲神物^{亞尼瑪通達諸物，其物當入亞尼瑪之中。因屬質者不能入於靈魂，故先脱其質，而留其靈像與其理以至於亞尼瑪，而皆通達之。故質物通達之際，變爲神物焉，故相似}。

行四，亞尼瑪通達物之際，即生其物之内言^{内言者，是物之義。若外言力出於口，即通於耳。倘亞尼瑪不先生内言，亦無以遽通物之性與理}。天主通達自己之性，亦生内言^{天主通徹己之性，則生自己内像爲第二位費略，是爲罷德肋之内言}。

行五，萬物不自活，皆受活於天主。天主自活，而不受活於萬物。人之肉軀不自活，皆受活於亞尼瑪。而亞尼瑪自活，不受活於肉軀。

行六，天主公潤天下。所潤之中，又有得潤之膏澤者焉。^{萬物至洪至纖，受天主之公潤，各得其分。至觀天之垂象，晶瑩森羅，尤極精極粹者焉}人之亞尼瑪公潤肉軀，所潤之中，又有得潤之膏澤者焉。^{肉軀四肢百體，受亞尼瑪之公潤，各充其量。至觀首之統貫聰明，從審尤爲受亞尼瑪公潤中之至美至好首焉}

行七，萬物自不能動，而受動於天主。天主爲萬物之原，而常自安然不動。人之肉軀，全體與各分，自不能動，受動於亞尼瑪。亞尼瑪爲肉軀萬動之原，而常自安然不動。

行八，天主治天下萬物，於可大受者^{若天神與人有靈之物}照之，教之，於可小受者^{如草木禽獸等無靈之物}護之，引之，全之，令各得其分。人之亞尼瑪，治肉體之全軀乃及各分，令諸司皆得其職，諸情咸得其正。牖其明悟，正其愛欲，富其記含，而潔清其心。不惟牖正富潔其一己，且可推而牖正富潔其人群，以治天下，亦可馴狎禽獸，脱其猛性而柔伏焉。夫亞尼瑪以本性之力，又賴天主賦之聖祐，庶乎彷彿天主之能，故與天主相似。

行九，天主是宇宙大天下萬物之主宰。其權無以尚之，天下萬物，悉歸嚮之，無不聽其命者。人之亞尼瑪，是肉體小天下之主宰，其權能自專，而肉體之全軀與各分，悉皆歸嚮之。又賴天主之祐，能主制其七情及願欲等。而天下禽獸萬物，無一能外乎吾人亞尼瑪之靈意。夫亞尼瑪之靈意，強果無比，天下萬能萬力，莫有得強其意者，故與天主相似。

行十，人之才雖妙好，天神之才雖峻捷，若自憑其本能之力，均不得全識亞尼瑪之尊。

何也？亞尼瑪有天主之像焉。（如欲識像之肖物與否，必先識其肖像之物。人與天神，才既有限，皆不足以透徹天主無量之妙。亞尼瑪既是天主之像，若欲全識亞尼瑪，先當明識天主。）人與天神，不足識天主，又足識其像乎？然有一道，可推測而識：因其願，推其尊也。（亞尼瑪之願，極天地萬物之至尊，至貴，至珍，至奇，凡屬於天主之下者，皆不足以充其願，獨天主願是可知亞尼瑪之尊也。）故撒羅滿（人也）賢欲令亞尼瑪自識其尊而言曰："萬物最美者（此稱亞尼瑪之詞也），爾欲識爾尊，爾出隨爾羊群之踪迹（羊群者，指人之五司，耳、目、口、鼻等。踪迹者，指天下萬物也），牧爾之羔羊（羔羊者，人也），近牧者之牢（牧者，世間狗欲之徒。牧者之牢，是世人嬉遊戲樂，逐利溺色，功名榮貴等暫歡之所也），乃得識爾尊而可安也。"撒羅滿之云，若謂亞尼瑪，爾出隨爾之五司情欲，歷諸事物之景況，以隨爾情，以從爾欲。追歷徧諸境時，將見世間之萬美萬好，萬寶萬珍，榮祿富壽，皆不能充其願，而且隨以多勞苦殆辱，然後一意復原，歸於天主，心安願足，識己之尊焉）既不知天主，即不能識亞尼瑪之尊，可知亞尼瑪與天主相似。

或言凡物兩相似者，必兩相向，必兩相愛。亞尼瑪既與天主相似，即亞尼瑪之所向所愛，應是天主。今觀人之所向所愛，多在世間之利與樂，爲是亞尼瑪寄在肉體，故隨肉體所向而向之，所愛而愛之，甚順甚易也。若亞尼瑪能違肉體之所便，能超出於世利世樂，不爲所牽，不隨所引，而專務想亞尼瑪之本向，想至美好無窮之妙，想至美好無窮之真利真樂，想至美好中包含無數美好，即世利世樂，都可漠然無營，淡然無好矣。欲知至美好之情，下文略言之。

論至美好之情

至美好者，原美好也，無他美好在其先。其爲美好也，并無所以然。無所以然者，非由他造，非由他化，非由他成；不因傳授，不因積習，不因功勛也。但至純至一之性，自然而然。其善與體，其體與其善，是一非二。

此美好爲大美好，能包人萬億美好，爲總美好。他美好由此而美好，此不因他美好而美好，爲最美好。他美好不能如其美好，其勝於他美好，無倍數可論，爲恒美好，定美好。無時不爲美好，無物不爲美好，無處不爲美好。

論至美好之性情，其尊貴也，爲無窮際之大；論至美好之品位，其峻絶也，爲無窮際之高；論至美好之包涵，其富有也，爲無窮際之廣博；論至美好之存駐，其無始無終也，爲無窮際之久遠；論至美好之精微，其難測難量也，爲無窮際之幽深。

至美好之美好，其體不因他美好而有，其功用不因他美好而成。他美好之體，則因此而有。他美好之功用，則因此而成。

他美好之物，必具四端：其一有其次存駐，其次作用，其次知作用。萬美好之有，藉此至美好而有，此美好不藉他美好而有；萬美好藉此而存駐，此不藉他而存駐；萬美好因此而作用，此不藉他而作用；萬美好藉此而知作用，此不藉他而知作用。

此美好爲公至足。公至足者，無所不取資，無所不足。至足於己，亦至足於萬物，亦至足於無窮世之萬物，乃至萬物萬世，更倍之倍之，以至無數可論，亦無不足，是謂公至足。

他諸吉者、善者、凶者、惡者萬端，此至美好，悉能利益於善者、吉者，悉能治療於凶者、惡者。於諸上下、大小、貴賤所營職業,悉皆取資,左右隨足,無有匱乏。

此至美好,其在今也,目不可見,耳不可聞,惟當信之,惟當望之,惟當存想之。我此信、此望、此想,即是所惠教訓,所施慰勉,所予欣悦,所垂祐助。至後來明見之日,自當茫然慢然,若攝我心,若失我身,若眩我睛,若饜足我中情,怡然得所而大寧福我永我,乃以常生。

此至美好,非我可得,惟依額辣(祭)[濟]亞譯言聖寵而可得之。得之者,便爲成善,使我疑於天神,使我疑於聖人,使我疑於天主,使我衆行百爲皆似天主。所差別者,天主自然而然,我依額辣(祭)[濟]亞而然。

此至美好而與我亞尼瑪偕焉,則天主收之,天神聖人愛之,衆人仰之儀之,邪魔懼之,賢者讚之述之。令我勇,令我貴,令我樂,令我富,令我有功,令我於萬善衆德,種種備足。

此至美好,我若得者,莫能妬之,莫能沮之。其與諸我也,無不與之,無不願與之,其情性自然如此故。

此至美好,常與人偕,有四端焉:其一,以造成人與人偕。與人偕者,爲造成萬類,獨人爲其肖像也。人爲肖像者,非形體之謂,爲獨人類能識之,能愛之,能與受其福。故人爲肖像,以造成人與人偕也。

其二,以備所須與人偕。備所須者,人人屬其顧念也,有二端:肉身所須日用糧,如衣服、飲食、器用等,萬事萬物,種種具足,如父母育子;又令我備具他人所須,若家督上承父母資糧,偏育家衆,皆父母所養也;又靈魂所須日用糧者,如額辣濟亞以及道德仁義等,萬善具足,如父母教子;又令我訓誨他人,若承父母家訓,偏教家衆,皆父母教也。故曰以備所須與人偕也。

其三,以保存人與人偕。保存者,護衛之,留駐之,使免散壞也。而有數種,如四行等無生覺靈者,保存之以有,即偕焉以有。其保存人也,亦與四行等同。有如草木等無覺靈而有生者,保存之以有;又以生以養以長,其保存人也,亦與同。有同生長養如禽獸等無靈而有生有覺者,保存之以有以生;又以内外諸司,令彼知覺;以内外諸動,令彼運用;其保存人也,亦與同。有同生長養,同知覺運用諸種之外,其於人也,又保存以記含,以明悟,以愛欲,以主宰。是則四行草木禽獸等所無也,而於人獨也,故曰以保存人與人偕也。

其四,以無不在與人偕。無不在者,體無不在,見無不在,能無不在。其無不在,於人至親至切,而人不能覺。比於靈魂在人,使我生,使我行,使我通達外來事物,又通達内心情性而我不覺,是靈魂所使。比於日在天,生養萬物,所可見者,皆承大光,而我不覺爲所生養照臨,其爲親切,皆倍萬不啻也。故曰以無不在與人偕也。

此至美好,任我所在,無處不可依向之,無處不可得之,無處不可饗之,無處不可留之,無處不可想慕之,無處不可講説之,無處不可見之,無處不可聞之,無處不可嘗之。

人有二光,其一自然之本光,推理致知,人力可及者是;其一超於自然者之真光,在理之上,惟天主賜與,非人知見所及者是。此至美好者,在我今日,依我本光,梢亦識之。其在他日,依藉真光,果得見之,而此識者見者,如飲海滴水,見日隙明,悉難罄盡。惟獨自能窮究，自能全通，自能全愛。此全通者，全愛者，是名無窮真福。

此至美好，在此世間，依我本光能識者極爲微細。雖則微細，以視世間學問，倍萬爲真，倍萬爲確，倍萬爲益，倍萬爲宜，倍萬爲足，倍萬爲貴，倍萬爲樂。

此至美好，我此世間而欲識之，非因講究思惟便可必得。惟是衷情慕愛，心地蠲潔，方可得也。

此至美好，我能明悟，我能愛慕。而有恒者，即是常生，即是真福。得此福者，雖以世間美好并合一處，終莫及之，相去倍數，非復計量所及。

此至美好，爲純美好，非如他美好尚有雜者；爲足美好，非如他美好尚有闕者。

此至美好，無有他美好在其上者，無有他美好與之等者。非獨此耳，并亦無他美好在其下者。若云或在其下，便屬比方。此至美好，無比方者，縱令并合世間一切美好，至大至多，求與之比，其爲比例，若有之與無不然，亦其影也。影之與形，不爲比例，終屬無耳。

天之高，地之厚，萬物之賾，置此美好之前，猶露華一點耳，不足論於多寡輕重。更復倍此天地，倍此萬物，倍之又倍，至於無筭。其爲多寡輕重，亦復如是。

此至美好，爲他諸萬億美好之準則，爲此美好能節度於他諸美好。彼諸美好，論其本體，自無美好，爲與至者相近，稱爲美好。愈切近，愈美好，其分別差等，皆以至者爲其法式。如精金至貴，下至銀銅錫，近者愈貴，分別差等，以金準之，是名準則。

爲此美好而能遺棄他諸美好，爲他美好能阻我抑我，令我不得此至美好，故須一切棄置，視若敝帚。如是者，世或目以爲愚，其愚不可及也。

此至美好而我得者，是徒得之；其與我者，是徒與之。何者？我無功，故就令有功。而此功績從何得之？我本無功，何由可得？故與我者，是名徒與。雖然，亦須我與同行。不然者雖欲徒與，而莫或受之。

能識此至美好之繇有七端：因於自然之本光一；因於超自然之真光二；因於心之潔清三；因嘗其味四；因於恒相密交五；因於謐靜五司六；因於默想，透達經典深意七。

欲知此美好爲至美好，當觀古今無數聖人。大才至智而爲此致命，受無窮之苦，聖女亦然。其受苦難也，他人視之若苦，而彼甘之若飴，嗜之若渴。古今無數主教賢人，恒歎息，恒仰慕，恒祈求，恒行百計建立功勞，行人所難行，講解傳說，言語踪跡徧天下；又屏棄一切身世所有，克己習勞，忍辱耐苦，終身如是，是何所爲乎？此不足爲至美好之徵乎？

試觀古今聖賢，所爲講解稱說，覃精竭才，造作無數經典書籍，不啻汗牛充棟。而此輩聖賢，皆言喜等所說甚少；所當說，所未說，所不能說者，至多至多，無有數量其比例，若有與無也。此又何也？

欲讚歎此爲至美好，不能形容，不能窮盡，即以海水磨墨，尚恨其少；以諸天爲楮，尚恨其狹；以天神之聰明才智，尚恨其鈍；以億萬萬無窮極之年，尚恨其短。窮古終天，無數聖賢，無數天神，并合其才智心思，窮慮極想於無涯無量之才智心思，而此才智心思，猶不足摹擬萬分之一也。

欲知朝廷之尊，觀得罪於朝廷者，其罰甚重則可知之。欲知此至美好者之尊，試觀罪者之罰,無窮盡時,爲萬苦聚,又無法可以解之,可以救之,如此,其罰至重,即知施此罰者,巍巍隆高,其尊無上也。

人有三在:其一體在,體則居之所能限之,所外無體;其一見在,見則目所接能限之,接外無見;其一能在,能則事所營能限之,事外無能。此至美好者,體無不在,見無不在,能無不在。其體、其見、其能,無處不在,無時不在,無行不在。又於人類萬物默爲存收,使免傾散,而與之同行,與之偕動,爲萬行萬動之所以然。

此至美好,最玄最微,不可以形像摹擬。非但不可摹擬,兼亦難可思惟。雖復聰明絶世,不能形容其毫末。

此至美好,不能明知,不能明見。若有思惟擬議,以爲已能知見,此政極無知見。若更加窮究,盡思極慮,至於昏無所得。自視爲至愚至懵,我所想,我所講,我所識,與所當想,所當講,所當識者,全然未有分毫入處,此正爲有所知、有所見矣。

有至香者,其本體香,不足爲香。有無數穢惡,移與相近,悉化爲香,與本香相類,是爲至香。此至美好者,舉天下無數惡人,嘗造無量惡跡,若與相近,悉化諸惡而備諸德,入於聖域,都成美好,豈非至美好?

盡天下聖人,盡天上天神,相與讚歎此至美好之爲美好。時時讚歎,窮無量時;時時以爲奇異,時時讚歎,窮無量時;時時以爲喜樂,時時讚歎,窮無量時;時時不竭,新之又新,無有盡際。

神有三司:一司記含,一司明悟,一司愛欲。記含者,記含此美好時,即爲至富;明悟者,明悟此美好時,即爲至光明、至高貴;愛欲者,愛欲此美好時,即爲至正、爲至尊。而一切人、一切時、一切楮墨語言等,但一沾此美好,皆悉成爲至尊至貴,隆崇無比。

有人於此與人爲善,惟日不足,多出智巧方便,化誘於人,彊勉於人。如是人者,可名甚善。而此至美好者,從造物初時,恒出無數仁愛人之智計方略,牖人於善,救人於惡;時時扣我心門,督趣覬縷,有會即投,無時肯釋,必欲相將人類悉成美好。此其美好,爲至美好。

開闢以來,無量數聖人,所行所作,功德無數,其所以然,皆繇此至美好而出。自今以後,至於世盡,無量數聖人,所行所作,功德無數,其所以然,亦皆繇此。而前後無數聖人,特如繪師之鉛槧,工匠之斧斤。其握鉛槧,操斧斤者,此至美好也。

繪者方繪次,拙工攪筆壞之,良工就彼拙筆增修焉,更加巧妙;縫者裁剪次,拙工誤剪壞之,良工就其壞處縫補焉,倍益佳麗。此爲善繪善縫矣。至美好者,恒聽人爲惡,及至當機,即取惡爲善。取惡爲善者,令彼從前百千罪過皆爲立功累德之材具也。正如醫師製度毒藥,匪但令其無毒,且借其毒性以取奇效,是取彼不美好以爲美好。知此能此,恒知此,恒能此,是爲至美好。

至美好者,不能自爲不美好,亦不能令他爲不美好,具此兩不能,是爲全能。

隨其所命,但所命爲者,即是至善。隨其所禁,但所禁不爲者,即是至惡。

有在艱難苦毒中而此至美好者,默爲勉勵,默爲照護,默爲安慰,是此大恩。但得幾微施及於彼，彼即以甚難爲甚易，以甚苦爲甚甘。若無此默佑，即甚易事亦成甚難，即甚樂事亦爲甚苦。故得此佑者，要其至竟，不得不成吉福；矢此佑者，要其至竟，不得不成凶惡。

此至美好者，默能係攝萬物，使彼萬物不得不於彼趨向，使得微見之，微識之，即自歎泣痛悔從前未向於此，未識於此，所作所爲，空費時日，他諸美好，夙昔係戀者，皆是至惡，盡可棄捐。視彼未見未識，係戀於他諸美好，不能舍置者，以爲至愚無知也。此何以故？爲得此者，雖他無一有，已爲至富，已爲至足；失此者，雖他無一無，亦是至窘，亦是至貧。

此至美好自萬物視之，實公有之，爲普徧故；自物物視之，皆若獨有之，爲滿足故。

能識此美好與否，只在當人人能自進於美好，即能識此美好，愈進亦愈明。人自遠於美好，即不能識此美好，愈遠亦愈蔽。

欲見此美好，先宜瞽；欲聞此美好，先宜聾；欲論此美好，先宜暗；欲得此美好，先宜去；欲嘗此美好之味，先宜不知味。何以故？不絕世見，不能見此；不絕世聞，不能聞此；不絕世論，不能論此；不絕世有，不能得此；不絕世味，不能嘗此。

此至美好，但歸向之者，必將爲美好，不然，亦必大去其不美好。如入寶藏而出，必富，不然，必大消其貧；如造良醫而還，必安，不然，必大減其疾矣。

爲此至美好而作者，雖微善，必得無窮盡之報，其施甚小，其獲甚大。如此旋念有人悖之違之，雖所作者特是微罪，萬萬不可。何以故？爲彼是彼故，且所犯微罪非微罪也，今爲微罪，究其將來，必造於無窮之惡。

凶惡有二種：其一罪愆，其一患難。此至美好者，患難之所以然，非罪愆之所以然；所以患難我者，非患難我也。正欲用此救我，使進於善，使近於美好也。

此至美好而欲禍我，甚無難也。但舍置我，便爲無量數之苦。已旋思之，但收受我，其爲美好當復何似？

無此美好，即無爲善之始，亦無爲善之中，亦無爲善之終，爲萬善所係，皆在於此。其係屬也，如光係日，如熱係火，倍萬親切。

此至美好，無時無處，不施無窮之恩，無窮之善，無有竭盡，亦無宰制之者，而無不屬其宰制者。

此至美好之前，無有大凶惡不可救者，無有大美好不可施者。

雖有至惡人，在於至美好之前而能自愧悔，認己爲惡，即彼自謂至惡，已是大善；能自謙抑，謂己無功，即彼自謂無功，已是大功。

此至美好，爲欲人至於美好，多用計畫。令我得至，甚懇甚切；所屈抑者，甚尊甚貴；所俯就者，甚痛甚苦；令我從之，甚近甚易。種種非人思慮所及，但我輩不能體認真切，即彼所爲，我不能信，或謂非宜。若體認親切者，無論深信不疑，即我自心，亦自計慮，以爲非此固不可也。以此至美好而爲我主，我爲其民，豈非大福，豈非天寵哉？

右所論至美好，是亞尼瑪之造者，是萬物之造者，是亞尼瑪之終向，是人之諸行、人之諸願所當向之的。人幸而認此，凡百無有差謬。如海舟之得指南，定不迷其所往也。求此,則遇萬福;爲此而死,則得常生;爲此入患難之中,則是大安樂;爲此淪於卑陋,則是榮福;爲此貧困,則是極富厚;爲此飢寒,則是極飽暖;爲此竄流,即得鄉其本鄉。是人類共所當敬,是泰西諸儒先所自奉事,所傳教人共相奉事;是因愛憐萬民,親來降世,以其教光普照天下,令得天上真福。是定何謂? 謂之天主。述此書者,無非令人在此世中,認此事此,而身後見之,用享其福。第此所論,殊未詳盡。即令詳盡,千億倍此,亦不能罄其無窮,譬如一滴不盡大海,譬如一塵不盡大地也。讀者於此,識有闕漏,即當存所論者,至爲無窮論之者,至爲謭劣,庶或無譏焉爾!

二、《睡答》、《晝答》

解　題

　　《睡答》、《晝答》不分卷，畢方濟撰，孫元化校訂，鈔本，上海徐家匯藏書樓收藏，收録在鐘鳴旦、杜鼎克等編《徐家匯藏書樓明清天主教文獻》（台北：輔仁大學神學院，1996 年）第 1 册。其版式爲：《睡答》每半葉 9 行，行大字 25 字，四周雙欄，外粗内細；《晝答》每半葉 8 行，行大字 22 字，四周雙欄，外粗内細。本次整理，即以此鈔本爲底本。

　　此二書成書時間，應在 1629 年之前。"南京教案"時，畢方濟曾得到孫元化的保護，暫居嘉定，二人因此接觸較多，《睡晝二答》極有可能成書於此一時期。

　　《睡答》是一部關於睡眠的專書，它融生理、心理知識爲一體，將西方有關睡眠的知識盡收其中。之前，雖艾儒略在《性學觕述》中對睡眠知識多有介紹，但畢方濟所著《睡答》與之相比，知識系統，語言簡潔，說理透徹，更易被中國人所理解和接受。畢方濟在《睡答》一書中所闡釋的觀點，體現了人類早期對睡眠的朦朧認識，雖存在很大局限，但具有一定的科學性，這在科學技術尚不發達的十七世紀前期是難能可貴的。《睡答》一書采用問答體形式，中士提出問題後，畢方濟予以解答，之後針對所回答內容，逐字逐句進行講解，有理有據。書中涉及以下内容：1. 睡與醒的區別：人體分爲内司、外司（即目口鼻肢體五司），醒時諸外司開，睡時則局，内外司互不干涉。内司開，亦能睡，所以人會做夢。睡時人會暫時失去意識，猶如詣墓，令人知死之滋味。賢者也因此克睡，倍加珍惜有生之時。2. 睡眠的形成：總司門塞，上下神不交。人有總司，目口鼻肢體五司俱至總司，總司塞，俱塞矣。神，人之命根，或在心或在腦，惟此二體，人身最重。上神在腦，下神在心，各佑乎外司以行其功，上神下交，下神上交，俱經乎總司者。總司門塞，則無以交，無以佑。3. 影響睡眠的因素：畢方濟認爲飲食、年齡、外界環境都會對睡眠造成影響。他認爲物分爲引人睡和不引人睡兩種，酒、甘、葷、肥、膩均爲睡物，辛、醶、苦、酸均爲難睡之物；人亦有易睡和難睡兩種，老人、癯人爲難睡者，小兒、肥人爲易睡者。人用力倦，聽美樂，及處於黑暗、清涼之境易睡。人在真餓之時,即腹枵果無毫物,常不能入睡。此外,人受到驚嚇時亦不能睡。4. 睡眠的作用:睡之工妙爲三,即補神、安體、消糧。"神勞於日、苦於日,宜夜補之"。"五司有勞,應有歇"。"四時歇夏,一日歇夜"。"人醒則陽火外散,睡之後,内收矣,故飲食易消"。但是睡有法,不可多,不可少,過醒則殆,過睡則愚。此處畢方濟引據亞里斯多德(Αριστοτέλης,384,b. c. ~322,b. c.)手持銅丸,蘇秦引錐自刺,柳仲郢含熊膽等助勤克睡之典故,告誡人們人生苦短,不可荒廢大好時光。5. 動物亦有睡眠。6. 睡時:丑時"日轉而升,漸近萬物,又發氣,此時天尤黑焉,觀此知人身氣發也",此時睡爲宜。餔時"日將別,熱宗去,良熱亦衰,所以各害愈增其害,如病者至此愈重,憂者至此愈悶焉",此時睡則會"增害於害"。7. 睡姿:"右睡尤安,初右次左,又右得哉,消功必成矣"。現代生理學認爲,左側臥位容易使心臟受壓,影響心臟的血液循環,尤其是對脾胃虚弱的人来说,飯後左臥感到不舒服,影響消化功能,因此畢方濟認爲"右睡尤安"具有一定的科學性。

《畫答》短小精悍,僅有一千多字,但字字珠璣。書中不僅介紹了西方人物繪畫的基本知識,更重要的是闡釋了人生的真諦,將畫人與做人完美結合。《畫答》採用了傳教士常用的問答體,書中中士主要提出了問題。如"西國之畫人也,靈氣燁然如生。先生必能言之,可得聞乎?"如"人有善者,有惡者,有庸庸者,先生奚畫?"既然是畫人,自然避不開善惡問題。畢方濟的回答很精辟:"畫惡鑑也,畫善法也,師善省惡,畫一得二,踐形肖貌,人可合道。"這也是畢方濟寫作本書的主旨,希望人們在看到畫之後,可以"踐形肖貌",能夠"合道"。在中士"幸先生終命之"的請求下,畢方濟開始圍繞"善惡"詳細介紹西洋人物畫的畫法,包括:畫形、畫髮、畫額、畫眼、畫耳、畫鼻、畫口、畫舌、畫鬚、畫肩、畫胸、畫腹、畫手。如"人心難畫,欲畫好心,若何?"這是中士所提衆問題中,畢方濟最欣賞的一個。人的外在特徵固然可以體現出善與惡,但人心纔是善惡之根本。畢方濟由畫人之肖像深入到畫人之内心。這也是他最想闡釋的問題。又如"先生之論至矣,冠服不具,可謂人乎?"

畢方濟在《畫答》中所闡釋的善惡觀,與中國士大夫產生了共鳴,晉江武進士諸葛羲在《畫答序》中稱:"愚嘗欲天地間,俱是好人,須先令養心,而欲人盡養心,先自不輕視其身始。夫《畫答》,獲我心矣。"[①]諸葛羲因此對《畫答》推崇備至,甚至認爲此書可與經書相媲美,"兹《畫答》,靈心懸解,不依傍經子,而樹義掞藻,今人可作經子讀之"。由是可知此書在當時應廣爲流傳,畢方濟在士大夫中的影響進一步得到擴大,這也在很大程度上促進了傳教工作的開展。

明清之際傳教士在中國傳教初期,由於語言文字的障礙,美術作品自然成了重要的傳教載體。中西兩種不同文化,在繪畫中找尋到了契合點。西洋宗教畫因在内容、形式

---

① 見諸葛羲撰《畫答序》,載劉凝編《天學集解》,聖彼德堡俄國公共圖書館藏鈔本,由北京外國語大學張西平教授提供,特此鳴謝。

上，均與中國畫有著明顯差異，引起中國上至士大夫階層下至普通民衆的關注。

西洋繪畫受歡迎的程度，是初入中國内地傳教的耶穌會士們始料未及的。傳教士們不得不多次寫信給教廷，希望能多寄一些宗教繪畫作品及帶有圖畫的書籍。隨着西洋繪畫的大量湧入，中國的士大夫們由起初對搜集觀賞西洋繪畫作品的熱衷，發展到欲對西洋畫法一探究竟。在此背景下，畢方濟口述，孫元化校訂的《畫答》應運而生。曾在意大利這個充滿藝術氣息的國度生活了 27 年，並受過耶穌會嚴格訓練、被選派到中國傳教的畢方濟一定受到過繪畫藝術的薰陶。其繪畫修養使他將繪畫技巧與做人的道理融爲一體，最終寫成《畫答》一書。《畫答》是耶穌會士在華第一部也是唯一一部介紹繪畫知識的書籍。

徐宗澤在《明清間耶穌會士譯著提要》中將《睡畫二答》歸入格言類："吾國有格言，其一意一語足爲吾人學行之準則，西國亦然，有許多至理名言，可作爲吾人修德立功之模範，因此等語言出自聖賢之口，足資矜式故，《抱朴子·審舉》'格言不出庸人之口'是也。西士到吾國後，亦有此種至言之傳入，爲學者所欣賞。"《睡畫二答》正是"爲學者所欣賞"的警世名言。

此書以問答的形式論述有關繪畫、生理等常識，並參之以哲理，作者之意在於"以自然之學問興起超越之意念"。李之藻對此書有着透徹的認識，深悟《睡畫二答》之旨，他將《睡答》、《畫答》貌似不相干的兩種書，巧妙地聯繫在一起，在他看來，"人自有生迄没齒，自省皆是一夢，他人從旁看之則皆是一畫。從古人至今人，皆夢，皆畫也；則從小事至大事，從一事至億萬事，愉悲妬戀，得喪死生，以至征誅揖讓無不夢，無不畫也。"

睡畫二答引

人自有生迄没齒，自省皆是一夢，他人從旁看之則皆是一畫。從古人至今人，皆夢，皆畫也；則從小事至大事，從一事至億萬事，愉悲妬戀，得喪死生，以至征誅揖讓無不夢，無不畫也。夢無留跡，畫有留跡，而跡虛非實。試夢中説夢，話後評畫，夢從何起，從何滅，何以不自覺，不自主？鑄鼎象物，辨神奸，垂法戒，既以身入畫矣，當作檮杌，垂戒畫，抑作喆聖喆垂範畫。夫夢緣習生，人不夢，推車入鼠穴，非所習也。根性本超，合眼栩栩，機神已逗。醒來，秋駕師傳，情就熟生，寤不自主，何況於夢？所以練性忘情，以博寤寐，博所學之淺深也。若乃舉心動念，便妨描畫。有人十目十手，倍益警策，方且視潛伏爲龍。見雷聲，誰甘備諸醜於蠅營狗苟？此今梁子《睡畫二答》之旨，觕論則隨事省克，精論則通晝夜爲大覺，徹宇宙爲繪觀，無非道，無非學也。如以睡與畫而已矣，則蕉鹿柯螳，世方長迷不醒，提喚實難。而辯士舌，文士筆，盈耳充棟，絕勝丹青之用。不聞蒙瞍有省，奚以之解衣盤礴，而咀黑甜之味爲？

崇禎己巳日在斗李之藻書於廣陵舟中

睡　答

西海畢方濟著

雲間孫元化訂

問睡。答曰："未知醒，烏聆睡。醒外司闢，則睡諸司之扃也。爲生之體，安而且養焉？睡，小死哉！"

釋知醒聆睡

睡非他，無醒是也，何言乎？未知醒，烏聆睡。凡論物之有無，不知失有之原，不足以論無。如，暗者，光之無，欲知暗，先論光。知光，乃知失光。失光，暗存矣。死者無命，不知命，安知死；瞽者無明，不知明，安知瞽？故論夢先論醒也。

釋醒闢睡扃

外司者，耳目口鼻肢體共五司也。醒，乃外司之開，不與内涉。若内司開，亦能睡，故夢中靈。夫外司有五，不言諸外司何？一司開，醒矣。睡非諸扃不至，未有一司尚開而睡者。

釋生體安養

病人昏睡，是病非睡不能安且養之。睡者，凡物公性，以息其勞，補其乏。言生不言人，禽獸同生，亦同有睡也。

釋小死

人死，絕無能矣，睡暫無能，故似之。小死哉，可歡可畏哉！睡爲死相，即吾人日日不免死也。未生之前，無醒耳；既死之後，醒無矣。故睡以令人之死，試死，入室登榻，猶之詣墓焉。吾寤際，宜如何？乃縱心哉，且而孰不惡死。賢者克睡，其生實多。曰："睡奚而成？"答曰："總司門塞，上下神不交，即外司之功止矣。魂復神而息焉，睡哉！所以塞，由飲食氣發甑比也。若塞甚密，豈睡？乃病。"

釋總司門塞

人有外司，內別有總知司。外司所收，聞者、見者、嗅者、嘗者、觸者，各物各象俱至總司，所謂識也。各司各有路，以達於總司。總司塞，俱塞矣。

釋上下神不交

神非靈魂，即精神，神思、神情之神也。人之命根，或在心，或在腦。惟此二體，人身最重。試如破腦刺心，必不生矣。今未暇辯二體命根孰是，第就論之。在腦者上神，在心者下神，各佑乎外司以行其功。上神下交，下神上交，俱經乎總司者。總司門塞，何以交，何以佑，外司曷行乎？

釋魂復神

魂管身之神。醒時，魂命神以發行。既倦，亦收而復之，以息其力；既收，斯睡矣。

釋飲食氣發

人之腹，譬如釜，飲食至，則煎調焉。煎必發氣，氣烝必有結焉。比之露甑，濕氣上升，結而爲水。飲食之氣，烝至於腦無結乎？總司在腦，是以塞。

釋塞密乃病

烝者過濁，則其結必釅，其塞亦密，故醉之睡難醒，倍至終日。昏睡如醉耶，病矣。此數見者，謂之病睡，絕危。

曰："力倦、美樂、黑暗、清涼，皆媒睡焉；且夫飲食睡，或多飲食不睡，安氣安發乎？"答曰："酒屬何引睡乎？老人、癯人何難，乳子、肥人何易乎。真餓誰能睡，真飽莫發之，或隔之。彼四疑俱魂能如驚懼者，體戰魄僵，色變然。"

釋酒屬至易乎

用力倦，聽美樂，黑暗及清涼之境，易睡也。此無飲食之氣，似可疑，然睡終因於氣。何以故？物有引人睡，有不引人睡者；人有易睡，有難睡者，或氣爲之。酒，睡物也；甘者、葷者、肥者、膩者，睡物也，惟氣重也；若辛者、醶者、苦者、酸者，反之，氣清故也。老人難睡，癯人有膽，多愁善想，亦難睡，氣乾不發也；小兒飲乳，肥人多痰，俱易睡，氣濕多發也。豈非爲氣乎？則飲食之氣，不有關乎？

釋餓睡飽醒

腹枵果無毫物，此爲真餓，吾懼其久醒不堪也，誰能睡？餓尚能睡，尚有物耳。若既飽不睡，非氣既發，乃未發。氣未發，必有滯之矣。

釋魂能

睡有二故，飲食氣發，一靈魂復神，二力倦等。四者，魂復神也。蓋四者能使神不外散，力倦避歸，聽美樂甘，浸黑暗清涼之境。静伏魂，復之尤便而順焉。若非此故，睡爲強人，當其睡不能如是樂。

釋驚懼

何以魂能復神？心有生神，腦有魂神，心腦各有二能，曰去能，曰取能。凡人發動，悉去能事；神收斂，悉取能事。此去能、取能，渾身無不有之。試如心以去能，散神於外，忽有急難，取能即收神以歸。既歸，四體絕無主張，力量與土灰木石不異，體戰色變，甚而顛強僵矣。則腦有取能，亦復如是。

曰："睡何爲？"答曰："補神、安體、消糧，睡之功妙哉。過殆愚焉，亞利斯多以銅丸習學，鴈以石守更，刺股焉，丸熊焉，使睡時耳。"

釋補神三者

睡有三為：一補神，神勞於日，苦於日，宜夜補之。二安體，五司有勞，應有歇。四時歇夏，一日歇夜。三消糧，人醒則陽火外散，睡之後，内收矣哉，故飲食易消。

釋睡醒之妙

人之醒後睡，睡復醒，妙在循環相間，是以可常。如色以各色相雜，音以各音相和，故不厭耳。他功作亦然。既為此，次為彼，有節焉。其神閒，其力亦裕。

釋過殆愚

醒與睡俱有過。過醒，殆焉；過睡，愚焉。何居久醒不睡，為無法之醒；久睡不醒，為無法之睡。無法之醒，耗液竭神，人不堪，色黃，飲食滯，作事衰敗憊；腦髓枯，且風甚者損，其不殆哉？若無法之睡，肢頓頭重，神蠢易荒，多怠爲淫材。此凡人皆不可，況學士乎？故曰："安簟之中，道不存。"孔子曰："朽木不可雕"著乎其爲愚矣！人命苦短，睡又死相，睡多命逾短焉，死何惡之，睡何喜之？

釋銅丸石

亞利斯多，賢人也，續學自惡睡，然不可已。譬睡於藥，無奈乃用之。讀書常手持銅丸，以鉦承之，讀倦困，丸墜於鉦，瞿然醒矣。鴈夜宿番，一鴈爲守更，守更者銜一小石，睡必失之，乃致罰，皆克睡者。吾人當上師高賢，即下何至不如一微鳥醒哉？

釋刺股丸熊

見中國記載，蘇秦夜讀，引錐自刺；柳仲郢含熊膽丸，以助勤克睡。今人以佳釀適口，以柔衾安體，為媒睡焉，可歎哉！

釋睡時

睡有法，不可多，不可少，最急者論時。何時，夜是矣，不必他觀。盍觀乎天？日沉星見，物靜如令人睡。令夜氣涼，內陽斂，睡尤安焉。彼日睡之人，我謂之夜人。曰："睡諸覺生同與？抑有數與？"答曰："故公豈數耶？水生亦睡。"

釋故公

向所言睡故，乃覺生公者，則睡亦公者，誰無形體，誰無飲食，誰無魂神而安之，消之，補之，豈有數耶？

釋水生

他覺生之睡可信，惟水生可疑，故標言水生也。論理彼有勞，必有息；有乏，必有補；有食，必有消。雖不可見，且問決然矣。且魚翅常動，其不動必睡也。口噞喁不止，猶人呼吸，不謂醒。人亦有張目而睡者。魚目不閉，亦不謂醒。又海中多異魚，原有喜睡於海邊者。又海舟人有聞罷肋那鼾聲者。罷肋那，意即鱷魚也；又有聞特耳費諾鼾聲。此魚最喜人愛人，人墮水，或負以登；見網魚者，或引魚入網。偶網得，人亦不傷，縱之。其性最動，不動即死。欲睡，輒之深處，反身向上，恣令自沈至底，驚醒復升；又反身自沈，此睡仍不靜也。

曰："人始生，從醒與，抑睡與？"答曰："非睡非醒，沌者哉！"

釋非睡非醒

睡，乃活不活之間。人既活，應有活不活之間在其先，如太陽見大明，應有昧爽在其先。昧爽者，明不明之間也。所以疑爲睡者甚善，但能醒者謂之睡，若不能醒者，不謂睡矣。人在胎中，雖既活，然絕不能醒，不能醒，即不得謂之睡。既不能醒，又不得謂睡，則非睡非醒，吾第謂之渾沌焉而已。人身何來？渾沌焉而已，可歎哉！

問醒。答曰："生之醒，或自或強，消功終，內熱出，既分清濁，自開也。夫神稍宰乎司，能覺大感去，多神施諸司，總知開，必強醒矣。惟路狹者難之。"

釋自強

有生之類，其醒不一，有自醒，有強醒。自醒者，真醒也；強醒，誠醒非醒之應。

釋消功終

此自醒之故也。人之睡以飲食氣，飲食消盡則氣盡，氣盡則醒矣。蓋消飲食者，陽熱也。飲食後氣涼，熱愈斂結於內，漸而熱勝涼，乃始散出。此散出有定候，當胃化之時分爲二：血清者，往上；濁者，往下，皆熱之能。熱既分此清濁，然後散出，若未分熱，未能出，未能醒也。既分之後，濁氣俱出去，如釋重然，乃輕而醒矣，各司之路通矣。

釋神宰司

此強醒之故也。既總司閉,既各司塞,呼之曷聞,擊之曷覺而醒乎?乃強醒,非聞且覺不可。若聞且覺,是又不閉不塞,然則如何上下神雖不交,然靈神亦罟宰乎外司,故有大聲亦能聞,大觸亦能覺,但仍在睡中,不能分別何聲何觸耳。既聞既覺,以漸分明,乃用去能,散神使出,遂施於外司總知,門強開,各司路強通矣。若有各司路太狹者,通之亦難,故強之不醒者多有。

曰:"凡生之睡,雞哉,奇哉?"答曰:"雞鳴,益哉!惰人敏矣。農商爲利,況爲道不聽哉?丑鳴何多?射矣,未鵠也,消功終也,餘何弗然?或雞屬陽,近則喜之,然先後多有鳴矣焉。"曰:"每有其偏,雞熱又速化,庶丑而醒,拊翼而鳴,他弗鳴,此故也。"又曰:"令罪人避,如夜鳥兮。"

釋益哉

性理之論,故多奇,亦數及鳥性而雞尤常所論者。此造物者特賦此性以醒人,如生自鳴鐘焉。農人耕,旅人行,諸人作,皆賴之。至爲學士策惰,尤可歎美矣。農商爲利猶聽從之,況學人乎?

釋丑鳴

雞論多未有定者,如射多未有中鵠者。或謂丑時,消功既終,故醒。則他鳥何以不然?或謂其性屬陽,丑時太陽且近,喜而拊羽,遂鳴也,則先丑與後何以亦鳴?蓋凡物各有其偏,喜陽而鳴,是其偏也。又太熱則消功易終,既消宜性庶乎在丑,故鳴。他鳥未必速化,速化未必同其偏喜耳。

釋罪人避

嗟乎,罪人可羞哉!太陽將來,罪人可見之乎?官升堂,則隸前呼。雞,太陽之前呼者也,驅罪人使藏之。藏之有夜鳥,見日則避,罪人似之,嗟乎,可羞也哉!

曰:"動勞散熱於外,何招睡乎?"答曰:"先散之外,是勞也;則退之,內政靜息焉。"

散熱在先,乃勞時勞過;而息乃熱斂時,非方散熱即睡也。

曰:"動勞便身出汗而乾之,何招睡乎?"答曰:"動勞并化使發烟,何不招耶?若無大醒矣。"

濕氣者,睡材也。汗出體乾,似無睡材,然動勞不止於出汗,并能化內凝之氣焉。

氣化則散而發，氣發即睡材矣。若勞時無凝氣，其大醒也何疑？

曰："飽食及食多品者，何概難睡乎？"答曰："食如薪，多則氣不直上矣，焉易睡乎？"

食之良熱如火，飲食如薪，薪多加則燒遲，燒遲則煎遲，煎遲則發氣遲，氣遲睡遲矣。多品逾然，蓋多品即其性不齊，或化遲，或化速，良熱之力不能并鑄，夾雜於中，安得即成液汁？胃且生酸氣，不順發銳，發故不直上，噯焉張焉皆為是。既氣不直升，睡難矣。

曰："初睡何深？"答曰："初多發，故重，漸消則輕。乳子由熱濕，睡深也。乳母可酒耶？"

初時氣之發不盛，塞方密，故睡深而重，漸以治輕，醒矣。胞生之子，本熱體，復嫩濕熱。濕之氣莫盛，故醒倍難。凡五月，皆恒睡也。既如是，則乳母尚可酒耶。酒助熱濕，睡且過矣。

曰："憂何去睡，睡何消憂？"答曰："憂引人想一，久讀者，久慮者，既然，不如流水之故為憂逆。身之活動，睡輔之，亡憂之思，改憂之氣，滅憂之故，憂必消矣。"

釋引人想一

想是良熱所為，熱作想功，不作消功，則氣散不直上矣。故想沮氣發，必也。憂使人想一，想之專者，莫此甚，沮氣去睡，何疑焉？久讀者，或不讀而慮者，神俱向注於是，氣亦隨之，故尤難睡也；乃亦有讀且慮反睡者，氣發在先，將有結焉。讀際方靜，尤易塞也。且此必初讀，不為久讀，亦必聊讀，不為真讀。真讀之久，想勝氣，安得睡？若初讀時，想未勝氣，氣反勝之。至於聊讀，無此一想，非惟不去，睡抑招焉，如流水潺湲，思微力緩，引睡而已。

釋逆身活動

人本活動，惟憂能逆之，若死然。倘有能輔此活動者，必能滅憂者也。睡政輔之，何哉？睡能補身，身固活動，故憂之，思睡則忘焉。鬱氣在內，睡則變改為他焉。既如是，則憂之，故俱滅矣，而安得憂？

曰："睡何汗？"答曰："消便而氣洶至肌，無阻速飛，遏則結汗矣。以睡際無動也，毛竅狹也。若其睡初熱，進止能無力，緘氣出焉。"

睡時消功尤便，氣發尤洶，直至於肌。若無沮滯，即便散飛。一有所遏，氣散乃遲，遲則結而汗。然睡時何以多阻滯？睡方靜，氣乃屯結不散，毛孔動則開，靜則狹，氣尤難散也。然初睡何以多有汗？熱俱進內，魂止能而無力，不得持氣使留，故內緘者出焉，愈益洶矣。

曰："樂何媒睡，請更詳之。"答曰："一魂在此，他俱無神，且聚於耳司，耳氣化發。"

　　魂聽一,俱注一,去能補遣他神,故他司俱無神也。不特不遣,且以取能收諸神而聚之耳司。此神者,至精之血熱異甚,聚於耳,便能化耳氣而散之,所以發烟塞其總司也。別司既無神,耳司又發氣,聊睡耶,更通矣。

　　曰:"願更詳睡時。"答曰:"丑睡美哉!太陽近,觀天尤黑焉。鋪時勿睡,日別增害於害焉。"

　　丑睡何以美?日轉而升,漸近萬物,又發氣,此時天尤黑焉。觀此知人身氣發也,睡美矣,太陽攝人之良熱。申時日將別,熱宗去,良熱亦衰,所以各害愈增其害,如病者至此愈重,憂者至此愈悶焉。

病枵腹勿睡

　　此最要切也。凡病者,各病之氣俱在內,睡則良熱內收至五臟焉,若枵腹無飲食之氣以供其消,且攝病氣聚蠢心矣,死近矣。

　　曰:"睡勢宜何?"答曰:"右睡尤安,初右次左,又右得哉,消功必成矣,以鐺譬之。"

釋右安

　　右乃萬動之根,醒之勞,右爲多,故右睡安;又胃口在左,口宜仰,若左睡,口厭於下,睡多間斷。醫家與人瀉藥,戒左睡。心氣嘔逆者亦然,皆欲胃口開受耳。

釋初右

　　右睡胃仰,飲食墜下易消,故初宜右。肝在左,少時轉而左,則肝覆於胃。肝乃純血,熱甚如熨物焉,尤助消也,後乃復轉而右,則飲食在中,流轉調合,無不動變者。如以鐺傍火,初以此半,彼半更之,有不悉化其中物哉?

　　曰:"通聆此論,爲德用之,爲學用之,爲養亦用之,美哉!富哉!省此,其知睡乎,其克睡乎?否者,昏耳,死耳。今而後聞命矣,學醒固難,學睡亦不易。"

畫　答

西海畢方濟譔

雲間孫元化訂

　　中士問於西先生曰："西國之畫人也，靈氣燁然如生。先生必能言之，可得聞乎？"先生曰："畫，余弗解也，雖然，請以予舌爲毛穎，以子心爲絹素，以至理爲五采當之，可乎？"中士曰："人有善者，有惡者，有庸庸者，先生奚畫？"先生曰："畫惡鑑也，畫善法也，師善省惡，畫一得二，踐形肖貌，人可合道。"中士曰："幸先生終命之。"先生曰："夫人與物異形，靈與蠢異狀，縱貴橫賤，須畫立形；諸橫首俯，須畫上向。蓋禽獸全體著地，皆有久戀之狀。吾徒二足履地，首向天，獨抱升騰之志。此其俛仰之故，不可不審也。畫髮者，勿若草蔓，勿若絲垂，總束而維繫之。夫髮有念象焉，念多而細，髮亦如之。人舉念必上，不欲雜亂，如櫛髮者。去其斜結鬅鬆，使聚而歸向於上也。人之髮，如地之樹，皆有根焉。樹根居下，受下脂而茂葉；人根居上，受上澤而茂，智不爽也。畫顙必廣而勿文，廣以比量，量不欲窄。人怒則顙蹙，無文所以屏怒也。凡顙橫文，不名顙質，名曰忿火。火炎不撲，身其燼矣。畫眼勿大，惡其傲；勿小，惡其窄而暗；勿歃；勿矇；勿出。眼注物如蟆，蟆貪，故眼出；勿縮眼内际如猿，猿私，故眼縮；勿畫妬眼，妬者見善必憎，夜蝠見日光必憎，猶病目者畏日光也；勿畫歧視眼，一視彼，一視此，是懷二念也；勿畫碍眼，碍眼者心碍，其中止見一偏，不見一偏，見有所阻，便不能普徧，不能分別也。天眼者，心之牖也。眼上啓閉者，護牖之闔也。牖勿常啓，惟以納光，烟雨風塵，閉勿使入。惟吾之所欲視，善眼不生於後，生於前，爲矚未到之程，非戀已成之美，教人進也。人廢眼無復前塗，是等廢人，人廢，傷哉。畫耳維何？中空高郭，左右具空者，欲其入郭者，不欲其混入具者，無單聽也。"中士曰："眼位、耳位，相比無高乎、下乎？"曰："耳證諸眼，眼證諸耳，如錘稱物，必求其平，戒偏任也。畫鼻孔大，以函德馨，畫口小而扃，勿令舌出，出形銳刃也。利刃胡勿藏舌，性毒猛獸也。猛獸胡勿檻，唇齒重關，猶虞其破也。"中士曰："耳目口鼻，扃不扃異，奚故？"曰："鼻聞香臭，未嘗爲香臭欺也，故不扃；聲欺我益益我，故郭而不扃；眼口皆我自心出，宜制之，故或重堤，或設户，又異也。鬚之壽減於髮二十年許，中年乃生，以表人智也。故畫鬚黑與白，必肖其真，防偽也。不厭長，以手掀之，可使過面而踰髮之根。若有鬚而無智，魄當削之矣。鬚日長日下垂，如人日老，日無上進之門。智者當知鬚之下垂，所以儆予也。嗣此日衰可傷，嗣此趨下曷返，及鬚之未垂而修省也焉。視其鬚日下，視其德日上，始稱全人耳。畫肩不欲聳，惡其不持重也；後不欲仰，惡其避重也；前不欲其俯，慮爲重壓也；不欲左低而右昂，惡其任意而卸難也，平爲貴。畫智貴寬，畫腹貴小，營營於利欲，智必隘；戀戀於肉食者，腹必大也。”中士曰：“手豈有善惡乎？”曰：“手中不可著一物，故不容一毛孔。宜伸，勿拳；宜凈，勿染。拳似狼蹄，象取物；染似豕蹢，皆憎其穢矣。指有甲，畫勿太長，長則墮事；勿畫太短，短則多重事。若夫膝者，直躬者也，勿使之太曲，曲則卑。股者，隨眼者也，眼之所至，足必至焉。所見者中而行邊，所見者直而行紆，是名蟹足。畫須端，勿稍邪也。”中士曰：“人心難畫，欲畫好心，若何？”先生躍起曰：“善哉，斯問，殿乃最矣！但好心超於無形，其體至靈，其通至廣，其用至神，不可以摹畫求也。無已，請以肉體心言之。其百骸之官乎，畫必上寬而下窄，顯諸空竅中而勿偏。上寬者，仰承自天休美；下窄者，於世間事僅存一點，無可奈何耳。庸人嗇於求上，奢於殉世念，常下餘而上塞；聖人但知上達，不肯下達，心常上廣而下微。諸空竅者，所以闢情魔而迎百善也。”中士曰：“先生之論至矣，冠服不具，可謂人乎？”先生大笑曰：“若髮額，若眼耳，以至手股外矣，矧外之外哉？”於是中士惕然驚悟，拜曰：“先生教我矣，當榜之坐間，以爲身律，奚暇事西國之畫，聞者服先生之畫之神。”

三、《坤輿全圖》

解　題

　　《坤輿全圖》,可能是畢方濟於 1633 年在南京繪製①的,1648 年刊刻於廣州。② 此圖印本現分別收藏在梵蒂岡教廷、維也納奧地利國家圖書館和比利時根特大學、瑞典斯德哥爾摩大學圖書館。③ 現僅知我國國家圖書館善本部藏有民國年間據梵蒂岡圖書館藏《坤輿全圖》木刻本的攝影本。本次整理,即以此攝影本爲底本。

　　此地圖的正圖采用摩爾維特等積投影,右爲美洲,左爲亞洲、歐洲、非洲,中國放在正中。四周繪有龍的圖形。正圖四角另附有四幅小圖。該圖眉部有《地本圜體》的説明,附三幅小圖,此説明引自熊三拔《表度説》之《地本圜體》(參見附録)。

　　畢方濟爲何繪製此圖? 李孝聰認爲此圖"作者的意圖是設計一幅類似利瑪竇的大型世界地圖《坤輿萬國全圖》的簡圖,並根據一些新從西方傳入的知識和最近的地圖資料作了改進"。④ 而謝麗爾・安・西曼斯(Cheryl Ann Semans)則認爲畢方濟《坤輿全圖》與艾儒略所繪《萬國全圖》有很多相似之處:"畢方濟的地圖是一個橢圓形的投影,與艾儒略所繪製地圖使用了同樣的經度。畢方濟所繪地圖上有少量漢字,他還加入了一些艾儒略地圖中没有的宇宙圖表。"⑤

　　因原圖破損嚴重,已很難對地圖本身進行深入研究,現就眉部《地本圜體》加以分析。

---

　　① 該圖爲畢方濟 1633 年於南京繪製,轉引自林東陽著《南懷仁對中國地理學和製圖學的貢獻》,載前揭(美)魏若望編《傳教士・科學家・工程師・外交家南懷仁(1623～1688)——魯汶國際學術研討會論文集》,第 140,163 頁。
　　② 見李孝聰著《歐洲收藏部分中文古地圖敘録》(北京:國際文化出版公司,1996 年),第 9 頁。
　　③ 見前揭李孝聰著《歐洲收藏部分中文古地圖敘録》,第 9 頁。
　　④ 見前揭李孝聰著《歐洲收藏部分中文古地圖敘録》,第 9 頁。
　　⑤ See Semans,Cheryl Ann, *Mapping the Unknown*:*Jesuit Cartography in China*,1583～1773,Berkeley:University of California,Thesis (Ph. D.),1987,p. 119.

此圖中所録《地本圓體》引自熊氏《表度説》之《地本圓體》的前半部分,文中從東西、南北、月蝕三個方面合證地圓説。有關月蝕的論證,熊三拔並未明確提出,應爲畢方濟新增加的内容:"論月蝕,亦可推地爲圓體。蓋月與諸星皆借日爲光,地形在九重天之當中。若望時月至黄道,正與太陽相對,地球障隔其光,不得直射,則月失其光,而人以爲蝕,乃地影矇之耳。設令地爲方體,則月蝕之影不得不方也。今天下人見月蝕,常見地之影爲圓,則可推地形真爲圓球,而不爲方體,又何疑焉?"①

畢方濟、熊三拔二人有關地圓説的論證均未超出亞里斯多德和托米勒二人有關地圓説的論述。畢氏《地本圓體》還以《坤輿全圖引》之題名,收録於《天學集解》中。② 方濟之後,南懷仁在繪製《坤輿全圖》時,又將此論移至《地體之圜》中,他僅從東西、南北兩個角度來論證地圓説。③ 此外,南懷仁所著《坤輿圖説》之《地體之圓》中亦以相同文字加以記載。④ 畢氏《坤輿全圖》,其影響力遠不及之前利瑪竇所繪《坤輿萬國全圖》、之後南懷仁所繪《坤輿全圖》,這可能是由於此圖刊刻於明清鼎革之際,戰爭頻仍,時局不穩,流傳不暢;清鐵騎大舉南下後,人們更多的是關心身家性命,已無閒暇關注畢方濟《坤輿全圖》的刊印。另外,畢方濟與利瑪竇、南懷仁進呈皇帝所繪之圖相比,甚爲簡略,這也可能是其不能廣爲流傳,影響力較小的原因。

十六世紀末,耶穌會士進入中國傳教,利瑪竇經過十餘年的摸索,找到一條適合中國的傳教方式,即以西學吸引士人,逐漸贏得士大夫的理解,建立友誼,通過他們影響普通民衆的心理,最終達到傳教的目的。利瑪竇爲結交士人,常將世界地圖作爲禮物相贈,這些地圖一方面介紹了西方的地理觀,另一方面也説明了傳教士的來歷。中國的士人對這些聞所未聞的地理知識,表現出了濃厚的興趣。利瑪竇深知中國人"天圓地方"的觀念根深蒂固,一時難以接受地圓之説,於是巧妙地利用中國傳統的宇宙觀來引介西方地圓説:"地與海本是圓形,而合爲一球,居天球之中,誠如雞子,黄在清内。有謂地爲方者,乃語其定而不移之性,非語其形體也。"⑤《周髀算經》趙君卿注:"方屬地,圓屬天,天圓地方。"趙爽注云:"物有圓方,數有奇耦。天動爲圓,其數奇。地静爲方,其數耦。此配陰陽之義,非實天地之體也。"⑥利氏將西方地不動的概念與中國傳統"地德爲静"的概念很好地結合了起來,這使中國人更易於接受地圓之説。

在解釋地爲圓形時,利瑪竇主要從以下幾個方面來論證。一是以人往南或北移動時出極高度的變化來證明地圓;二是以時差現象來説明地圓;三是以其自西徂東的旅行經

① 據國家圖書館善本部所藏民國年間據梵蒂岡圖書館藏《坤輿全圖》木刻本的攝影本。

② 畢方濟撰《坤輿全圖引》,載前揭劉凝編《天學集解》。

③ 據國家圖書館館藏天津工商大學所珍藏南懷仁《坤輿全圖》,清康熙十三年(1674)刻本攝影本。

④ 見(比)南懷仁著《坤輿圖説·坤輿外紀》(上海:商務印書館,1937年),第14~17頁。

⑤ 見(意)利瑪竇撰《乾坤體義》,載《文淵閣四庫全書》(北京:商務印書館,2005年)第二百六十一册,第87頁。

⑥ 見趙君卿注《周髀算經》,載錢寶琮校《算經十書》(北京:中華書局,1963年),第22頁。

驗來論證。利氏地圓説的理論基礎主要源自兩個人，一個是亞里斯多德，另外一個爲托勒密（Claudius Ptolemaeus，90～168）。亞里斯多德認爲火、氣、水、土乃構成月下世界最基礎的元素，而且各元素都依其不同性質，以地心爲圓心，佔據月下世界的不同位置。四行之中輕者上浮，重者下沉。其中以土最重，居於世界之中心，靜止不動；這世界的中心，也恰巧是地球的中心。亞里斯多德還以月蝕時吾人所見地球陰影爲弧形，和吾人往南往北移動時所見星空不同的經驗支持其論證。①

天文學家托勒密在以往希臘天文學的基礎上進一步論證地圓説。他列舉了三項證據：一、距離足够遠的兩個地方，記載同一月蝕的時間不同，而且其時差與兩地之距離能成比例。如果地是平的，則各地所見月蝕不應有時差。二、引用了亞里斯多德有關南北移動時所見星空不同的證據。三、還指出從海上航向崖壁或山峰望去，我們看到崖壁或山峰的部分不斷增加，宛如從海上升起。這樣的現象，祇有當地表有曲率時纔可能發生。②

來華傳教士所掌握的地圓知識，大部分源於此二人，因此對地圓説的闡釋亦多以此二人的觀點爲基礎。利瑪竇之後，熊三拔在其所著《表度説》之《地本圜體》中，又用大量篇幅對地圓説加以説明，圖文並茂，説理詳盡透徹。除西方傳統地圓知識外，文中還將地體爲圓歸爲上帝之傑作："造物主之初造物也，必定物之本像焉。地之本像，圓體也。"然而是書被收入《四庫全書》時，此語被更改爲："物有本像焉，地之本像，圜體也。"③

熊三拔對地圓的論證影響很大，之後畢方濟、南懷仁二人分別繪製的《坤輿全圖》中有關地爲圓體部分的論述均采用了熊氏之説，所附三幅小圖亦采用熊氏所繪之圖。

① 見祝平一著《跨文化知識傳播的個案研究——明末清初關於地圓説的爭議，1600～1800》，載《"中央研究院"歷史語言研究所集刊》第六十九本第三分册，1998 年，第 596 頁。

② 見前揭祝平一著《跨文化知識傳播的個案研究——明末清初關於地圓説的爭議，1600～1800》，第 597 頁。

③ 見熊三拔撰《表度説》，載前揭《文淵閣四庫全書》第二百六十一册，第 102 頁。

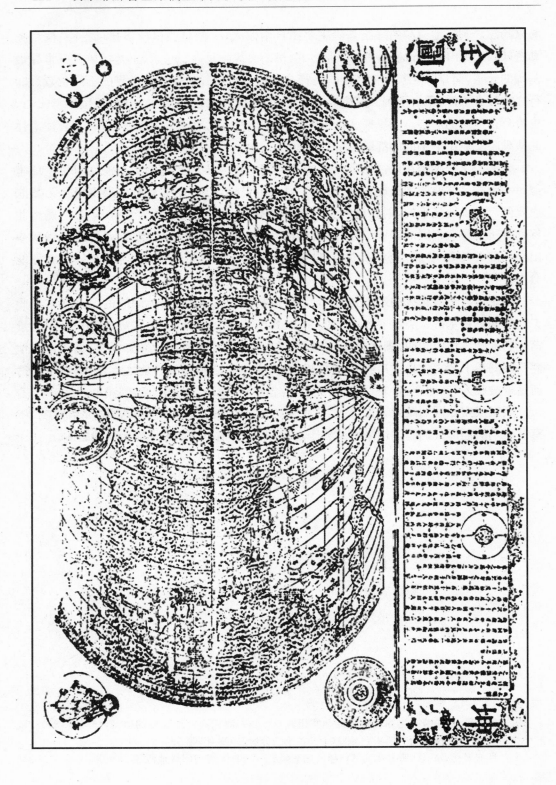

地本圓體①

　　觧曰："造物主之初造物也，必定物之本像［象］②焉。地之本像［象］，圓體也。世有云：天圓地方，乃動静之義③，方圓之理耳。今先論東西，後論南北，終論月蝕［蝕］，合證地圜之旨。"④

　　日月諸星，雖每日出入地平一徧，第天下國土，非同時出入。葢東方先見，西方後見，漸東漸早，漸西［鹵］漸遅。如有人居東，又一人居西，東西直相去試七千五百里，則東人見日，爲午正初刻。此際，西人乃見日在禺中，爲［為］巳正初刻也。周天三百六十度，每度爲［為］地二百五十里。若相去百八十度，則東方之午，爲［為］西方之子。相去九十度，則東方之午，爲［為］西方之卯矣，餘度俱依次准。⑤

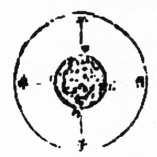

　　如上圖，午酉子卯爲［為］日天，甲乙丙丁爲［為］地球。令日輪在午而人居甲，即日正在其天頂，得午時；人居丙，即［即］得子時，日在其天頂衝也。東去甲九十度，居丁得酉時，日旣［既］過其天頂，將没於［于］地，則午甲丙子，爲其地平也。西去九十度居乙，即［即］得卯時，日向其天頂，方出於［于］地，亦午甲丙子，爲［為］其地平也。依此推算，令日輪出平地。在卯，人居丁，得午時；居乙，得子時矣。此何以故？地爲［為］圓體，故日出于卯，因甲高，與乙障隔，日光不照［曌］，故丁之日中，乙之半夜也。⑥

　　若地爲方體者，如上甲乙丙丁，則日出卯。凡甲乙丁地面［面］人，宜俱得卯。日入酉，宜俱得酉，不應東西相去二百五十里而差一度，又七千五百里而差一時也。故明有時差者，不能不信地圓也。又丁乙與甲異地，即［即］異天頂，即

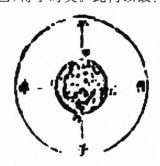

　　① 　據國家圖書館善本部所藏民國年間據梵蒂岡圖書館藏《坤輿全圖》木刻本之攝影本，並校以前揭劉凝編《天學集解》所載《坤輿全圖引》之文字。
　　② 　方括號内之文字，是前揭劉凝編《天學集解》中之異文。
　　③ 　此處"乃動静之義"，前揭劉凝編《天學集解》作"動静之美"。
　　④ 　前揭劉凝編《天學集解》所載《坤輿全圖引》不分段。
　　⑤ 　前揭劉凝編《天學集解》所載《坤輿全圖引》不分段。
　　⑥ 　前揭劉凝編《天學集解》所載《坤輿全圖引》不分段。

［即］異日中。而又與甲同卯酉，卽［即］丁之午前短，午後長矣；乙之午前長，午後短矣。獨甲得午前後平耳，而今之半晝分天下皆同。何也？則明有半晝分者，不能不信地圓也。①

自南而北，地爲［爲］圓體，亦可推也。試如有人居廣東，測北極出地，得二十二度。北行二百五十里，見北極梢高，測得二十三度；次每行二百五十里，皆如之。至京都，測北極出地，得四十度矣，亦見北界星，廣東不見者。其在廣東，亦見南界星，京師所未見者。此由地爲圓球，人乃循球而行，故南北二極及附近諸星，隨而漸次隱見也。若地爲［爲］平體，隨人所至，恒見天星高于地平若干度矣。②

如上圖，西南東北，爲周天；甲乙丙，爲［爲］地之圓球；丁戊巳，爲地之方面［面］。若人在圓球之乙，卽［即］見在南諸星。從乙漸向丙，卽［即］南諸星漸隱矣。漸向甲者，反是。若人在平面［面］之丁，卽［即］得俱見南北二極之星，其在戊，在巳，亦如。南極諸星，何由得漸次隱見乎？則地爲［爲］圓體，亦可証［證］也。③

論月蝕［蝕］，亦可推地爲［爲］圓體。蓋月與諸星皆借日爲［爲］光，地形在九重天之當中。若望時月至黃道，正與太陽相對，地球障隔其光，不得直射，則月失其光，而人以爲蝕，乃地影矇之耳。④

設令地爲［爲］方體，則月蝕［蝕］之影不得不方也。今天下人見月蝕［蝕］，常見地之影爲［爲］圓，則可推地形真爲［爲］圓球，而不爲方體，又何疑焉？

① 前揭劉凝編《天學集解》所載《坤輿全圖引》不分段。
② 前揭劉凝編《天學集解》所載《坤輿全圖引》不分段。
③ 前揭劉凝編《天學集解》所載《坤輿全圖引》不分段。
④ 前揭劉凝編《天學集解》所載《坤輿全圖引》不分段。

四、《畢方濟奏摺》

解　題

　　《畢方濟奏摺》不分卷，上海徐家匯藏書樓藏鈔本。其版式爲：每半葉 10 行，行大字 20 字，小字雙行 20 字，字體爲楷體。四周雙欄，外粗内細。白口單上魚尾。魚尾上題"畢方濟奏摺"，下記"卷"及頁數、"涵堂石室藏本"。本次整理，即以此爲底本。原稿曾收藏於上海徐家匯藏書樓。1949 年，徐家匯藏書樓部分珍貴文獻被搬遷至菲律賓馬尼拉，後輾轉到臺灣輔仁大學。1996 年，經鐘鳴旦、杜鼎克、黃一農、祝平一諸先生的挑選，這批文獻最珍貴稀有的 37 種得以影印出版，收録在前揭鐘鳴旦等編《徐家匯藏書樓明清天主教文獻》第 2 册中。

　　《畢方濟奏摺》是明代天主教中文史料中一份極爲重要的資料。從晚清黃伯禄《正教奉褒》開始著録，民國以來，治天主教史及研究明清"西學"的大家們無不徵引其文，但是，所著録與徵引者對《畢方濟奏摺》的上奏時間均未加以認真考究，或人云亦云，或無據斷語，致使這一重要奏摺的大部分内容出現了利用上的極大失誤。特別是其中將南明時期中西交往之史實誤植於崇禎朝，致使多項歷史事件之顛倒。總之，此奏摺有幾個問題值得關注：

　　1.《畢方濟奏摺》的上奏時間。檢《奏摺》原文，畢方濟上奏時間只有"十二月初六日"的記録，並無繫年。最早考定《畢方濟奏摺》時間者，爲晚清教會史家黃伯禄，明確認定"崇禎十二年十二月初六日，畢方濟上疏"[1]。基本上成了教會史研究上的共識。也有學者並不贊同《畢方濟奏摺》上於崇禎十二年，並提出了不同的時間觀點，如張蔭麟崇禎元年（1628 年）説[2]、梁啓超崇禎二年（1629 年）説[3]、費賴之崇禎六年（1633 年）説。但這些

---

　　① 　見黃伯禄著《正教奉褒》，載前揭輔仁大學天主教史料研究中心編，陳方中主編《中國天主教史籍彙編》，第 479 頁。

　　② 　見張蔭麟撰《明清之際西學輸入中國考略》，載《清華學報》第一卷第一期，1924 年，第 59 頁。

　　③ 　見梁啓超著《梁啓超全集》（北京：北京出版社，1999 年）第八册，第 4441 頁。

説法均存在問題,可以被否定。

《畢方濟奏摺》究竟上於何時? 從奏摺的基本信息來看:首先是"今幸皇上龍飛"一語。崇禎十七年五月初三,福王朱由崧在南京正式登基①,爲南明第一位皇帝。這是《畢方濟奏摺》上奏時間的第一時限。由於奏摺後面注明了上奏的月日爲"十二月初六日",朱由崧的福王政權前後祇存在一年時間,即崇禎十七年五月至弘光元年五月②,因此,我們可以判定,畢方濟上奏時間應爲崇禎十七年十二月初六日。第二,明人李清《南渡録》卷四保存了一條十分珍貴的材料,稱:"(崇禎十七年甲申十二月癸亥)歐羅巴國陪臣畢雲霽入貢。"③很明顯,此畢雲霽即爲畢方濟,或明末畢方濟曾用中文名爲"畢雲霽"。畢疏中所言的這次進貢就是《南渡録》中提到的"畢雲霽入貢",也就是在進貢的同時,畢方濟給弘光帝上了這一奏摺,時間就應是在崇禎十七年十二月。第三,畢疏後附有當時皇帝的批復:"奉聖旨海禁初開,畢方濟著劉若金帶往海上,商議澳舶事宜。"故弘光帝派劉若金同畢方濟一起"商議澳舶事宜"。"商議澳舶事宜"是在畢方濟上奏後的第二天就下達了命令,可證,《畢方濟奏摺》的上奏時間是崇禎十七年十二月初六日(1645 年 1 月 3 日)。

2.耶穌會士陸若漢賜墓地問題。《畢方濟奏摺》中明確提出:"陸若漢賞勞南還調理,老死廣省,至今未葬。察得澳中三巴寺旁有海隅僻地,懇祈皇上恩賜一區,掩其枯骨,俾同伴墾種供祀,得以(茸)[葺]築斗室,焚修祝聖,以報盛世澤枯之仁。而諸商慕義,益以永久矣。"其實在 1644 年 10 月,廣東省政府已經於澳門青洲對面灣仔劃了一塊地。④

明廷賜陸若漢墓地對澳門耶穌會來説是一件很大的事情。早在明萬曆之時,澳門耶穌會就將自己的占地擴展到澳城以外的青洲島上,並在島上建蓋教堂。但其産權並未獲明政府的承認。故就青洲一地的産權問題,耶穌會與廣東政府發生多次衝突。⑤ 陸若漢去世後,因陸若漢多次爲明王朝效力——購炮募兵,爲發展明朝的西洋火器做出了重大貢獻,澳門耶穌會遂藉口陸若漢尚無地安葬爲由,向明王朝索要墓地。這塊墓地在畢方濟的奏摺中稱"三巴寺旁"的"海隅僻地",實際上這一塊賜地不僅不在澳城之內,而且不在澳門半島之內,而是在澳門半島對面山地區(即今珠海灣仔的銀坑)。據耶穌會的信

---

① 見前揭計六奇撰《明季南略》卷一《福王登極》,第 8～10 頁。

② 見黄宗羲著《弘光實録》卷四,弘光元年五月甲辰,載黄宗羲等撰《南明史料(八種)》(南京:江蘇古籍出版社,1999 年),第 78 頁。

③ 見李清著《南渡録》卷四,載前揭黄宗羲等撰《南明史料(八種)》,第 301 頁。

④ See Beatriz A. O. Basto da Silva,Cronologia da história de Macau,Macau:Direcção dos Serviços de Educação e Juventude , 2a, 1997, p. 123;此處所引用《耶穌會士在亞洲》葡語譯文由金國平先生重新翻譯改訂而成。(英)邁克爾·庫珀著《通事陸若漢傳——一位耶穌會會士日本、中國行跡》(里斯本,1994 年),第 364～365 頁。

⑤ 參見金國平、吳志良著《東西望洋》(澳門:澳門成人教育出版社,2002 年)之《青洲滄桑》,第 305～323 頁。

稱："該墳地很廣,地又肥沃。"①還稱這塊地是"一處名叫蠔田的莊園"。到底這塊地有多廣? 萬曆帝在北京給利瑪竇賜墓地是"地基二十畝"②,至清朝時還有所擴大,可見賜地之大。據龍思泰稱,這塊地"其面積估計比青洲大四倍,其範圍從拱北東南部山腳開始,一直延伸到海邊被稱為蠔埕的地方"③。一塊比青洲還大 4 倍的土地,大致應該和當時澳門城面積相當,等於是耶穌會亦得了一個澳門,這對當時的澳門耶穌會來說,具有多麼大的利益誘惑! 這就是澳門耶穌會為什麼不斷向明朝提出賜地的主要原因。

3. 關於此次進貢。這次進貢是繼萬曆二十九年(1601)利瑪竇進貢後,傳教士第二次大規模地向明廷進貢。利瑪竇的進貢是得力於澳門耶穌會長期的準備與支持纔得以完成的。④ 畢方濟這次進貢亦獲得了澳門教會的大力支持,所進貢的物品價值甚至超過萬曆二十九年進貢的。⑤ 澳門教會為此次進貢做了充分的準備,共籌集到各種外來器物及動物達 11 種,即:星屏一架、輿屏一架、西琴一張、風簧壹座、自鳴鐘壹架、千里鏡壹筒、玻璃盞四具、西香陸炷、火鏡壹圓、沙漏壹具、白鸚鵡壹只。值得注意的是畢方濟進貢的"星屏"與"輿屏"。"星屏"當是人工製作的《天文圖》屏風,"輿屏"則是人工製作的《地理圖》屏風。我們認為這兩幅圖均應是畢方濟所作。⑥ 可見,畢方濟是一位精通天文的西方傳教士。畢方濟的輿地之學亦十分精到,可參見《坤輿全圖》。畢方濟進貢的這架"輿屏"就是以他繪製的《坤輿全圖》製作而成的屏風。⑦

①　見前揭(法)裴化行考釋《明末耶穌會士一封信》,第 4856 頁;Relação da conversão a nossa Sancta Fé da Rainha, & Principe da China, & outras pessoas de casa Real, que se baptizarão o anno de 1648, Lisboa: 1650, in Charles Ralph Boxer, *Estudos para a história de Macau: séculos XVI a XVIII (1. o tomo)*, Lisboa: Fundação Oriente, 1991, p. 149.

②　见韓琦、吳旻校注《熙朝崇正集　熙朝定案(外三種)》(北京:中華书局,2006 年),第 24 頁。

③　見(瑞典)龍思泰(Andrew Ljungstedt)著,吳義雄等譯《早期澳門史——在華葡萄牙居留地簡史、在華羅馬天主教會及其布道團簡史、廣州概況》(*An Historical Sketch of the Portuguese Settlements in China; and of the Roman Catholic Church and Mission in China; Description of the City of Canton*),第 167 頁。

④　見(意)利瑪竇、(比)金尼閣著,何高濟等譯《利瑪竇札記》(北京:中華書局,1983 年),第 314、377~378 頁。

⑤　史景遷(Jonathan D. Spence)稱:"使耶穌會獲得在北京一個多世紀居住權的禮物不到九百達克特,這筆錢還是在 1599 年船難後,澳門的耶穌會修道院院長想千方設百法募集的。"見(美)史景遷著,陳恒、梅義徵譯《利瑪竇的記憶之宮——當西方遇到西方》(上海:上海遠東出版社,2005 年),第 263 頁。

⑥　前揭(法)費賴之著,馮承鈞譯《在華耶穌會士列傳及書目》上冊,第 144 頁。

⑦　將地圖繪製在屏風上作為禮品似為明末上流社會之時尚,如李之藻就將利瑪竇的《萬國坤輿圖》"譯以華文,刻為《萬國圖》屏風"。龐迪我、熊三拔亦製作《萬國地海全圖》屏風,"臣國所刻《萬國地海全圖》原有四扇,今止得二扇,謹將原屏風照式圖畫,仍補完《中國圖》及《西南方國圖》二扇,共四扇,皆易以華文。"以上參閱(意)艾儒略原著,謝方校釋《職方外紀校釋》(北京:中華書局,1996 年)卷首李之藻《刻職方外紀序》,(西)龐迪我、(意)熊三拔撰《奏疏》,第 6、18 頁。又朝鮮崔錫鼎撰《西洋幹象坤輿圖二屏總序》載"皇明崇禎初年,西洋人湯若望作《乾象坤輿圖》,作八帖,為屏子",轉引自黃時鑒、龔纓晏著《利瑪竇世界地圖研究》(上海:上海古籍出版社,2004 年),第 120 頁。日本南蠻屏風畫中也有不少地圖屏風,如《28 都市圖及萬國圖屏風》、《世界地圖屏風》、《萬國繪圖屏風》等,參見前揭黃時鑒、龔纓晏著《利瑪竇世界地圖研究》,第 130 頁。

4.《畢方濟奏摺》之建議。畢方濟上疏中爲弘光朝提出的富國強兵四策,包括:(1)修曆,修曆的人員需從澳門選送;(2)采鑛;(3)開海通商;(4)購銃。非常明顯,畢方濟的進貢與上疏完全是在澳門教會的支持與影響下完成的一次外交行爲。耶穌會希望通過這一計劃達到三贏的局面:首先是支持了南明政權的中興大業;其次是解決明末以來澳門經濟中出現的困局;三是通過這些支持進一步達到以天主教皈化明王朝的目的。因此,此奏摺全是爲加強澳門與明政府的關係或是直接爲澳門謀取利益的。

畢方濟奏摺

　　泰西國歐羅巴陪臣畢方濟謹奏：爲遠臣久切祝聖之忱，謹修方物之貢，竝陳一得，仰佐中興盛治事。臣西極鄙儒，以格物窮理爲學，以事天愛人爲行，潔己修身。自神宗朝偕先後輩利瑪竇等，浮海捌萬里，閱三年所，始觀光上國。荷蒙恩澤屢加，亡者與葬，生者給田。即在先帝時，同輩占星修曆，制器講武，效有微勞；又蒙寵錫洊加，禮數隆重，更賜"欽褒天學"扁額，頂踵戴德，三十餘年。今幸皇上龍飛，仁明英武，立就中興大業，訪道親賢，問明疾苦，振武揆文，遐邇畢炤。遠臣不勝欣戴，向天虔祝，聖壽無疆。敬制星屏一架，輿屏一架，恭獻御前，或可爲聖明仰觀俯察之一資。附貢西琴一張，風簧壹座，自鳴鐘壹架，千里鏡壹筒，玻璃盞四具，西香陸炷，火鏡壹圓，沙漏壹具，白鸚鵡壹隻，助於禮脩樂明者，伏乞皇上俯賜勅收。臣尤蒿目時艱，思有所以恢復封疆，裨益國家者，一曰明曆法以昭大統；一曰辨鑛脉以裕軍需；一曰通西商以官海利；一曰購西銃以資戰守。蓋造化之利，發現於鑛，第不知脉絡所在，則妄鑿一日，即需一日之費。西國格物窮理之書，凡天文、地理、農政、水法、火攻等器無不備載。其論五金鑛脉，徵兆多端。似宜往澳取精識鑛路之儒，翻譯中文，循脈細察，庶能左右逢原也。廣東澳商受廛貿易，納稅已經百年，久爲忠順赤子，偶因牙儈爭端，阻遏上省貿易。然公禁私行，利歸於奸民者什之九，歸於府庫者什之一。宜許其炤舊上省，在於何地棲止，往來有稽，多寡有驗，則歲可益數萬金錢以充國用。況中商出洋，每循海岸，所以多險，西商惟按度數行止，故保無虞，亦可推而習之，所利非小也。西銃之所以可用者，以其銅鐵皆百鍊，純粹無滓，特爲精工。切炤天啓元年，東酉跳梁，兵部題奏，奉有取西銃西兵之旨，是以臣輩陸若漢等貳拾肆人進大銃肆位，未及到京，而虜已遁。後奉旨援登，發銃擊虜，奇功屢敘。既而遼兵反戈，同伴死節，惟陸若漢帶傷赴闕。隨蒙兵部題覆，恩蒙聖旨，將已故公沙的西勞等贈官賜葬，陸若漢賞勞南還調理，老死廣省，至今未葬。察得澳中三巴寺旁有海隅僻地，懇祈皇上恩賜一區，掩其枯骨，俾同伴墾種供祀，得以（茸）［葺］築斗室，焚修祝聖，以報盛世澤枯之仁。而諸商慕義，益以永久矣。更乞勅部取習銃數人，以傳煉藥點放之術，實摧鋒破敵之奇也。至於七政推曆，交蝕不爽，必取明習天文西士數人，會同欽天監測算，尤足光示四裔，垂則千秋。臣感恩圖報，無有窮已。伏乞聖明勅賜施行，臣即奉命馳澳，鑛書必譯詳明，銃師必訪精妙，星速入都,不敢少緩。其明曆識鑛西士,善銃西將,乞勅量給應付廩糧,起送入京,不致稽緩。庶於時艱有濟,而臣之微忱,亦得少效於萬一矣。臣曷勝瞻仰祈禱待命之至,伏候敕旨。奉聖旨海禁初開,畢方濟著劉若金帶往海上,商議澳舶事宜;陸若漢准給地安葬,所進星屏等物,司禮監察收。

十二月初六日上,初七日命下。

五、《皇帝御製詩》、《修齊治平頌》

解　題

　　《皇帝御製詩》不分卷，舊抄本，載鐘鳴旦、杜鼎克、蒙曦（Nathalie Monnet）編《法國國家圖書館明清天主教文獻》（台北：利氏學社，2009 年）第 16 册，第 441～466 頁。本次整理，即以此本爲底本。

皇帝御製詩

答故人高士畢方齊字今梁進修齊治平頌有引

畢今梁,西域之逸民,中國之高士。余迎晤於奉藩在烈廟。庚午辛未間丙子冬,余以罪廢,降羈重圍。今梁冤惜,力白當事撫臣,余事得明。甲申秋釋,乙酉春再晤。今余登極八閩,今梁奉召來朝,進頌含規文叔云狂奴故態詩,以裁答兼弁文首。

天地年年故,蟾烏日日新。金蘭一友道,橐籥五人倫。憐彼華夷苦,拯余方寸仁。借旅安世後,太昊委來真。

皇帝賢賢　隆武元年十一月十八日之寶

平虜侯賦

　　乾元之德在用九，天亶聰明作元后。坤承天施服黃裳，舜有七友文四友。紫薇之垣下畢星，沐日浴月過滄溟。泰西景教傳天語，身是飛梁接天庭。斜枕魁衡携龍角，曾友吾皇入帷幄。天章灑贈懷袖中，荒野甘盤稱舊學。光武昔日起南陽，帝堯侯封原爲唐。赤伏符名緑圖字，頒來鳥紀因鳳凰。布衣敦敘文華殿，金鹽玉版天廚宴。鐵勒九真知我名，瓊宮三島逢君面。至人浮雲視勛庸，黃石師後友赤松。嚴光共被仍垂釣，李泌暫相終明農。君伏天心來救世，崆峒訪道歸黃帝。鼎成但留握奇經，金輪寶馬隨君致。

　　畢今梁先生，出其所賜御製詩見示，感而賦贈，并請郢政。

温陵道人芝龍

修齊治平頌

　　天心其盛矣乎,特生聖王爲爾生民主! 無苦不嘗,無書不讀,真心正氣,龍德時中。潛于奇冤,見于大赦,躍於潞藩之讓賢,飛於閩臣之戴德。豁達大度,同符高祖,行將以一隅而恢九有也。爾生民自此身有所托,家有所依,與國長久,與天下康寧。夫豈偶然哉? 惟聖主能體上天之心,故天心眷焉。必生民能體聖王之心,斯王道成焉。

　　聖王體上天之心者有四,曰修身也,齊家也,治國家平天下也。齋乎心,所以修身也;正乎内,所以齊家也;勤仁政,所以治國也;敬上帝,所以平天下也。齋乎心者,無邪思之謂也;正乎内者,無二婦之謂也;勤仁政者,無倦怠之謂也;敬上帝者,無虛幻之謂也。

　　登極以來,惟一長素,不獨口齋於味,而且舉體清貞,此思之無邪也,齋乎心也。

　　登極以來,惟一中宮,不獨身遠於色,而且積念光明,此婦之無二也,正乎内也。

　　躬覽萬幾,手裁庶績,宵旰莫非仁政,而未嘗稍有倦怠也。

　　明明在上,翼翼小心,對越惟一上帝,而未嘗稍有虛幻也。夫修身之道非一,而何以獨重齋乎心耶? 葢心者,身之本也。心一不齋,則三大欲俱起。謂欲貴生傲生妬,欲富生貪生饕,欲佚樂生怠生滛,未有心不齋而可以言修身者也。齊家之道非一,而何以獨重正乎内耶? 葢内者,家之本也。内一不正,則三大倫俱壞。謂既有妻而復有妾,則夫婦之愛減;妻有子而妾亦有子,則兄弟之爭起;妻妾俱有子而夫偏愛妾之所出,則父子之恩薄。未有内不正,而可以言齊家者也。治國之道非一,而何以獨重勤仁政耶? 葢仁政者,國之本也。仁政不勤而稍有推諉,則有壅滯;有壅滯,則有蒙蔽;有蒙蔽而賢否混淆,是非倒置,未有能治國者也。平天下之道非一,而何以獨重敬上帝耶? 葢上帝者,天下之本也。上帝不敬而稍有褻慢,則有欺罔;有欺罔,則有僭亂;有僭亂,而鬼神滛祀、仙佛妄求,未有能平天下者也。信乎? 聖王之所以體天心者,惟此四德。而生民之所以體乎王心者,亦惟此四端。王體天心,王之所以受福於天也;民體王心,民之所以受福王於也。況上之所行,下必效焉;上之所好,下必甚焉。以聖王四海之富而惟一長素,爾生民其可嗜葷而饕且侈乎? 以聖王萬國之尊而惟一中宮,爾生民其可娶妾而多且亂乎? 以聖王至貴而猶晝夜憂勤,爾爲王臣,其可晏安而不顧禮法所從出乎? 以聖王至上而猶欽崇一主,爾爲王臣,其可違背而不究性命所從來乎? 繇此以談,則法其齋心而崇澹去濃可也。日每減味爲小齋，日每一餐爲大齋。遇房虛星昴太陽之日，先期小齋以報造化天帝之恩；遇四時節序聖蹟之日，先期大齋以追德行顯應之盛。自此飲食有節，而身心漸清矣。法其正内而得妻禁妾可也。無兩婦之夫而夫婦不致分心，無兩婦之子而父子不致異視。弟兄安于一母而嫌疑可以俱消，室家宜于一婦而生計可以得助，自此情愛有恒而琴瑟永好矣。法其勤政而朝乾夕惕可也。勿以善小而不爲，勿以惡小而不去；勿以事遠而不慮，勿以言邇而不察。自此，綱舉目張，無廢弛之獘矣。法其敬帝而悔罪歸誠可也。勿以無形而爲空，勿以有像而爲設；勿以不睹而不戒，勿以不聞而不懼。自此，存心養性，無暴棄之愆矣。夫然後君臣一德，朝野同風，身有所托，家有所依，與國長久，與天下康寧，可不共相勉勵，以無負天心之盛也哉？雖然，四德惟一。一者，何敬上帝也？誠敬上帝，則無思不正，身之所以修也；無邪不去，家之所以齊也；無善不積，猶恐失之，國之所以治也。身修，家齊，國治，而天下有不平者乎？恭遇聖王興於上，賢臣佐於下。作之君，作之師，兆民歸化，千載一時，遠臣殊有厚望焉，敢爲之頌？

隆武元年十一月　　日宣諭使遠臣畢方濟

耶穌會士孟儒望漢文著述集

葉農 整理

前　言

　　孟儒望（又名孟如望），字士表，葡萄牙人，1602年出生在葡萄牙波爾圖教區的邁加姆夫利奧（Mejamfrio）。① 曾赴印度，並在那裏完成學業。後又赴澳門任教。費賴之指出："一六二五年赴印度。在果阿完成其學業後，歷任果阿修院教習，澳門哲學教習三年，神學教習二年，修院院長。"②1637年來華，在中國多處傳教，並取得一定成績。費賴之指出："一六三七年赴江西。一六三九年赴浙江。次年在寧波爲六百人授洗。傳教數年，頗有成績。"③他曾在1640年12月25日於杭州發願。並在浙江省種植葡萄，收獲豐碩。④1648年，他被派至澳門，任傳教區司庫和澳門的中國基督教本堂司鐸。1648年歿於印度。他爲來華傳教時間較短的耶穌會士。⑤

　　據費賴之研究："其遺著列下：（一）《天學略義》一卷，疑在一六四二年頃刻於寧波，筆受者名士朱宗元也。（二）《辯敬録》一卷。（三）《天學四鏡》一卷（徐家匯藏抄本），一作《照迷鏡》，一六四三年有寧波刻本，前有張能信、姚胤二人序。（四）《聖號禱文》。（五）《煉獄禱文》。此二禱文土山灣嘗有合刻本，題曰《周主日禱文》（一九一七年書目四四七號）。"⑥

　　在孟儒望的著作中，以《天學略義》最有價值。前有張賡的序。張賡，字夏詹，又字明臬，福建晉江人，聖名瑪竇，在杭州任教諭，與明末著名天主教教徒楊廷筠有戚誼。楊廷筠皈依天主教後，張賡亦受洗入教。他曾與其他中國籍教徒合撰過傳教著作，如與韓霖等合撰《聖教信證》；又曾爲其他中國籍天主教教徒的著作撰序，如他曾爲楊廷筠著《天釋

---

　　① 　見前揭（法）榮振華、方立中、熱拉爾·穆賽、布里吉特·阿帕烏撰，耿昇譯《16～20世紀入華天主教傳教士列傳》，第246頁。前揭（法）費賴之著，馮承鈞譯《在華耶穌會士列傳及書目》，第249頁。
　　② 　見前揭（法）費賴之著，馮承鈞譯《在華耶穌會士列傳及書目》，第249頁。
　　③ 　見前揭（法）費賴之著，馮承鈞譯《在華耶穌會士列傳及書目》，第249頁。
　　④ 　見前揭方豪著《中國天主教史人物傳》，第297頁。前揭（法）榮振華、方立中、熱拉爾·穆賽、布里吉特·阿帕烏撰，耿昇譯《16～20世紀入華天主教傳教士列傳》，第246頁。
　　⑤ 　見前揭方豪著《中國天主教史人物傳》，第297頁。前揭（法）榮振華、方立中、熱拉爾·穆賽、布里吉特·阿帕烏撰，耿昇譯《16～20世紀入華天主教傳教士列傳》，第246頁。
　　⑥ 　見前揭（法）費賴之著，馮承鈞譯《在華耶穌會士列傳及書目》，第250頁。

明辨》作序。①

　　他曾與來華的諸多耶穌會士有過往來,並爲傳教士著作做過修訂與撰寫序言,如曾訂正艾儒略及盧安德(Andrius Rudomina, 1596～1631)的《口鐸日抄》,並爲之撰序。張賡有子,名識,字見伯,聖名彌格爾,有著名的事蹟,艾儒略曾著《張彌格爾遺蹟》(又名《彌格爾遺斑》),他還在《口鐸日抄》卷一亦談及此事。後艾儒略又撰《大西西泰利先生行蹟》稱:"厥後,張識,閩晉江人,聖名彌克爾,奉教至虔,爲衆所仰。天啓癸亥,從父孝廉張夏詹(名賡,聖名瑪竇)掌教中州,臨終時忽見天主聖容,審判其生平,尚加訶責。適宗徒聖瑪竇與利子共現天主台前,爲之懇祈。"②

　　張賡還爲艾儒略撰《五十言餘》作序:"西泰利先生初以二十五言行。射覆者云:'天數,二十有五也。'今思及艾先生,復有五十言餘,因而重之也。又謂慎言其餘,天何言哉?述天上事,行上天功,何必言?吾謂五十言餘可無;並二十五言亦可無也。夫不善讀者,言言皆忘;善讀者,言言亦皆若忘。忘也者,言當前茫然不行也;若忘也者,神在行默,而化於言也。如是而艾先生題曰'言餘',寔點化人以言外之意乎?故先生西來,著書凡數萬言,總而歸之無言,惟一天主。"③

　　其餘作序跋與參訂的其他傳教士著作,還有龍華民譯《聖若撒法行實》、艾儒略撰《聖夢歌》、葡萄牙籍耶穌會士陽瑪諾著《景教流行中國碑頌正詮》等。

　　其他爲《天學略義》校正的中國學者,還有"檇李魏學濂"、"甬東朱宗元"。

　　檇李爲嘉興舊稱。魏學濂,字子一,號内齋,明萬曆三十六年(1608)生,崇禎十六年(1643)進士,擢庶吉士;次年,李自成進攻北京,他自縊而死,年僅37歲。黃宗羲撰墓誌銘。其父魏大中,在《明史》有傳,亦曾與來華傳教士有交往。④

　　朱宗元,字維城,浙江鄞縣人。清順治三年(1646)貢生,五年(1648)舉人。據方豪稱,他是由陽瑪諾神父在浙江杭州傳教期間授洗的,成爲了華東地區有名的天主教教徒。他還有下列著作:1.《答客問》。其同學張能信爲之訂正。2.《拯世略説》。在其自敘中,談到了他求道、得道和傳道的經過:"念世間萬事,不由人算,意者鬼神司之;然鬼神衆矣,亦自有所從受命者,三教百家,參悟有年,頗悉梗概,顧終無真實、確當、了徹、完全之義,使此心可泰然自安者。及觀聖教諸書,始不禁躍然起曰:'道在是! 道在是!'向吾意以爲然者,而今果然也;向吾求之不得其故者,而今乃得其故也。……雖聖教典籍百萬,振聾聵瞆而有餘,但余小子既受造物主多恩,識所能及,口所能言者,何敢不竭其區區也。始也好辯,爲《答客問》行世,今以大義數端曰:《拯世略説》;大約詳於彼者各於世。"以上兩書,(康熙)《鄞縣志》皆有著錄。3.《天主聖教豁疑論》。小册子,僅1800餘字。4. 應試之

---

① 　參見前揭方豪著《中國天主教史人物傳》,第297頁。
② 　見前揭葉農選編、點校《明清天主教〈聖經〉故事版畫集》,第229頁。
③ 　見前揭葉農選編、點校《明清天主教〈聖經〉故事版畫集》,第495頁。
④ 　參見前揭方豪撰《中國天主教史人物傳》,第297～298頁。

作《郊社之禮所以事上帝也》。除個人著作外，他還曾爲一些來華傳教士著作撰寫過序
跋。如陽瑪諾曾撰《輕世金書》，朱宗元爲之潤色校訂，用《尚書》謨誥體，以顯其高古，文
字贍奧艱深，非深通經書者不辨；又撰《輕世金書直解》，但未見傳本。崇禎十五年
(1642)，陽瑪諾撰《天主聖教十誡直詮》，他又爲之作序。①

---

① 參見前揭方豪著《中國天主教史人物傳》，第 299～304 頁。

一、《天學略義》

解　題

　　《天學略義》不分卷。明本。其版式爲：每半葉 9 行，行大字單行 19 字，小字雙行 19 字。四周單欄，白口單魚尾。魚尾上題書名，下記頁數。頁數之下，題“景教堂”。其扉頁題：“大西耶穌會士後學孟儒望述；同會陽瑪諾、畢方濟、徐日昇仝訂；值會傅汎際准；檇李魏學濂、甬東朱宗元較正”。本次整理，以吳相湘編《天主教東傳文獻續編》（臺北：臺灣學生書局，1966 年）第 2 册第 839～904 頁收録的此本爲底本。

　　該本在歐洲多處圖書館、檔案館有收藏：梵蒂岡教廷圖書館（Biblioteca Apostolica Vaticana）藏刻本［文獻編碼爲 Rac. Gen. Or. III－213（15）號］、①法國國家圖書館（Bibliothèque Nationale de France）［古郎（Maurice Courant）編目爲 6892 號］、Institut Vostokovedenija（Leningrad）（文獻編碼爲 D 215/t. 1；b. 2 號）。此書曾由鄭安德整理，收録在鄭安德編輯，樓宇烈顧問《明末清初耶穌會思想文獻彙編》（北京：北京大學宗教研究所，2003 年）第二卷第 13 册。

　　其主要内容是天主教基本教義。

　　此外，作者還論述了天主教與其他宗教的關係，以崇敬的對象把宗教分爲正教、邪教，説明天主教與佛道二教不合，並表達了“驅佛補儒”的思想：如“儒教殆即天主之性教也”，“天主新教正以補儒所未逮，明儒教所未明”，“天下當信而從之”，“使人免地獄而升天堂”等。

---

　　①　由前揭吳相湘編《天主教東傳文獻續編》第二册所影印者，即此本。

《天學略義》序

合宙之物，莫不以不經見者為新。但一經見，又掟曰故矣，況見之而浸歲月焉，更故矣。甘露彩雲，結氣之新者，歲月不鮮，必等於瘴霧淞濘；龍麟鵬鳳，成形之新者，歲月依人，亦等夫家豢池畜。人事之變，今古迭更；理道之敷，久近彌暢；文章之巧，彼此各不相仍。凡來茲者，閱前注者，規規焉自以為新，自以為可用，為可久矣。見夏繼之卼，謂新於禪；見誅征之卼，為新於讓，而緜今見之，等故也。人事之變，理道之敷，文章之巧，其新不能常統，皆如是。乃至諸教之遞興，諸子之競爽，槩不淂謂常新，又奚異焉？夫非新之無常也，彼原非可用，非可久，即或有用之者，亦猶以龍麟鵬鳳為羞，而甘露彩雲為飲也，匪養吾生之善物長物也。故乍見之而喜，喜之而用，用而竟厭，厭即成故矣。周天內萬古長新者為何物？日也。一日無日，則黝肯無色，人物殊無昌光之氣。大明中天，見者常豁心目。且雖人事極變，不能擬其化；理道極敷，不能擬其昭；文章極巧，不能擬其暉燦。即世人日用飲食，冣為急需，亦有時或厭。而容光之焰，必無或不喜者。故人有恆言，皆曰日新，此亦無心而共公稱之語也。謂其為世所必用，所當久也。孔夫子之教，只是與人明性天，而冣高穎門徒，乃謂不可得聞。則夫子揭性且如日，在端木却企之為新聞。何哉？蓋誠知其亟當用永可久，而弟恨不能窮其理、盡其性，以上達於天，故終身視之為新如此也。小子賡從事天學，今二十年所矣，潛心樂玩諸先生之猌明諸書，亦且數十種矣。其專主天帝無二心，其傳述天帝降世同人如一口，其指示天帝愛人之訓、超性德之修，又皆同功，真似日之為輪為掟，為焰臨，為章光，為恒久不息。而其變化、其昭明、其溫養民生，時時新，霆霆新。人人共喜其新，而以之為切需，尤亟於飲食日用也。世固有矚而忌之者，其目病也；抑或有視之而若無覩者，其目盲也。天帝開予眼，夙於武林覩諸先生之日，今重來，復再覩孟先生。日日之為物，莫淂而私，亦莫淂而贊，弟相引而共遊於日之中；勿甘霆闇沕，自失其昌光之氣可矣。或曰：“諸先生書，其為日也多矣，十日並出昔人特作寓言，何必更多？”予咲為再況曰：“而覩諸書，昨日以前日也。孟先生《略義》，今日又周之日也。吾儕近光，昨日以前日，此日更不欲近光乎？”或無以對，遂求先生普示之。晉江昭事生張賡。

天學畧義

耶穌會士孟儒望著

　　天學玄妙，筆不能悉，若提厥要，不外八端：一天地之間，惟有一造物主；一此主含三位，謂之父子聖神；一其第二位罒孚降胎於童貞女而爲人；一其居世而受難受死，以贖吾人之罪；一其死後而神入地獄，救出古聖人；一其身第三日復活；一活後四十日升天，而坐於全能天主第一位之右；一日後將臨世審判，以報善惡者。此天學之大畧也，其中不免有難洞究之義，故竊反復如左以發明之。

天地之間惟有一造物主

　　統觀宇内，第一大事，莫過知有一造物主而奉之。古之君子，欲知造物主者，先務知人；欲知人者，先務知物；欲知物者，先務格物而窮理。盖習格物窮理，則知物之性；知物之性，則知人之性；知人之性，則知造物主之性。盖人乃物之終，而造物主乃人之終也。人爲物之終者，謂人靈於物，則萬物之生共向之。如天之所覆，地之所載，日月之所炤，雨露之所潤，禽獸之所養，五金之所富，五色之所悦，皆資人之用，以存人類，所謂人乃物之終也。造物主爲人之終者，謂造物主更靈於人，則人宜於今之世敬事此主，而後之世乃享之。事也者，守其誠也；享也者，見其無窮之妙也。此所謂造物主乃人之終也。然則萬物各得其終，而萬物之靈者，獨不知己之有終，豈不惜哉？

　　又觀物生，則明物何以生，時生之也；觀時，則明時何以行，天行之也；觀天，則明天何以動，造物主動之也。非此主，天無動；非此天，時無行；非此時，物無生，則其間有爲動天行時生物之主者矣。

　　且觀萬物之美好，天地之美好，何以不及草木？以草木有生魂，而天地無生也。以有生較無生，則有生勝。草木之美好，何以不及禽獸？以禽獸有覺魂，而草木無覺也。以有覺較無覺，則有覺勝。禽獸之美好何以不及人？以人有靈魂，而禽獸無靈也。以有靈較無靈，則有靈勝。人之美好，何以不及天神？以天神爲全神之體，而人之靈魂必合於肉驅而始全也。以全神較連形，則全神又勝。乃因思此美好，皆有限際，則必有無限之美好，以限此有限。而宇內必有一主，遠過天神、人類、禽獸、草木、天地諸物之美好矣。故此至美好者，譬之源焉，水出於源，而源非出於他源也。萬物之美好，出於此至美好，而此至美好，非出於他美好也。不然，溯而上之，不及萬美好之源，其於格物窮理，相去遠矣。

又觀天覆而動無息，地載而無偏，日月代明而晝夜無貿理，四時錯行而寒暑無失序，四元行^炁結體成物，而冷熱燥濕無乖用，則知厥中有主爲之安排布置，條理咸宜。然後乃能奠天地之位，運日月之治，綜四時之變，制元行之情也。

又觀萬有有神者如天神，有靈者如人，有覺者如禽獸，有生者如草木，有不生者如天地；然後知天神者，兼有人類之靈；人類者，兼有禽獸之覺；禽獸者，兼有草木之生；草木者，兼有不生之有。而後推而論之，知天下有一上有者，兼神、靈、覺、生之至義。夫上有者，非無元之有，焉能造萬有，而成其性，異其用，正其終乎？此上主固萬動之所以然，衆序之則，百善之源，兆有之始，萬人之終，顧是一非二。何也？大天地於小天地，無不相似，人咸知大天地，兼統萬物，上有日月，下有河川，中有火氣水土。乃小天地者，人也，首其天也，足其地也，眼目有似乎日月，血脈貫通，有似乎河川，熱濕冷乾，何不是四元行乎？則人謂小天地，不背於理。今推尋小天地之主非他，人之心也。人心者，終身之所主也。人之五官，皆屬於心；人之日用動靜，無不節於心。夫人之心，惟一而已，所謂人無二心是也。此小天地既惟一小主，則大天地獨有一大主甚明。此大主者，至尊至貴，無對無配。論其性最神，無形象也；論其悲、其義，皆無窮極也；論其福，全備無闕；論其美好，超天地神人諸物之美好無量數倍；論其知，徃者、現者、來者，皆其見聞所及，約之無所不知；論其能，造成天地神人萬物而常存之約之，無所不能；論其體，未有天地之先，圜滿充塞空虛，既有天地之後，圜滿充塞天下。故謂天主在天之外，在天之中，約之無所不在，然非如物各膠於一。蓋造物者之性，與受造者之性，萬有不同之極致也。彼無限，此有限故。

天主包含三位

今世間獨人類有天主之像也。所謂像者，非人形體能肖天主，乃謂人之靈性也。靈性者，神之類，天主無形至神之體。靈性全在人之全身，亦全在身之各分。天主全在，全宇宙亦全在。全宇宙之各分，靈性雖只是一，然包三司：曰明悟，曰記含，曰愛欲。明悟者，明物之體；記含者，記物之理；愛欲者，愛物之善。天主乃至一至純，而包含三位：曰父，曰子，曰聖神。則人之靈性，天主之像也。所云位者，性中界限之借辭，猶言列位，與在位之位不同，故分言位乃靈性之界限。蓋三位以天主之性，而成父子聖神，是謂天主之性之界限，猶之人有人之性而成人，是謂人性之界限，天神有天神之性而成天神，是謂天神之性之界限也。合言位，則包性與性之界限而言。天主內之界限有三，以限天主之性而成三位。

或曰：「天主之性，無量無涯也，誰見無量無涯之性有界限乎？」曰：「界限總歸二端：一有限,一無限也。有限者,爲有限之性之界,而無限者,為無限之性之界。今天主既有無限之性,宜有三限,以限其無限之性而成三位。然非有上下尊卑之別,皆包天主無限之性,故異其位而同其性也。第一位與第二位,雖無形身之別,然第二位乃第一位所生,故以父子名之。蓋凡爲所生者,皆可以子稱也,故第二位乃第一位之像也。子無不像其父者,故聖神雖與第一及第二位相似,然非有其子及其像之義。何也?夫第一位,明達其本性無窮之妙,生第二位。第一位與第二位愛其本性無窮之妙,發第三位。如此可見,第二位乃父明功之界,而第三位乃父子愛功之界也。則有其子與其像之義者,不在愛能之內,而在明能之中明矣。繇是,三位有先後之義焉。先後者,非時有先後,乃元有先後也。三位皆從無始而自有,只因第二位繇於第一位,而第三位繇於第一位及第二位,故第一位獨爲無元之元,因非繇他位也。夫天主三一之微妙,天學之綱領也。予明其大槩如此,其精義,雖以海水磨墨尚恨其少,以諸天爲楮尚恨其短,猶不足以釋萬分之一。蓋此最玄最微之妙,實乃無邊之海,無極之天也。"

天主第二位降生爲人

既明天主三位一性之微妙,易明天主降生爲人之事跡也。天主開天闢地之後五千一百九十餘載,見世之人大都不認造物主,而以泥木塑雕之像爲其主,發仁悲之心,取人之性。人性者,爲人之身與人之神也。當此時,如德亞國有一大德之童女,天主第二位借其胎而降生,無損其母之貞體。天主降生後之名號,即曰耶穌,譯云救世也。吾主耶穌含天主之性與人之性,故雖是一位,不可不謂之天主,亦不可不謂之人。今按經典,耶穌是天主之真子,未有天地之先,生於天主第一位;亦是人之真子,既有天地之後,生於童貞女。論耶穌是天主,有父而母則無,父則天主第一位是也;論耶穌是人,有母而父則無,母則聖瑪利亞氏是也;論耶穌是天主,與第一位及第三位,並生天地萬物而充滿六合內外;論耶穌是人,降生居世,然後升天。夫天主降生爲人之功,超天主所爲之諸功無量倍數,是故敢謂天主窮其無窮之能,疆其無疆之知,盡其無盡之善也。蓋天主雖恃其全能全善全智之廣博,不能經營一物,使有加於耶穌之美好,因他物雖有盛美盛好,終不能越受造者之界,則其美好無不有限。獨耶穌不可謂受造者,蓋容造物主之性,函其無限之美好,兼無窮之餽,包無窮之善,含無窮之知,所以超天地萬物之上無量倍數也。且凡具無形之體,而欲明其義,愛其善,非易易也。況天主以無形至神之體,乃欲明其無窮之妙,愛其無窮之善,其難尤甚。以故天主取有形之體降居人間,而被世人見聞交接,使人人得明其義而愛其善。如此,可見天主降生爲人,非有自謙之意,只是尊人之性,如王取臣之女;非謙王之身,只是尊其女,立之於皇后之位。天主第二位,取人之性,尊人類,立耶蘇於上皇之位,亦可見耶穌之聖母,在九品天神及諸聖人之上,爲天主之母也。爲天主母者,非生天生地之天主生於母,只是吾主耶穌生於其聖母也。但因耶穌是天主,故其聖母可謂天主之母。

　　或曰："耶穌生於童真女,吾不能不疑。蓋嬰生於其母,非破其身未有也。"曰："凡欲不疑天主聖教之深奧,湏追天主所行之大功具有全能。惟信天主無所不能,萬疑冰釋矣。且據理而言之,天主乃寂純最聖及諸貞之源,倘此女非童貞,天主安肯生於其胎？又此童女自少立意守童貞,若天主降生,損其貞體,此童女安肯爲天主之母？則天主既定爲人,必不可不生於童女矣。且生天生地生人物之功,大乎生於童女無壞其身也。彼既繇天主之全能,此藉全能天主,又何疑之有？且耶穌升天時,透入諸天,未破諸天之實體；又死既瘥,未開墳墓復活而出；及堂戶皆閉,得入而現示於其徒,則天主耶穌降生,無損其母之貞體,無難也。"

天主耶穌居世受死以贖人罪

　　吾主耶穌居世三十三載,立新教,躬敷於如德亞國及鄰邦；又擇十二弟子,賦之聖德極智,命遊天下,傳其教於萬方。凡欲窮耶穌在世所爲之聖迹奇事,雖載籍萬卷,猶不克稍殫。顧總括之,命死者活即活,命瞽者視即視,命聾者聽即聽,命喑者言即言,命浪風息即息,命邪魔去即去。故信者、從者、法者孔庶。雖復如是,間不免有疑者、誹者、嫉者。當時學道者,多被邪魔誘之迷之,故皆謀殺耶穌。一夜拘之,逾日問之釘之。終命之時,天昏地震,日月無光,人方信是天主之子。而天下萬物,慘傷其造者之死。吾主耶穌在十字架上,呈其慘難於聖父之前。天主聖父念其子無窮之功,即赦宥我人之罪。此所謂贖人之罪也,豈不爲恩之至大乎？

天主降生爲人之義

　　天主降生爲人之故有三：其一悔人,其一立人之表,其一贖人之罪。悔人者,天主見世之人大都不認造物主,不認天上之路,從私欲而不從天理,背正教而向邪術,發慈悲之心,降生爲人立教,親傳天主三位一性之微妙,天上無窮之福樂,地中無窮之苦惱。人之靈性不滅,與教內之實義,使人聞其聖言,見其聖行,莫不服膺感奮,爭欲睹聖容,聆聖語,就聖教。有短身者,登樹杪以望見之；離其家者,以得爲其徒爲幸,多徙從之。自當時至今,異端散而天教行,邪術衰而正教盛。昏者昧者,克己而復理,皆專向造物之主。使非吾主降生而教人,以天主精密之事,人焉得而知之乎？

　　或曰："吾未見耶穌,未聞其言,何能豁心之疑？"曰："見而後信,此信其目,豈云信主？夫信德,據天主之實言也。天主在人間,所行奇聖,所言微妙,其徒咸紀於冊。天主不能自欺,蓋有無窮之知；亦不能欺人,蓋有無窮之善。凡不信其言者,背天主之全知,蔑天主之全善,辜吾主降生之意,而身後不免下地獄。又且疑天主之聖言,而反信成佛成仙與輪廻之謬,其昏其昧不明彌甚。今世人君有言,其臣無不信；人父有命,其子無不順。天主既爲天地之大君,萬人之大父,顧不信其言、不順其命可乎？"

立人之表者,天主耶穌居世時,見人皆不知德之價,而先財後德,牽於人欲,故發明其德之盛,欲人以實心體之,以實意效之。其德非筆舌能盡,然言其大略,則遜乃至深,孝乃至誠,義乃至公,愛乃至熱,忍耐至於極,寬仁至於仇,惠施至於衆,真所謂動而世道,行而世法,言而世則也;故從者法者甚多。人始知德之價,以寡過勤脩爲本,修道者,守童身者,不可勝數,隱遯滿野,聖賢盈國。自天子至庶人,莫不以德爲寶。而聖道乃始大行,是可永垂爲後世之表鏡矣。

贖人罪者,《經》云:"天主生天地,然後生萬物;生萬物,然後生一男一女,以傳人類。"此二人乃萬人之元祖。天主謂之曰:"宇宙物,皆是吾生爲爾輩,若爾奉吾之命,終有大幸;不然,天殛必逮爾躬。"大幸者,在元義,嘗生與他惠,隨人之意;元義者,即超性之恩,能潤人身神,能服人欲於天理;嘗生者,永不屬於疾病及死也。不意此二人,忘天主恩澤,而獲罪天主,即脫元義之衣,閉天堂而開地獄,廢嘗生之惠而屬於難死。罪乃難死之本,難死乃罪之效,罪與難死遞傳於人類。世世之人,皆此二人之子孫,故古之墮地獄者甚多。天主欲救吾人,發憫惻之心,降生而以其無窮之功贖我人之罪。在世受難死,以滅永死之本,立嘗生之本。而嘗生永死皆在後世,嘗生在天堂享無窮之福,永死在地獄受無窮之苦。如此,可見天主耶穌受難受死之故,乃人之罪也。凡欲知刑之輕重者,必先觀罪之大小。今獲罪者,皆背天主無窮之善,反天主至聖之命,則其罪乃無量之惡,故其刑乃地獄無疆之苦。非天主耶穌無限之功,雖聖人天神不能贖之至盡,以天神聖人之功皆有限,而獨吾主耶穌之功無限也。

或曰:"天主耶穌未受難受死之先,儘有無量之功,贖吾人之罪,何必服拘釘之苦哉?"曰:"吾主受難受死,降地獄復活,皆有深意。受難受死,以發明其乃人類;降地獄復活,以發明其乃天主。故難不能窘,死不能壞,魔不能克,獄不能禁。又以發明於今世受難受死,爲德義於後世變移永福及嘗生;又以發明其深愛吾人,至於受難受死而爲我輩,斯亦愛之至矣。念及吾主爲我人至死,孰不願爲吾主致命無厭乎?又欲以其讓抑我傲,以其潔滌我穢,以其耐簡我怒,以其愛熱我心。天主造成天地萬物,人皆享其恩澤而無謝之愛之之心。吾主欲感動人心,所以甘於受難受死,將使人愛之事之,而身後享其無窮之福樂也。此大恩,人何可忘?"

天主耶穌降地獄而救古聖人

吾主耶穌死,厥徒葬其身,而其靈魂降地獄。夫地心有四大重,最深曰魔鬼之地獄,次曰煉罪之地獄,三曰孩童之地獄,四曰古聖人之地獄。若第一重,凡不遵天主十誡者,皆墮此獄,以永終受苦。若第二重,凡有微失及未盡其罪之罰,至死下此獄以煉之。煉净,然後登天。蓋天堂之福樂,在見天主無窮之至美好。此至美好者,乃衆榮萬福之源。非净潔之靈性,不能得嗜此至美好之深味而飲此天源之水,故有此獄以煉人之罪。若第三重,孩童未至七歲而死,皆以無苦無樂之獄爲其永寓。蓋孩童未入天主聖教,無功也,

不可升天堂享福，亦未悖天主十誡，而不可落惡人之地獄受苦。所以有孩童之獄，緣天主
至公，非有功不賞，非有惡不罰也。然此特就教外者言之，若教中領洗之孩童，則元罪清
潔，一死即升天矣。至第四重，天主未降生爲人，諸聖因元祖之罪不能登天，所以皆居於
此無苦之所，俟耶穌來救之。蓋惟吾主耶穌之功，足以開天上之門耳。是故古聖人在世，
及在於此獄，嘗嘆曰："乾何不降義者，坤何不降救世者？"皆指耶穌而言。如是，可見古聖
人深望耶穌。天主因古聖人之功，速降生以救之，成贖世之功。吾主耶穌之靈性至於此
獄，救諸聖人升天，故此所今空矣。

天主耶穌第三日復活

　　三日未滿，我主耶穌之靈性進塚墓，合於本軀，忽然復活。厥光勝日，厥美超繪，厥衣
潔如雪。總之，聖容奪人心目。即現於其聖母，次於其弟子，而言天國微妙事。吾主耶穌
復活，撥開其徒之雲霧陰翳，而篤其信；使見吾主之死，信有人之性。見其復活，信有天主
之性。非死何證是人，非復生何證是天主乎？難死屬於人，復生屬於天主故也。所謂復
生屬於天主者，非天主之性復生。天主之性不能生死，只是吾主耶穌恃天主之全能而復
生也。今細言吾主耶穌復活之義，曰夫人身之所以壞，皆緣罪起耳；吾主耶穌非有罪之
影，則不壞而復活，當然之理也。且吾主耶穌之肉身，尊於天地。天地且不能壞，況其尊
焉者乎？又其死雖解肉身靈魂之結，而肉身於天主嘗相合，則此至聖之身不可歸土，而又
復活，又當然之理也。且吾主耶穌，卓然高出於天地神人百物之上，若死而非復活，則此
細巧之功，亦不久之功也。故其身於其神，復相結以成此奇異之功，而符於實理矣。且非
吾主之復活，又誰信萬人之復活也哉？

　　或曰："人死，其身即壞，其神有功，升天堂以受賞；若有罪，落地獄以受罰。今此公復
活之奇事新說，從何而據？"曰："考經傳，天主先未降生，已示公復活之說於知未來者。又
天主降生在世，以聖口傳之，而其宗徒紀於典冊。則諸人復活，乃不疑之理也。且天地神
人百物，皆出於天主之全能，則公復活，於天主又何難焉？今且借物以明之，太陽之出入，
有復活之象焉，入死也，故入於西而夜，萬物死者，夜之象也；出生也，故出於東而晝，萬物
生者，晝之象也。又樹木冬月藏而枯，春月發而生。樹木之藏枯者象死，人死必藏於墓；
樹木之發生者象復活，人復活湏發生長之效。即夫五穀子粒，與人甚相似，五穀者，種先
爛而後生；則人之身，雖死而壞，終有期以復活明矣。又天主於人之母胎便造人身，賦以
靈性而使生，何不能從墓中俾之復活哉？"

　　又觀世人，每以葬爲重事。遠西諸國，因明復活之義，故棺有用玉石者、香木者、銀鉛
者，欲其永無朽爛，存其屍骸以需復活。貴邦雖未聞復活之說，然亦知重葬禮，此乃自然
而然，如望人之復活也。若夫人之死者，或投於水火，或化爲塵埃，至灰燼無存者，然其元
體還歸四行，變變化化不出天壤之間。天主向能，從無中造成天地萬物，今何難取其散漫
飛遊於天壤間者，聚其元體而爲人哉？

天主耶穌升天而坐於聖父之右

我主耶穌復活,至第四十日午時,自舉而升天。諸古聖人及無數天神,以躬送之;十二位宗徒及諸弟子,以目隨之。吾主耶穌至上天,坐於天主第一位之右,爲人類保主,以息其聖父之怒,免其罰而祈其恩。

或曰:"天主耶穌所言所爲之事,咸有深義,第三日復活,而第四十日乃升天者何?"曰:"吾主欲斷諸疑之根,故不復活於三日之前,恐人疑其不死也;不即升天於四十日之前,恐人疑其不活也;又不居世於四十日之後,以明吾人本鄉不在世間而在天上,俾吾心思天堂之妙福。且吾主耶穌爲至尊至貴,而其身爲最光冣美,則不可久交於世人,而升天以交於天神及聖人,自然之理也。又倘天主耶穌未棄世,萬邦之王之民,必皆離其國家而爭赴如德亞以睹其聖容,聆其聖言,從其聖教,而忘歸國家,如此,亦大不便於人矣。又人必皆見天主耶穌而乃信其言,聽其命,何功之有? 惟未聞吾主而信之,未見耶穌而愛之而事之,則爲功之至也。然則吾主耶穌,必宜升天明矣。"

天主耶穌日後降臨審判善惡

審判有二:一私審判。蓋人終命之後,其靈魂即詣天主耶穌臺前,聽其命,善者陟天堂享福,惡者下地獄受刑。升者升,墮者(隋)[墮],無得自脱以轉生人世,如所謂輪廻之謬説者;一謂公審判。稽古經新典,世界竟有窮盡之期,斯爲吾主在世所累言,故不可疑也。所謂世界者,非天地也。天地不廢壞,廢壞者乃飛潛動植及人類耳。世界近盡,天降火,人物盡毀,天主重新萬人之原身,而在天上與在地中之靈魂,俱入墳墓與本身相結。而忽皆復活。然後齊集冣廣之方,天主耶穌速來審判,以酬善惡。其公審判,無不合於至宜。蓋爲善與爲不善,咸繇肉身及靈魂兩端而出。非有公復活及公審判,人之肉身竟遺不報,烏見天主公義乎? 又恭敬天主者,大都被惡人齮齕而訕笑之。而吾主在世,亦被惡人釘辱。則不免有此期,以顯其全能之大,其天威之重,其聖教之實,而於萬人之前,尊報諸從守聖教者。當是時,昧主之徒,仰瞻於上,見天主耶穌之嚴榮;俛眺於下,見地獄之猛火,顧視於旁,見惡鬼邪魔,内辛外苦並立,悔之何及乎? 於今必須時時戒慎,時時恐懼,庶免地獄之永苦耳!

天堂畧説

天上微妙,非人力所能形容。蓋上天之事,勿屬於人目也。詩云:"上天之載,無聲無臭。"世上衆福萬樂,與天上福樂之微滴,亦不堪比。蓋嗜彼厭無足,嗜此足無厭也。所爲殊繇,彼乃形而僞,此乃實而神也。上天福樂之一滴,足滿人心,矧其無量乎? 葆祿聖人在世，擇試之而曰："從古以來，目之未視，耳之未聞，心之未思。"天上極榮福之妙，故聖人怕欲死以得享之。此榮福，爲天主之至美好，凡見此至美好者，必愛之而讚譽之。其全福繇此，故其心不務他福也，但享此至美好，有巨細不同。天上之報，稱於世上之功，以其能明悟者明之盡，以其能愛欲者愛之盡。此至美好，非人之肉身所能視且享也。

或問："身之榮福如何？"曰："復生後，天主潤聖人之形身，以盛能盛美，取大者有四：一曰無損，既復生，不復死；一曰明光靈顯，不假太陽之光；一曰神速，無翼而飛；一曰神透，入堅破實，毫無踪跡。又其神心聰明睿知，其身軀強固，百疾不侵，體貌精美，髮七倍於細金之黃色。凡天神聖人，相親相愛，如一身心，共是共非，共愛共惡，惟天主之所是非愛惡焉。蓋享榮福者，瞬息不離於天主之命，繇此視聽言思動靜，大定於善，而無一毫人欲之裸。論天堂之所，在第九重天上，爲天國之京都。九品天神與諸聖人，爲其純臣。人無功，弗許之通。此取妙之境，無晝無夜也。吾主耶穌爲其日，聖母爲其月，聖人爲其星。饑渴悉得遠離，天上非疾死之鄉，乃嘗生之所也。《經》云：'在天上享天主之至美好之睹，一千歲之期似一短日焉。'於乎，不望天上之妙福，豈非昏迷之至乎？"

地獄約言

按經傳，地獄乃天主報惡之霆，在地心，與天堂正相反。蓋天堂取高太廣，至美甚光；地獄最下太狹，至醜甚暗。天堂盛福之所，地獄盛禍之所。天神善人居於彼，邪魔惡人居於此。總之，無一不反。地獄之全禍有二，取大者，在失望升天而享至美好之睹，因淹淪於萬悶衆憂之中，致恨自棄，爲此種種惡事，而天主備極加刑；次在暴火能焚人之身神，所以內憂外患相繼並來。入地獄者，即束縛此萬苦之中而不能脫。凡慶樂慰逸，毫不進地獄之門，故無吉福之刻，皆凶禍之時也。其哀乎？戾於天而終不能搖天主之心。此無竟無終之苦，久不能衰，而但日盛。邪魔惡人，雖爲猛火所灼爛，而實不能化，盡受此地獄之苦。一短刻，似萬歲之難度焉。如此，可知地獄之苦，莫可比擬，豈非人所當深怖者乎？

或曰："吾中華有說，今世之安樂窮難，即天堂地獄之苦樂，是否？"曰："惜哉！此說乃邪魔及下愚之論也。身後非有天堂地獄以報善惡，則吾人於禽獸何異？禽獸者，不知美惡，不辨是非，是故無功無罪無苦無樂也，蓋其魂至死而滅焉。人則不然，靈性神類也。人死而靈性不滅，乃受諸報，依今世所行之善惡焉；且人不慮身後之事，必將縱恣狂悖，日習於惡而無所忌憚，則今世即是天堂地獄之說，適引人陷於罪中而不出也。夫世人之人主，猶必以賞善罰惡爲理法，況天主無始無終之大君，而謂無有確報乎？"

或曰："造物主必有賞善罰惡之權，然而今世之禍福，亦可爲報。故善者降之百詳，不善者降之百殃，亦何必報之於後世？"曰："世間苦樂，未足爲善惡之報，爲其不久也。恒擇乎善與恒擇乎惡，非無終無竟之報不相稱。又世上有君子，終身克己，嘗居貧困；小人縱欲敗度，反獲富安。使無後世之賞罰，則小人之幸固大乎君子？彼古聖前賢，自少而壯，壯而老，孜孜不怠，自克而忘其身，反不若恣肆畢生者之爲適也，亦何見天主至公之法哉？

且天下之主愈貴,其賞愈大,其罰愈重。天主既爲至貴,則其賞罰,亦必天堂之永福與地獄之永禍方相稱耳。"或又曰:"今世之吉凶禍福忽然而來,似未出於造物主,何也?"曰:"皆繇天主,以吉福暫酬人之性德,以凶禍暫懲人之罪惡也;且將提醒吾輩之心,使信後世之苦福有甚於今世之貧富。倘非有今世之報,誰信後世之報乎?"又曰:"子言幾於明理,請詳闡性德之報,以全剖我疑。"曰:"格物窮理之精義,難以全悉,今惟言其大畧。夫立德之終,即立德之功。立德之功,即立德之報,蓋報係於功而功系於終也。立德之終有二:一謂性終,一謂超性終。性終者,乃物之美好;超性終者,乃天主之至美好。超性人力所不及,惟恃天主之佑,乃覡得也。夫天主始人之類而決其終,善人至於終,乃睹天主之至美好而愛之。不然,人於生死何意焉?凡爲善者,未向此至美好,而獨止於德之美好。攻性之德,與夫知有至美好而向此至美好;攻超性之德,則性德之功報,與超性德之功報不同。夫超性德之功,乃天主之神恩。此恩潤人之靈性,而義之聖之美之。得此超性之恩者,身後升天,得睹至美好,得享至美好。此至美好,含終報之義。善聖人爲終,榮聖人爲報,超性報之妙,難測難量也,約之爲永遠之福也。若性德之功,爲性之恩,潤人之心,而其報不外今世之境,世間之禄位名壽是也。孔子贊舜之性德,明言其報。故大德,必得其位,必得其禄,必得其名,必得其壽。則性德之報,全在今世之内。故凡慕進德之門,須正其意,以立超性德之大功,而得超性德之終,及享其無窮之報也。"

天主教異於他教

明此天學之約義,則明天主教與他教相擬,如光於暗焉。天主教以恭敬畏懼造物主爲貴,此主乃列邦之大君,諸人之大父母。及今後兩世之賞罰在其手,則此主可恭可畏,而其教真教也。他教以恭敬畏懼釋道土神爲主,此輩在生,未嘗認主,其身已死,其靈入獄。一切虛像皆後人所偽奉,邪魔所憑托,顧拜之事之,譬如人子不事父母而事其仇敵,人臣不事其君王而事其島宼,豈不爲謬悖而當遠絶者哉?所以,傳教之士往往與佛老之徒不合,繇邪正不兩和也。即今儒家亦視釋道爲刺謬,乃有名儒,反復信從佛老,豈徒獲罪天主,抑深背孔孟之訓也。或問天主教於儒者異同若何?曰:"按上文即知之矣。吳淞徐文定公曰:'天主教絶佛補儒。'武唐塞庵錢相國亦曰:'足爲吾儒補亡。'夫天主教惟一,而沿革則三,先性教,次書教,次新教。性教者,本性敬畏造物主,而勿反天理。此皆發於人心之自然,是天主銘刻於人心,所謂賦畀之良也,故曰性教。書教者,在十誡等禮儀。天下之人,率忘真主,棄廢性教,惟如德亞國純一敬事天主,不爲異端所染。天主乃示梅瑟聖人以十誡,俾録以教民。其大旨總歸二端,愛天主萬有之上,與愛人如己。此謂書教,亦謂之古教。新教者,立性書兩教之綱維,乃天主降生所自之敷教,即今所傳之教是也。亦云恩教,蓋天主降生而贖人之罪,大恩也。此恩非賴人之功,惟緣天主愛人之心,所以亦云愛教。《中庸》首言天命謂性,修道謂教。蓋欲人盡其性中固有之善,以不負天帝之錫予,則儒教殆即天主之性教也。於乎!人皆知己之有性,而不知其出於天主;亦知性爲天主所賦,而不知何修何率以復命於天主。自天主降生爲人，立經典祭祀，赦罪入教，與教中之禮儀，乃能使人免地獄而升天堂，可知天主新教正以補儒所未逮；而使人縣之，益得以盡其性，天下當信從而守之，斷斷無疑也。”

或曰：“性教極有理，乃今必從新教，古來禮儀不守，何也？”曰：“天主爲教之主，而有移尚之權。性書二教，雖據實理，然性教暗，書教嚴，惟新教光且愛，而能明兩教所未明。如天主三位一性，後世之報，吾人有不滅之靈性，與教中諸妙義，皆新教獨詳之。”

又問：“性教與書教之禮儀如何？”曰：“古禮許多，最大者爲祭祀天主之禮。昔教欲祀天主，詣天主堂殺牲而獻，殺牲之義，皆指天主爲生死之主耳。惜世人不辨於理，土廟淫祠，殺牲以祭，不亦迷昏至哉？蓋生死之真主惟一，故在昔聖賢惟祭天主而已。迨吾主耶穌降世，又革除殺牲古禮，另立新儀，即今彌撒大祭是也。其新儀意味深詳，別有本論。要而言之，天主未降生而有性教書教，譬如國王未出巡狩，而先遣臣布令於四方；及既降生，革除古禮而立新儀，譬如國王巡狩一方，將前所布號，令重爲裁酌改之一番。當是時，爲臣民者，將從王親之之新令乎？抑執舊所傳令而不變乎？然則既有吾主親立之新教，其性書兩教之禮儀，可廢而不必守亦明矣。”

二、《天學四鏡》

解　題

　　《天學四鏡》(亦題《炤迷鏡》、《照迷鏡》)不分卷。其版本有：1. 抄本。其版式爲：每半葉 9 行，行大字單行 20 字，小字雙行 20 字。白口無魚尾，書口記頁數。前揭鐘鳴旦等編《徐家匯藏書樓明清天主教文獻》第 2 册收録此抄本。本次整理，即以此本爲底本。序文後，標注了下列文字："炤迷鏡糸訂姓氏　耶穌會士孟儒望著　值會艾儒畧准　同會陽瑪諾、梅高、賈宜睦(俱西洋)，朱宗元、水榮褒、張諳當、朱弼元(俱鄞縣)，張能信、錢廷焕、馮文鱗、張縈嘉、錢玄爽(俱慈谿)仝較"。2. 明崇禎十六年(1643)寧波刻本。據杜鼎克所製作的 CCT－database 數據庫載，它於明崇禎十六年刊刻於浙江寧波，巴黎法國國家圖書館、臺灣輔仁大學、上海徐家匯藏書樓有收藏。

孟先生《天學四鏡》序

家可蔑主乎？主蔑則家廢；國可蔑主乎？主蔑則國廢；矧上帝以合宇為國，合宇為家，而謂靡有主焉，此迷説矣。家可衆主乎？主衆則家杬；國可衆主乎？主衆則國析。矧上帝以合宇為國，合宇為家，而謂有多主焉，此迷説矣。伊川程子云：“形氣謂之天，主宰謂之帝。”文公朱子云：“天果無心，則應牛生出馬，桃樹上發李花。”皆確言天有主也。呱呱之子，各識其親，有親不識，列名曰賊。率土之濱，莫非王臣，民有二王，列名曰亂。故真知孝人父者，必推孝於天父；真知忠人君者，必推忠於天君。何則？理不殊而心不隔也。而或言無父與無君，或言多父與多君，非徒未炤天理，寔并未炤人理也。以是鏡之，幾乎破一暗而全一兊矣。草木無性乎？則應不夭不喬不秀不實；禽獸無性乎？則應不鳴不飛不潛不走；草木有靈乎？應用人不為人用；禽獸有靈乎？應制人不制於人。人稺而壯，壯而老，與禽獸草木同；人知饑渴，知厲害，與草木異，與禽獸同。若生而畏天敬天，惟此一念，與草木禽獸異。濂溪周子云：“人為萬物靈，五性感動而善惡分，萬事出矣。”此言禽獸草木無靈，故無善惡可分，亦不能出萬事也。但靈與生覺判在幾希，生性覺性，附質而存，隨質而盡。靈性領質之全分，不倚質之全分：質存，靈存；質盡，靈不盡，故人畏死人，不畏死。禽獸豈非靈與靈相觸耶？而或謂人與禽獸俱滅，或謂禽獸與人俱不滅，此去幾希之言，非存幾希之言也。以是鏡之，幾乎破再暗而全再光矣。在上所云禍福，在下所云賞罰也。人有純善者、純惡者，大善小惡、大惡小善者，初善末惡、初惡末善者，言善行惡、貌善心惡者，賞罰有不能槩者矣。上主治之，有純禍者、純福者，大福小禍、大禍小福者，初福末禍、初禍末福者，似福寔禍、似禍寔福者，生世有不能盡者矣。夫上主至慈也，至義也，既定其永賞，則世苦不足避焉，憂患病殀，步福之層梯也；既定其永罰，則世樂非所歆焉，榮富強壽，囿禍之高廩也。茲有人外身所施之事，偽有其功，內心所匿之隱，真居其罪，則暫報以在世肉軀之福，而久定其身後靈魂之禍。今引長其年者，為引長其惪乎，抑引長其罪乎？爾宜自處也。世濟其榮者，果世濟其福乎？抑世濟其禍乎？吾為爾懼也。以是鏡之，幾乎破三暗而全三光矣。所謂教者，修其率性之道也；所謂道者，率其天命之性也。真教惟一，豈得二之三之，百之千之，如異端紛紛者乎？教散百千，而儒術獨尊，正以其知天畏天，愛人克己，合乎四海，同然之公理耳。佛老之説，取罪上帝，取罪君長，取罪父母，取罪聖賢，幸而其説易窮，不能遍奪乎世之人耳。使果盡服其教，人類久已滅絕，寧直亂天下哉？然且流行千餘年，搢紳亦好習其説者，徒以生死之際孔子未嘗明言，我万正治之以君臣父子之法，而詖詭逃乎生死鬼神之幻，雖欲驟折之而無辭焉。豈知教從天來，二氏既不奉天，即非正教，妄自立教，即為褻天，此易折耳。若夫治世，既不離君臣父子之經，而修性又詳通生死幽明之理，得非至大至公至正之道乎？以是鏡之，幾乎破四暗而全四兊矣。崇禎癸未立春日張能信秉修氏頓首謹題於日躋閣。

《炤迷四鏡》敘

　　《炤迷鏡》者，泰西孟士表先生救世之書也。謂世其迷乎？曰四元行之所聚，五司之所運，此莫肎不認也。謂世其不迷乎？曰萬物不自活，必皆受活於天主。能授活者，自活而不受活於萬物，此理莫肎認也。人之肉軀不自活，必受活於靈性。能授活者，亦自活而不受活於肉軀，此理又莫肎認也。然則，謂受活者尊乎？謂不受活者尊乎？不尊其所尊，而尊其所不尊，雖以爲不迷不可得也。古有言登危者駃步，入靜者疑形。夫理與欲之相距，寧直危與靜己乎？人情甫疑且駃，未有不反走下趨者，蓋堅怙其所迷也。咾乎！牖民孔易，俾民不迷，先生惡得而不救之哉？夫西儒尊亞尼瑪譯靈臺之學，正言人之所以異於禽獸也。所以尊之者，理居至崇高之處，臨御其欲能，與其怒能無不可駕馭之，使之從理。凡諸欲之動，能節制之。治人之法，諸臨御駕馭節制之執，畧相似焉。君子在上，恩德以柔善良，欲能之象也；威稜以懾強梗，怒能之象也；以法制禁令，消弭亂萌，節制諸欲之象也。是故格物窮理之君子，推而至於齊家治國平天下。尊此學為正，不尊此為邪。邪正之際，宜何居焉？昔人有引鏡自炤，不見其面，旋及於禍者。夫鏡非不見也，禍之所及，本性迷也。涉大海者，知順風至矣，又不知何時至。所可用物，宜未至豫備之，待既至乃始備之，不晚乎？既為天下之人，應知天上之事，升沉有路，勢力難移，砥漏噬臍，知非何及。乃猶堅怙其所迷，而不尊其所必尊，險矣哉。嗚呼！白羽素絲之分染，居蘭處鮑之全違，妖焰晝騗，魔宮霄峙，甚至當事者或誦經以駈驅，或誣鬼以退虜，寧毋震憤上皇，踵兆兵戈饑疫之灾而訑訑焉，莫之省憂。繇此觀之，學術之壞，其弊起於一人之迷；而衆迷之積，寢溺為萬世之禍。先生出是書敕正之，其功盖烏可没哉？

古句姚胤昌拜手敬題

炤 迷 鏡

耶穌會士孟儒望著

合宇之迷有四:一者不識萬物真主,一者不認人有不滅靈性,一者不信死後永報,一者不分立教正邪。四者群迷之本,積惡之源,衆禍之胎。肆矢志折之,以示人真義。

一 鏡

今夫宇宙有制宰之主,獨狂且瞽者謂無,非瞽孰云天無日,非狂孰云邦無君,則疑寰宇無主,猶之不見日而云無日,未見君而云無君也。蓋上主銘斯理於人心,特因人之明德被迷於邪魔,良心受昏乎物欲,故忘萬物之真主,而或以邪師,或以土神爲厥主。嗚呼!明德昏,暗似光,僞似真,邪似正;良心昏,惡似善,罪似德,淫似貞,然後籲拜天地矣,恭懼土神邪像矣。從釋道異教,信成仙佛,自傲實自欺矣。不知天地神人萬物,未克擬造物主之美好。蓋天地無生,草木無覺,禽獸無靈,人類無全神體,天神無最純之神體,則僉有限,僉受生,僉被有。既有限,必有限之者;既受生,必有授生者;既被有,必有畀有者。厥限之者,厥授生者,厥畀有者,非他,乃造物主。厥主限天地神人萬物之美好,而自有無限至美好。蓋從無始具無窮妙,有故厥能無涯,厥知無界,無善無量,用克蔑資,造成萬有。乃以天地土神佛老之有限者為萬物宗,豈不謬哉?且觀諸天之動,則知天不可爲主。蓋動有二:一者內動,一者外動。內動也者,繇內所以然,如人馬動時,繇靈覺二魂,模人馬之二質;外動也者,繇外動之者,如舟車渡海行陸,厥動繇風鼓牛牽。今天既無靈覺,則斯動不繇厥模,故厥動繫外。厥外動之者,即攸謂天主。又按格物家,有乃最公之義。斯有分自立、倚賴二種,倚賴又分幾何、互視等九倫;自立分無形、有形二體。無形體又分天神、靈性、魔鬼,有形體又分不朽、能朽二類。不朽如諸天四元行,能朽分生與不生。不生如諸五金;有生又分有覺、無覺。無覺如諸草木;有覺又分有靈、無靈二種,無靈如禽獸,有靈如人類。故人雖一性一體,允乃自立形朽,含生覺靈之有,非有全能之主,分定品列,何以各安其所若是?或曰:"天地、神人、萬物,或自然,或偶然,何必有主?"曰:"古今無一物，自然而生，偶然而有，矧厥始天地、神人、萬物，自然偶然而生有哉？且覽天地間之覆載流峙，日月昭晦，燠寒分至，菀枯飛蟄，飲食衣室，器用多寶，百香五彩，其誰曰自然偶然？又見鳥飛於空，獸遊於山，魚潛於淵，無飛獸，無潛禽，無走魚，鳥而翼，獸而毛，魚而鱗，又誰曰自然偶然？其在於人，身魂交結，魂三司，身五官，神能者，依靈性；形能者，賴肉軀。（髓）[骨]包髓，肉包骸，膚包肉，厥內有筋與絡貫通胃中。司養者化飲食，粗者降，細者升及膈，於是變血，分遊周身。一分從孔竅至心，煉成生活氣，故心爲生命之元。生活氣從脈竅及腦，此成知覺氣，而分下諸司。若胃氣盛上，而塞知覺氣攸下竅脈，故精神猶死，而人始寐。稚寐重，老寐輕，繇老之熱氣衰，稚之熱氣盛。夫記含、明悟二司，厥器不外腦，彼獲後，此獲前。司愛欲者，厥器在心，天理人欲，分上下而恒互戰。理勝獲勳，欲勝獲罪，此內精功也。外功最巧：足承身手運體，齒銳以割，舌弱以言，目受萬像，耳受萬音，口味鼻臭，前俯後仰。不能耳視而目聽，口齅而鼻嗜。各司皆不克越厥界，如是可知寰宇有主，最智最巧，經營天地，匠成萬物。且誰見精像巧室，不曰繇精工巧匠？乃天地、日月、神人，厥精巧越諸像諸宮精巧，無量數倍，則匠成天地、日月、神人，超繪像建宮之精巧，亦無量數倍。又觀天神，測厥性，則明貴人類；觀人類，格厥體，則明貴禽獸；觀禽獸，驗厥形，則知貴草木；觀草木，睹厥生，則知貴天地；觀天地、神人、萬物，究厥蘊微，則明此物非繇自然，而湏繇一主。從無始自有，無窮至美好，爲之安排，爲之存佑。然則天地萬物，乃昭揭天主知能至善，與厥至美好之具也。人不識斯主，正繇不鑑天地萬物之性理耳。今按《聖經》，天主造成天地以覆載我，日月以炤耀我，五穀六畜飛潛動植以娛養我，而人類賦靈以趨善避惡，於天懸樂國以酬善，地心立苦獄以報惡，則所謂宇宙無主之迷破矣。"

二　　鏡

神身成人，攷云魂魄，結合則生，既離則死。人內血氣，非人靈性，靈性無質，血氣有形。有形雖細，不及神體。欲知靈魂之貴，觀厥肖似天主則知矣。天主全在寰宇內，全在寰宇各分；靈性全在肉軀內，全在肉軀各分。天主乃合宙之主，靈性乃匝身之主。天主宰大天地，靈性宰小天地。天主活萬物，靈性活諸司。天地動靜出天主，人類動靜繇靈性。天主惟一而函三位，聖父、聖子、聖神；靈性獨一而包三能，明悟、記含、愛欲。可知，靈魂者，天主像也。嗚呼！天主生厥像置之吾內，而我未及知。人不識天主，正繇不認厥靈性耳。夫格物家以靈性學爲貴。蓋格靈性之體，盡厥玄微，窮厥能者之用，則知天主乃最純神體，充滿六合內外，造成天地萬物。則知靈性超越禽獸，而上不逮天神。苟知禽獸覺魂所以滅，則知靈性何以克不朽矣。覺性繫身而溺質內，體之而不可遺。一離厥質，即歸無有，故稱最卑。靈性模厥質而非繫質，稱神體最貴，故禽獸覺性有終始。人身雖有終始，而靈性則有始無終也。然此靈性，非主始初造成諸魂，後乃漸次賦合成人體，即母胎中受有於主。但男女受時，遲速不同。男之受靈，在四旬後，女之受靈，在八旬後。母初被孕，惟有生魂，未幾覺魂，至生魂即去，生覺出入，一時並行。靈魂來結，覺魂并滅。覺生二魂，不模一質，一人一魂，未獲三體，蓋質模互視，而一模足一質之欲，一質充一模之欲。俗言三魂，繇靈者包有生覺二義。雖含生覺，魂則非三，獨稟一耳。或曰：“草木生，禽獸覺，人類靈，允三非一，生覺靈義，於人何歸一魂哉？”曰：“靈魂本體如是，令靈魂不含生覺二義，何以貴乎生覺？覺者不含生義，何以貴乎生魂？夫靈覺生，譬之金銀與銅耳。三者論厥體分異，論厥用何分何異。凡有銀者，可謂有錢；凡有金者，可謂有銀有錢，金函銀銅之值，銀含銅之值故。則人雖含靈覺生三義，非判然三魂矣。靈魂肉軀，不自克難，故或寐而夢，或寤而慮。魂不遺身，湏臾相遺，人則殂死。非主全能，未克復結。肆人生死，咸乃主定，厥期既至，未能遷移。惜哉，迷人！或欲免死，或欲生子，或欲富貴，乃祭邪神，不云誕哉？”或曰：“靈性屬神，厥體不滅，從何而徵？”曰：“靈之為行，不外於二。一者繫乎形司，如耳目眄視，口鼻嗜齅，此功未足證靈神義，蓋禽獸於是無異也；一者不繫形司，如窮理格物，抉微盡奧，明厥蘊義。思無形象，辨於是非，趨避利害，憎愛惡善，記憶今昔，豫思未來，明事終始，分所先後，斯乃足證靈魂神體，蓋皆神之思功。故思功攸向，非形非像，緣向與體厥成，胥應有形象者向有形象，無形像者向無形像。夫思功者，既獲神義，繇神司出。其三神司，乃倚賴者，則依神體。蓋神倚賴，非克倚形，而形倚賴，亦不賴神，依賴與體悉相應故。準上攸論，明悟、記含、愛欲三司，僉獲神義，用倚靈性，則靈性者，自立立神體，形體不克發神能者，又人明愛二能，肖天主明愛。天主明愛，最純神體，則人明愛，允脫形義，而獲神義。知此靈魂既屬神體，云不朽壞，理亦易知。今推神形，本不同科，則非互繫，神不繫形，無形可存。禽獸覺魂，所以淪滅，繇繫厥身。身既隳壞，則繫身者無緣復存。靈弗繫身，其能長存，不倚身在，明矣灼矣。又宇宙內諸朽物，咸獲形義。神體不在形體界內，則孰有壞神體哉？人禽草木，云胡屬朽，緣厥成體，資四元行。四元行者，火燥氣濕，水冷土乾。四和體康，一勝體壞，日久則終。靈魂神體，神體之成，非四元行。緣有形像，不成無形。是惟天主，能造神鬼，能造靈性，畀之不滅。主能足滅，而有不為，靈欲受滅，而有不可。蓋滅者非主義，受滅者非靈義。靈魂之存，既不繫身，身雖死落，自不隨滅，緣非賴者，雖既胥脫，亦克永立。人各有欲，皆顧長生。惟在禽獸，但知怖死。此欲於人，允繇靈魂，獲不朽義，自發厥念。又人既知不能免死，欲名永存，建碑勒銘，則人內懷不滅靈性，自非然者。此意不起，今世福樂，不足人心，後有永報，克充厥願，自非然者，此願亦虛。靈魂不朽，亶有明徵。假令靈覺咸歸壞滅，人類禽獸，何自焉分？人有恒言死曰去世，若論厥尸，在牀歛柩，攸謂去者，非靈魂乎？人哀牛死，亦曰去世。羣衆僉笑，俾靈克滅。凡言去世，正同哀牛，咲亦一握，且殺人而食厥肉，君子怪異；殺牲而食厥肉，惟愚在異。使人與禽並滅，則君子小人，僉昧於理。蓋彼異殺人，此怪殺牲也。君子昧理，誰明理哉？”

輪廻之説有三：一者云人之靈性，變禽獸之性，後禽獸變人之性；一者謂人之靈性，非變禽獸之性，惟合禽獸之身而已；一者曰人死而厥靈魂入禽獸，如邪魔投附人身焉。若第一迷，明拂物理。夫靈與無靈胥悖，猶光暗然。造物主雖恃厥全能，不克使光變暗，水變火,形變神,禽獸變草木,誰克俾人性變禽獸之性哉?若第二迷,分二:一者曰禽獸包二魂,靈魂覺魂是也;一者曰惟有人之靈魂,不知二模不能模一質。蓋一模向一質,一質向一模,又模向本質,質向本模。夫魂爲模,身爲質,則靈覺二魂,非克模禽獸之一身。譬滿水於礄,非風能入。禽獸之身,既有覺魂,靈魂不克復進。又靈性向人身如厥本質,則靈魂獨模厥本身而不能模他身也。若靈魂模禽獸之身是人身與禽獸若同形同像。蓋内模既一,則外質亦等,今胡不然?法度禁殺人,何不禁殺牲乎?聖賢不忍認食人肉,豈并不憚食禽獸哉?造物主既畀禽獸以靈,何命人食禽獸乎?人不食禽獸,宇宙無箅毛羽鱗介,有之何益?《經》紀天主謂人曰:“吾生異類,緣養爾軀,任爾攸取攸食。”果禽獸有靈,與人正等,天主不既罔人於罪哉?且使禽獸並有靈覺二魂,則禽獸視人反貴。蓋人獨有靈體,而彼乃得兼。況禽獸有靈,必辨是非,爲善有功,爲惡受罪,今禽獸無功可賞,殺非其罪,緣其善惡靡分,是非不繇靈性,故雖受人喜憎,不受人賞罰。若第三迷,造物主雖允邪魔憑托人類禽獸之身,永不允靈魂入禽獸。蓋善者靈,死則升天膺永福;不善者靈,身後墮獄受永禍。謂殺生獲罪,當入畜胎;放生獲功,當享於厚禄。則是今世之所放,仍為來世之所食。朝三暮四,朝四暮三,忍慈莫定,環報全乖,將誰欺乎?且按輪廻之説,則殺生不但無罪,反獲大功,蓋殺之則靈魂離開禽獸,而脱往罪之罰,放生乃久其罪罰耳。今攄逸史僉載有妄以證妄者,如吳江沈氏業屠酤,一日有桎梏者五人寓其家,留金帛而去。踰年,豕圈中忽人語曰:“我即前寄金帛者,幸速殺我,必酬大恩!”沈氏如其言,夢前桎梏者謝曰:“願爲汝子。”後生子名□□,登仕籍,子孫繁盛不絕。蓋以殺豕酬金帛之恩,以托生酬殺己之恩也,有是理哉?且更有妄以證妄者,如徽州汪氏菴僧惠洪,死後爲菌,香甘勝肉。菌忽自言曰:“我生前虛受供施,冥司罰為菌蕈,以酬汪氏。”如是,則草木亦受輪廻,釋家何不并禁蔬菜乎?可知輪廻六道,盡屬妖誣,互相矛盾,非極愚婦豎,豈甘坐惑也?或曰:“人與禽獸,靈覺迥別,固不相變,若轉生爲他人,理似不悖。”曰:“為此説者,推尋富貴貧困而不得其故,則曰今世富貴繇前世之功,貧困繇前世之罪。不知世上通塞,不足爲功罪之報,特為建功立罪之地。如富而好施,貴而能下,貧而安忍,處困不渝,即此是功;或驕淫,或怨望,即此是罪。後乃稱其功罪,而以永久不失之禍福報之。況作善作不善之人,隨世多寡,而崇高福澤,止有此數。為善者多,吾懼後世之無報地矣。嘗觀天下履亨祥者,不必皆君子也;遭轗軻者,不必皆小人也。若云今世攸受,繇前世之功罪,而今世之功罪,又待後世報之,亦不公矣。蓋今世之身,固非前之身也,而後之身,又非今之身。此身攸爲彼身,今報何失當也?”或曰:“身雖世換,靈魂罔易,雖報在易世之後,總我承受,豈曰不公?”曰:“塵世吉凶,止及肉身,不關靈性,或善或惡,全屬靈魂主張,真苦真樂,亦必靈魂能受,靈魂爲善惡,而徒令肉軀被報,況又舍此加他,豈至公之義哉?或魔鬼挾附嬰孩,俾言我為某家子。一語之外,亦不復記,竟何足憑?總之,物理有所未格,則異説得以愚天下矣。”

三　鏡

世內君王，咸以信賞必罰爲貴。天主乃諸皇上帝，曷其無賞罰？或疑今世富位名壽，貧賤災苦，即天主報，故曰：「作善降百祥，作不善降百殃，不必候之後世。」不知財位榮樂，不可云眞福，卑貧苦難，不可云眞禍。蓋人具形神二端，形賤神貴，神靈超質，形福不能被，若世上諸慶，皆屬形質，則亦賤形受之耳，貴神曷與焉？夫足人冀願之爲眞福，今人既富彌欲財，既貴彌欲位。凡財與位，皆不克飫乃心，即與眞福迥異。且眞福恒定不移，財位榮樂，咸至毀變，則福不在是。又人欲財非爲財之美，爲厥用耳，至福則爲厥美可羨用耳，豈待給？則財之不肖一；且財之積不如施，至福則自足於己，不待施爲功，則財之不肖二。位之非至福，何居高位，善惡均冒，又爲怨懼根。色搦加曰：「爲政者生恐怨二翼，則位非至福，且至福存乎內者也。若夫人尊之則榮焉，人卑之則辱倚焉，倚於外者也。」內者恒實，外者恒虛。內者加人聖善，外者長人倨傲。故世上過耳榮聞，朽形浮箄，悉於眞福罔與，而至福又不在於官骸康樂，精脊豐強也。蓋人異禽獸者，靈與無靈耳：禽獸之福，既在厥身；生人之福，自在厥靈。今禽獸享世逸樂，無差役營幹，無憂懼悲惱，無禮義法禁，實似非人可逮。詎人眞不若禽獸哉？誠以人之至福，原不在區區形身之內也。不然，人禽且歸一致，而其靈焉者，竟眇福樂，豈理也哉？矧世間逸樂，迷人心，冥明德，幽天理，允植禍胎。至福與諸德相涵，詎胎禍者足云乎？故至福總歸二端：一本性，一超性。本性者，自然明思造物主天神魂靈之性情，與習行諸性德。使天主不設天國超性之償，死後必另有一所以福之。今孩童未至七歲而死，因無功陟天國，亦無罪下冥獄。肆天主置諸一所，賜享此本性之祉。超性之福分二：一者以超性之念，明思天主無窮之美好，而愛天主萬物之上，行諸超性德之盛。此福樂古聖未升天國，在靈薄所與今居鍊獄者，及今純脩默契之聖，於世享之。一者明睹天主無窮之至美好，而愛厥無窮之善。此祉無尚無疆，惟固守十誡者，靈陟天國後享之。達味聖王謂天主曰：「我心非世上諸福百樂克滿，死後得見爾，方全充足耳。」不然，得冥獄之至禍，然則死後有報，以賞善刑惡，斷斷如矣。蓋禽獸不辨善惡，故無功罪可報。人負靈明，即知取舍。既知取舍，即分善惡。既分善惡，即定賞罰。使人死後無報，亦必如禽獸之無靈而後可。又人獲殊寶，必邀友視之，天主從無始自有萬物福樂、萬美好，非肉目克覩，則豈不俾有功之靈魂，以厥神目，見厥無窮之美好哉？故升天京者，永不下墮；幽犴者，永不出云。人死後蔑報，或言以輪迴爲報施者，厥背惟均。且君子以克己脩身爲務，小人以恣肆躭樂爲恒。假無賞罰在後，則小人享今世逸樂，而君子徒自拘苦，乃反大不幸也。《語》曰：「朝聞道，夕死可矣！」非後世報之，則其身已殰，安見厥可？隱脩顯修者，矢童貞者，爲道致命者，以及種種克己之功，曼無身後之報，天主不反負聖賢哉？或曰：「德自有美，故德潤心，猶富潤屋焉，則行德獨向厥美，何必冀報？」曰：「德本有美，然勿足俾人心永矢克己，永世童貞，別有眞報，感沁人心，俾脩德日新月盛；又德之美，繇攸向終。美德之向終非他，天主至美好也。夫天地向覆載人，日月星

辰向炤我輩,飛潛動植向養含靈,四元行向結成諸物體,靡一物不有攸向,獨德無向終乎
哉?商者鼓浪衝波,躡屬攀峻,繇向財;學者燋神殫智,扃鍵腐毫,繇向名;農者胼胝耕耨,
暑雨祁寒,繇向稼。獨攻德不向賞哉?惜乎自疑死後之報,與信後世之報,在輪廻轉生,
而聖賢之道傾,惡人之基堅矣。今欲遊聖道,踐厥迹,及厥善,則宜向後世之報。苟向厥
報,必且開心,云崇德價,知惡之醜重,而避之恨之如敵仇然。或疑以永福酬善,符天主至
仁,以永禍報惡,越天主至義。"曰:"天主仁義僉無限,並行無敧,故賞應吾功,罰應吾罪。
世王逾尊,其命逾嚴,故方厥命之罪逾重。矧天主尊貴無偶,則獲罪天主,厥愆孔碩,形以
永苦,不越天主至義矣。且世帝刑人,殺者不復生,其刑惟永。天主以永苦刑惡,又曷其
阜。且天主有無窮至善,凡向惡者,以惡為厥主,而背至善之源,曷不宜永禍刑厥罪。又
惡人至死無悛改心,脫俾長生於世,其恣惡無忌必如故,則以永禍刑乃永為不善之心,非
有不義,故曰:'天主至公,繇以永禍刑惡,以永福賞善也。'"

四　鏡

　　定一國之法律者,必此國之君王也。臣若民為之,是謂叛賊。定天下之教術者,必天
地之主宰也。苟人自爲之,是謂鬼奴。今釋道諸家悉皆人類,既云人類,便不應自立教
門,況未行天國之途,不知造物主玄微,不睹天上妙福真樂,不知靈魂精義,妄自著説,倨
傲何如?凡敬畔臣者,獲罪本國君王;凡恭畏佛老等,不獲罪天主哉?故惟上主有立教之
權,厥攸設誡,至善而不可易,尊之者升,違之者墮,則宇宙之真教,惟一而已。此教聖而
公,攸云聖?以立自天主也;攸云公?以萬邦咸被也。此教從開闢迄今,莫或止息。厥始
天主造男女二人,以傳子孫,而銘愛天主與愛人之理於乃心,此為性教;中古天主加聖教
之禮儀,而示先知者。先知者紀於册,而誨乎人,此為書教;及後天主降生為人,居世三十
三歲,以其無窮功,贖吾人罪,樹諸德表,厥名耶穌,譯曰捄世者,立教中新儀,躬敷教於如
德亞國,攸爲聖蹟奇事。厥徒記之,傳於萬方,此為愛教。教人以愛天主萬物之上,并愛
人如己故也。若他教以敬懼佛老邪神為重,以放生為功,詎有合哉?是以天教正也,真
也,蓋從天來矣;他教邪也,偽也,蓋自冥獄而出,邪魔誘人攸立矣。然則沉迷異端,而不
繇天主之聖公教,是曰重偽輕真,是曰尊邪賤正,是曰愛惡憎善,是曰喜冥恨光,是曰畔授
造者而向受造者,是曰忘大父而歸敵仇,是曰瞽曰狂曰夢。
　　造物主既生人類,賦以靈性,迪人為善,戴人為惡。為善降之百祥,為不善降之百殃。
古有二府,背美貞,向男色,厥惡臭主臺前,主降火燃之。中有一善士,主先遣二天神,報
以此方之將滅,導之出城,餘衆悉燼。又如德亞彈力事天主時,主賜之平康,勿罹灾禍。
一日惡王圍其京師,天主遣一盛飾婦人至敵陣,入帳,斬惡王首,惡徒大敗,追殺無筭。異
日,他主復謀攻之,衆祈主佑,主命一天神降捄。天神握劍,一夜殺敵十八萬,餘衆潰走。
伊方人受主恩澤甚普,主恒護厥身,守厥邦。若忘主方誡,向敬邪神邪像主即施戮,兵戈
饑疫並至。若悔而向主悛往惡,主隨憫恕。嘗謂伊邦人曰:"爾欲吾愛女,佑女,顧女,翼

女，富女，安女，女則去邪像，敬一事主，守吾誡。"又泰西未從聖教時，惟土神邪像是敬是崇，攸受凶禍非一，仇敵害息，天災則至，久乃悔悟，始知土神菩薩他教無捄人之權，遂入天主之聖公教，改惡向德，勇猛守誡。當是時及今，西方諸國，僉奉一主，倚乃教命，主則愛佑，吉福日新。若降災困，速詣聖殿祈佑，即允厥求。今西邦人，相親猶兄弟，永絕盜賊，王君臣民互愛如一心一體焉。可知今日奴腥寇穢，水旱疫厲，種種內憂外患，皆緣人心蠱昧，風俗澆頑。人盡不信宇內真主及死後永報，碌碌蚩蚩，智愚共盡，生死猶禽獸焉。不然，則溺燒煉長生之術，習輪廻因果之訛，一瞍一矇，同歸迷夢。主真久蝕，絕學待興。嗚呼，天主刑人，孰克捄之？天主捄人，孰克害之？佛老之求，不可應也；土鬼之望，莫云來也。欲蒙主恩，亦惟屏絕偽像、異教，黜乃心，脩乃身，敬主從誡，海內平康，福善臻集矣。

《炤迷鏡》終

附　録

一、《耶穌會西來諸位先生姓氏》(節録)

蘇如漢_清^{字瞻}①

路西大尼亞國人。明萬曆二十三年乙未至，傳教廣東。卒。墓在香山墺。

著《聖教約言》。

羅儒望_申^{字懷}②

路西大尼亞國人。明萬曆二十六年戊戌至，傳教嘉定縣，後至浙江。天啓癸亥年卒。墓在杭州方井南。

畢方濟_粱^{字今}③

納玻理國人。明萬曆四十一年癸丑至。欽召進京，尋往河南。後徐文定公延歸上海，傳教吳下諸郡。嗣往浙江，轉入閩中。復至金陵，又往粵東。明末時卒于廣州府。墓在省城北門外。

著《靈言蠡勺》、《睡答》、《畫答》。

孟儒望_表^{字士}④

路西大尼亞國人。明崇禎十年丁丑至。傳教江西，後往浙江，復回小西洋。卒。

著《辯敬録》、《照迷鏡》、《天學畧義》。

---

① 載韓霖、張賡等述《耶穌會西來諸位先生姓氏》，收録在吳相湘編《中國史學叢書續編》(臺北:臺灣學生書局，1972 年 1 月影印)之《天主教東傳文獻三編》第一册，第 300～301 頁。

② 載韓霖、張賡等述《耶穌會西來諸位先生姓氏》，收録前揭吳相湘編《中國史學叢書續編》之《天主教東傳文獻三編》第一册，第 302 頁。

③ 載韓霖、張賡等述《耶穌會西來諸位先生姓氏》，收録前揭吳相湘編《中國史學叢書續編》之《天主教東傳文獻三編》第一册，第 310 頁。

④ 載韓霖、張賡等述《耶穌會西來諸位先生姓氏》，收録前揭吳相湘編《中國史學叢書續編》之《天主教東傳文獻三編》第一册，第 327～328 頁。

二、《明清間耶穌會士譯著提要——耶穌會創立四百年紀念(一五四○年——一九四○年)》(節録)

(一)提要

《天主聖教約言》①

耶穌會士蘇如望述,湖州三和堂重校梓。此書係問答體,證以天地萬物人類有一主宰,人當服事之;服事之者將來受天堂之賞,不服事之者受地獄之罰。繼言服事必要三事,其一要行天主規誡,其二要知信天主之事情,其三要領聖水。

《天主聖像略説》②

耶穌會士羅如望謹述。此書先言天主是生天生地生神生人生物的一箇大主宰;繼言爲何天主生造天、地、神、人、物等,及天堂地獄,天主降生受苦、救贖、復活、升天;卒言耶穌遣宗徒傳教於普世,及爲何當今亦有傳教士等等。而講解此等道理,皆借解耶穌聖像爲動機。此書刻於一六○九年;亦名《造物主垂象略説》,係語體文。

《靈言蠡勺》③

泰西畢方濟口授,吳淞徐光啓筆録,刊印於天啓四年,即一千六百二十四年。曾收入《四庫全書·子部·雜家類存目二》,明李之藻輯《天學初函》,亦録入是書。一千九百十九年,新會陳垣重校刊印,陳氏有《重刊序》及馬良《序》。是書論亞尼瑪之學,亞尼瑪者,拉丁文 Anima 之譯音,其譯義謂靈魂。《四庫總目提要》:"明西洋人畢方濟撰,而徐光啓編録之書,成於天啓甲子,皆論亞尼瑪之學。亞尼瑪者,華言靈性也。凡四篇,一論亞尼瑪之體,二論亞尼瑪之能,三論亞尼瑪之尊,四論亞尼瑪所向美好之情,而總歸於敬事天主以求福;其實即釋氏覺性之説,而巧爲敷衍耳。明之季年,心學盛行,西士憯黠,因摭佛經而變幻之,以投時好,其説驟行,蓋由於此;所謂物必先腐,而後蟲生,

---

① 載前揭徐宗澤著《明清間耶穌會士譯著提要——耶穌會創立四百年紀念(一五四○年——一九四○年)》,第174~175頁。

② 載前揭徐宗澤著《明清間耶穌會士譯著提要——耶穌會創立四百年紀念(一五四○年——一九四○年)》,第176頁。

③ 載前揭徐宗澤著《明清間耶穌會士譯著提要——耶穌會創立四百年紀念(一五四○年——一九四○年)》,第200~201頁。

非盡持論之巧也。"此係《四庫全書》紀昀等之所評,至其評論究有價值與否,無庸辨明,人自能見之也。

　　是書是哲學之一部份思想,非常玄奧,有有其意而未能以言達之者矣。乃徐子竟能以其玄妙之筆,清晰之思,將種種非常抽象之理,達之於書,而文字又雅,又達,又信,誠非有哲學明悟者不能譯一字,著一語。至術語選擇之切確,用字之的當,猶其餘事。徐子筆錄此書,時年已六十三矣,學精道萃,宜此書之爲一傑作也。陳垣先生謂《天學初函》諸編中,《靈言蠡勺》說理最精,信矣。

《睡答》、《畫答》①

　　西海畢方濟著,雲間孫元化訂,李之藻引,刻于崇禎己巳(一六二九),書爲問答體;所論關於衛生、生理等之常識,而參之以哲理。作者之意,是以自然之學問而興起超越之意念,讀李子之引可知,其言曰:"人自有生迄没齒,自省皆是一夢;他人從旁看之則皆一畫,從古人至今人,皆夢,皆畫也;則從小事至大事,從一事至億萬事,愉悲妬戀,得喪死生,以至征誅揖讓無不夢,無不畫也。"此書可作警世之鏡。

《畢方濟奏摺》②

　　此爲畢公奉召進京時所上之奏疏。疏中條陳救國之策:一開礦以裕軍需;二通商以官海利;三購西銃以資戰守;四明曆以昭大統。所言皆救時要策,惜不采用。

《天學略義》③

　　大西耶穌會士後學孟儒望述;同會畢方濟,陽瑪諾,徐日昇同訂,值會傅汎際准。有晉江張賡序。論題爲:天地之間惟有一造物主,天主包含三位,天主第二位降生爲人,天主耶穌居世受死以贖人罪,天主降生爲人之義,天主耶穌降地獄而救古聖人,天主耶穌第三日復活,天主耶穌升天而坐於聖父之右,天主耶穌日後降臨,審判善惡,天堂略說,地獄約言,天主教異於他教。觀上諸題,可見此書是將信經道理闡而明之也。書係抄本。

《炤迷四鏡》④

　　耶穌會士孟儒望著,值會艾儒略准;同會陽瑪諾,梅高,賈宜睦仝較。有慈谿張能信序,題於崇禎癸未(一六四三)及古句姚胤昌敘。所謂"炤迷鏡"者,其書首即曰:"合宇之迷有四:一者不識萬物真主,一者不認人有不滅靈性,一者不信死後永報,一者不分立教

　　①　載前揭徐宗澤著《明清間耶穌會士譯著提要——耶穌會創立四百年紀念(一五四〇年—一九四〇年)》,第340頁。
　　②　載前揭徐宗澤著《明清間耶穌會士譯著提要——耶穌會創立四百年紀念(一五四〇年—一九四〇年)》,第302頁。
　　③　載前揭徐宗澤著《明清間耶穌會士譯著提要——耶穌會創立四百年紀念(一五四〇年—一九四〇年)》,第165～166頁。
　　④　載前揭徐宗澤著《明清間耶穌會士譯著提要——耶穌會創立四百年紀念(一五四〇年—一九四〇年)》,第337頁。

正邪。四者，羣迷之本，積惡之源，衆禍之胎，肆矢志折之，以示人真義。”於是即分一鏡，二鏡，三鏡，四鏡，而焰證之。所據之理俱是哲學，一本談道之好書。

（二）著者傳略

蘇如望① P. Joannes Soerio

葡人

來華　一五九五年

卒年　一六〇七年

蘇公如望，字瞻清，葡國人，生於一五六六年，十九歲入耶穌會，晉鐸前，起程東來，小駐印度，攻讀神哲諸學，一五九五年經由澳門，直赴江西南昌，學習華文。公傳教救人心切，感化者甚多。一六〇七年，卒於南昌，計秉鐸十年。

著者：

《天主聖教約言》（一六〇一年初版於韶州，一六一〇年重刊於南昌，翌年再刊於湖州，一六三一年譯成安南文出版）。

羅如望② P. Joannes de Rocha

葡人

來華　一五九八年

卒年　一六二三年

羅公如望，字懷中，葡國人，生於一五六六年，一五八六年赴印度，在臥亞讀哲學，繼到澳門讀神學四年，一五九八年始到韶州，後至南昌。利公瑪竇赴北京時，公奉命至南京，與郭公同處。一六〇三年，徐光啓道經南京時，公爲之付洗。一六〇九年，公至南昌，一六一六年，南京教難起，公避難至建昌，後至漳州開教，卒赴嘉定，不久避難至杭州楊廷筠家。一六二三年，歿於杭州，葬於大方井。

著有：

《天主教啓蒙》一卷。

《天主聖像略説》一卷（一六〇九年刻）。

---

① 　見前揭徐宗澤著《明清間耶穌會士譯著提要——耶穌會創立四百年紀念（一五四〇年——一九四〇年）》，第 353 頁。

② 　見前揭徐宗澤著《明清間耶穌會士譯著提要——耶穌會創立四百年紀念（一五四〇年——一九四〇年）》，第 355 頁。

畢方濟^① P. Franciscus Sambiasi

意人

來華　一六一三年

卒年　一六四九年

　　畢公方濟，字今梁，意國人，生於一五八二年，一六一○年抵澳門，一六一三年赴北京。越三年，南京教難作，被迫出京，南下至杭州，因嘉定孫元化之邀請，開教於嘉定。孫公斥巨資建聖堂及教士住舍。不久，畢公潛回京師，居徐文定邸舍。是時滿人內擾，徐文定公獻策遣使朝鮮，以分滿清之勢，邀公同行。詎意正待起行，言官阻止，而此議遂寢。公見所謀未遂，乃於一六二二年應文定公之請往上海主持教務；有時至松江，爲一大族付洗九十人，同時有二十五秀才入教。一六二八年，公在松江勤勞過甚，幾瀕於死，上峯乃遣公往山西，至開封而留居，開教是邑。旋赴山東，折回南京，一六三四年間在此付洗六百餘人，南京教務得以恢復。崇禎二年，徐文定舉鄧公玉函，龍公華民修曆法，公亦徵召入京。一六三八年，公讓徐公日昇，萬公密克主持南京教務，而己則往淮安，嗣此迄一六四四年公往來蘇州，揚州，甯波等傳教。一六四四年清人入主中華，崇禎帝殉國，萬曆帝孫福王擁立於淮安，福藩既監國，乃遣公往澳門，乞助於葡人。公於一六四五年三月偕諸大臣及護兵等由南京啓程，既抵澳門，知南京失陷，公遂留澳。既而唐王稱帝於福州，唐王亦與公善，促公前往，任爲使臣，命公偕內監龐天壽使澳門，與葡人商借兵械。一六四六年，唐王被害，永曆繼位，永曆帝仍任公要職，允公在廣州建立聖堂及教士住院，滿軍未入廣州前落成。不久，清軍入據廣州，公幾遭不測，幸賴軍中一西班牙武將營救得免。一六四九年公卒於廣州，葬於澳門。

　　著有：

　　《靈言蠡勺》二卷（一六二四年印於嘉定，收入《天學初函》）。

　　《睡答》一卷。

　　《畫答》一卷。

　　《奏疏》（一六三三年公上崇禎帝，請於澳門建陸若漢司鐸墓，陸公是年歿於廣州，曾隨軍至遼東禦清）。

---

　　①　見前揭徐宗澤著《明清間耶穌會士譯著提要——耶穌會創立四百年紀念（一五四○年——一九四○年）》，第 366～368 頁。

三、《道學家傳》(節録)

蘇如漢　字瞻清。路西大尼亞人①

萬曆二十三年乙未至。傳教廣東。卒。墓在廣東香山墺。

著《聖教約言》。

羅如望　字懷中。路西大尼亞人②

萬曆二十六年戊戌至。傳教太倉州、嘉定縣,後至浙江。天啓癸亥卒。墓在杭州方井南。

著《啓蒙》一卷。

畢方濟　字今梁。納玻理國人③

總牧大人。萬曆四十一年癸丑至中華。

欽召進京,尋往江南,徐文定公延歸上海,傳教吳下諸郡;嗣往浙江,轉入閩中,復至金陵;又往粵東。明末時卒於廣州府。墓在省城北門外金坑。

著《靈言蠡勺》二卷、《畫答》一卷、《睡答》一卷。

孟儒望　字士表。路西大尼亞人④

崇禎十年丁丑至。傳教江西,後往浙江,復回小西洋。卒。

著《辨鏡録》、《照迷鏡》、《天學略義》。

---

① 載《道學家傳》(著名佚名,一説爲清同治間胡璜著),收録在前揭鐘鳴旦、杜鼎克、黄一農等編《徐家匯藏書樓明清天主教文獻》第三册,第1155～1156頁。

② 載前揭《道學家傳》(著名佚名,一説爲清同治間胡璜著),第1157頁。

③ 載前揭《道學家傳》(著名佚名,一説爲清同治間胡璜著),第1164～1165頁。

④ 載前揭《道學家傳》(著名佚名,一説爲清同治間胡璜著),第1182頁。

四、《表度説·地本圜體》(節録)

表度説[①]

熊三抜口譯

(明)周子愚撰

地本圜體

解曰:"凡物有本像焉,地之本像,圜體也。世有云天圜地方,動静之義,方圓之理耳。今先論東西,後論南北,合証地圜之旨。"

日月諸星,雖每日出入地平一遍,第天下國土非同時出入。盖東方先見,西方後見,漸東漸早,漸西漸遲。如有人居東,又一人居西,東西直相去試七千五百里,則東人見日,為午正初刻;此際西人乃見日在禺中,為巳正初刻也。周天三百六十度,每度為地二百五十里。若相去百八十度,則東方之午,為西方之子。相去九十度,則東方之午,為西方之卯矣,餘度俱依此推。

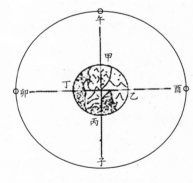

如上圖,午酉子卯為日天,甲乙丙丁為地球。令日輪在午而人居甲,即日正在其天頂,得午時;人居丙,即得子時,日在其天頂衝也。東去甲九十度,居丁得酉時,日既過其天頂,將没于地,則午甲丙子為其地平也。西去九十度居乙,即得卯時,日向其天頂方出于地,亦午甲丙子為其地平也。依此推算,令日輪出地平在卯,入居丁得午時,居乙得子時矣。此何以故? 地為圜體,故日出于卯,因甲高,與乙障隔,日光不照,故丁之日中,乙之半夜也。若地為方體者,如上甲乙丙丁,則日出卯,凡甲乙丁地面人,宜俱得卯;日入酉,宜俱得酉,不應東西相去二百五十里而差一度,又七千五百里而差一時也。故明有時差者,不能不信地圜也。又丁乙與甲異地,即異天頂,即異日

---

① 載《文淵閣四庫全書(電子版)》(臺北:臺灣迪志文化有限公司,2005 年),第四至十三頁。

中而又與甲同卯酉,即丁之午前短,午後長矣;乙之午前長,午後短矣;獨甲得午前後平耳。而今之半晝分,天下皆同,何也? 則明有半晝分者,不能不信地圜也。

或問曰:"此理甚明矣,然于言兩地相遠,一得午,一得子,晝夜時刻,天下各異,何自驗之乎?"曰:"敝國諸儒多習歷象之學,推驗大地經緯度數,皆與天應;以爲推筭七政、測量地海之用。其推驗緯度稍易,大抵用午正日晷,或星高及南北二極取之;其推驗經度稍難,必于月食取之。夫月食與日食異,日或食或不食;或食而分數多寡、時刻先後,隨地各異。月之食,限分數時刻,天下皆同,但入限有晝夜,人有見不見耳。今以之推顯地度,每測得一處月食甚于子,即他處在其東者,必食甚于丑矣;在其西者,必食甚于亥矣。可見此一方之子時,乃東方之丑時,西方之亥時也。若兩地相去九十度,則東方見食于子者,西方見食于酉矣。若相去百八十度,則此方見食于子者,彼方必于午不見食矣。蓋月食有定而天下之見食各異,又每去九百三十七里半而差一刻,可見時刻天下各異,各以日到本天頂爲午正初刻也。又月平行自西而東,一日大約十三度強,每一時約一度五分度之一。其所離列宿次舍,每時各異。故西土歷家欲知兩地東西相去道里之數,即兩地相約于同夜,測月輪與某星同經度分爲何時刻分,如東方與此星同度分爲子,而西方與同度分爲丑,相隔一時,即東西相去達七千五百里也。以此推之,知天下時刻各因日輪所至,不可疑也,即地爲圜體又何疑焉?

自南而北,地爲圜體亦可推也。試如有人居廣東,測北極出地得二十二度,北行二百五十里,見北極稍高,測得二十三度;次每行二百五十里,皆如之。至京都測北極出地,得四十度矣,亦見北界星,廣東不見者。其在廣東亦見南界星,京師所未見者:此由地爲圜球,人乃循球而行,故南北二極及附近諸星隨而漸次隱見也。若地爲平體,隨人所至,恒見天星高于地平若干度矣。

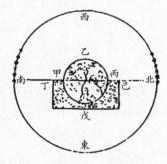

如上圖西南東北爲周天,甲乙丙爲地之圜球,丁戊己爲地之方面。若人在圜球之乙,即見在南諸星,從乙漸向丙,即南諸星漸隱矣;漸向甲者,反是。若人在平面之丁,即得俱見南北二極之星,其在戊,在己,亦如。南北極諸星,何由得漸次隱見乎? 則地爲圜體,亦可證也。

又地周三百六十度,每度二百五十里,其周圍實獨有九萬里。令地爲方四面,其一面應得二萬二千五百里,人居一面地平之上,其二萬二千五百里之內,並宜見之。乃今目力所及極,大暑能見三百里,即於最高山上,未有能四五百里者,則地之圜體,突起于中,能遮兩界故也。不惟高山,即空際之雲亦然。試令兩方相去四五百里,其一密雲甚雨,其一日色晴霽,此密雲處不見日,彼晴霽處不見雲矣。人聞雷聲而不見密雲者,恒有之。蓋雷聲所極,可至三百里以外,故耳可得聞。而雷起處必有密

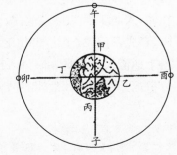

雲，而三百里以外空際之雲，人遂不能見之。夫向所云平地不見四五百里，猶云目力有限，乃空際之雲物，在三百里以外者，遂不能見之，則豈非地為圜體，人所及見之面至於三百里而止乎？

以此地圖，故若有二國東西相去四萬五千里，得一百八十度，半地之周。居西二人約往東國，一向西，一向東，令同時發行而以發行之第六日相遇於東國。其同發時為月之朔日，則向東者遇之日為月之六日，向西者遇之日為月之五日。此兩人行同至同，所更歷時刻同，而一為六日，一為五日，何也？蓋東行者，溯日而馳，漸就於日，故此人恒先得見日出地，而日先得至其天頂；西行者與日俱馳，漸遠於日，故此人恒後見日出地，而日後至其天頂也。今大西洋估船至小西洋歲歲有之，若二船同日解維，其一東行，其一西行，後相遇於小西洋，東行者若算得月之六日甲子，即西行者必算得月之五日癸亥。

試如後圖，甲乙二船，俱從大西洋往小西洋，同以三月初一日午時解維，甲船望西行至申，即申為天頂；乙船望東行至戌，即戌為其天頂。因日輪自東而西，當先至戌，後至申。戌在申東，即日輪第一周先至戌。乙船以戌為天頂，是得午時，從昨開洋至此，得一日足。甲船以申為天頂，日未至，自戌至申須二時，則乙船之午是甲船之辰，扣至一日足，實少二時。次乙船至亥，甲船必至未，各以亥未為其天頂。日輪第二周先至亥，後至未。自亥至未隔四時，則東船先四時而得午正，從開洋扣得二日足，西船更須四時乃得午，為二日足也。次乙船至子，甲船必至午而子午為其天頂，日輪第三周先至子，後至午。東船在子，先得午時，為三日足。自子至午隔六時，西船在午須六時，乃得午，為三日足。次至丑至巳，亦如之。及東船至寅，西船宜至辰。日輪自寅逶東至辰，隔十時。故十時之初，東船先得五日足，而西船尚須十時，乃適足。故甲乙二船自開洋至此際，一得五日，一得四日零二時。既抵小西洋，而卯為其天頂。日輪至卯，即向東者實滿六日，向西者實滿五日。是故，雖同發俱至，而先後差一日也。此何以故？地為圜體，人居東，先得見日輪出地平，居西後見故也。五日、六日假説之實行者，不論一年、二年皆差一日，其理同也。

或問："地果圜體，則上下四旁皆生人所居，不知在下者，安所佇其足哉？"曰："地球

之説，其理甚廣，西庠有專書備論，今獨舉一二端明徵此理。其一曰天下萬物各有本所，最上本所為天之上，最下本所則為地之中心也。其二曰物之體質有輕有重，最輕紗者就最上所，如火是也；最重滯者就最下所，如土是也。其三曰物重者各有體之重心，此重心者在重體之中。試觀于衡均，重則不欹，物重之重心得在其中故也。其四曰既地中之心為諸重物各重心之本所，物之重心悉欲就之，欲就之勢，其下必為垂線也。如人上山，山之陡面不能正

佇人足，如佇地平，與其直角，造室立柱於山之陡面亦不能與為直角也。何故乎？人體之重心所欲就者為地之心，下就之勢作一地之心而垂線，欲垂線立柱亦然。山之斜面與地中心非相對待，如地平之面，故人體、柱體與其峻面悉不能為直角也。

如上圖，甲山欲立柱作直角於山之陡面如乙，必傾矣。其體之重心所願就者為丁，地心非甲山之心也，雖陡面必與地平為直角，如丙乃安。何故？其體之重心與丁相直耳。故凡重物居地面之上，各以地心為下，以天為上，因其重心願就地心，遂得安于地面，能佇其足矣。因是可知，上下之分，凡謂下者，遠于天而就地心也；謂上者，就天而遠于地心也。

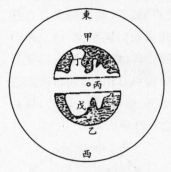

是故，地之圜球懸于空際，居中無著，常得安然。盖四方土物，皆願降就于地心之本所，東降欲就其心而遇西就者，南降欲就其心而遇北就者，悉悉如此。相遇之際，皆能相衝相逆，故凝結于地之中心，即不相及者以欲就，故附離不脫，得令大地懸居空際也。

如上圖丙為中心，甲乙兩分，各為地之半球，甲東降就其心，乙西降就其心；其兩半球又各有本體之重心，如丁如戊。甲東降其本性，必欲令本體之重心丁至于丙然後止，而不可得。何者？乙西降亦欲其體之重心戊至丙中心然後止也。故兩半球相遇于丙中心，甲不令乙得西，乙不令甲得東，一衝一逆，力勢均平，遂兩不進，亦兩不能退而懸居空際，安然永奠矣。試于一門二人出入，其一在內，其一在外。在外者衝欲開之，在內者逆欲閉之。若同衝同逆，為力均平，門必不動。甲乙半球其理同也，推至四方八面，一塵一土，莫不皆然，隤然下凝，職由於此矣。

五、《坤輿全圖・地體之圜》（節録）

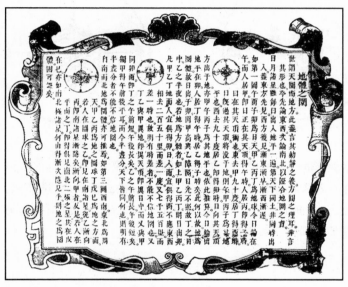

（此圖源於國家圖書館善本部所藏南懷仁繪《坤輿全圖》攝影本）

地體之圜①

　　世謂天圜而地方，此蓋言其動静之義，方圓之理耳，非言其形也。今先論東西，次論南北，以證合地圜之旨。

　　日月諸星，雖每日出入地平一遍，第天下國土非同時出入。蓋東方先見，西方後見，漸東漸早，漸西漸遲。

　　如第一圖，午酉子卯爲日天，甲乙丙丁爲地球，令日輪在午，而人居甲，即日正在其天頂，得午時；人居丙，即得子時，日在其天頂衝也。東去甲九十度，居丁得酉時，

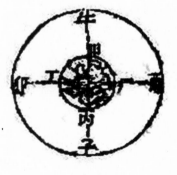

（一）

---

　　①　據國家圖書館館藏天津工商大學所珍藏南懷仁繪《坤輿全圖》[清康熙十三年(1674)刻本]之攝影本。

日既過其天頂，將没于地，則午甲丙子爲其地平也。西去九十度居乙即得卯時。日向其天頂方出于地，亦甲午丙子爲其地平也。依此推算，今日輪出地平在卯，人居丁得午時，居乙得子時矣。此何以故？地爲圜體，故日出于卯，因甲高與乙障隔，日光不照。故丁之日中，乙之半夜也。若地爲方體者，如上甲乙丙丁，則日出卯。凡甲乙丁地面人，宜俱得卯；日入酉，宜俱得酉，不應東西相去二百五十里而差一度，又七千五百里而差一時也。故明有時差者，不能不信地圜也。又丁乙與甲異地，即異天頂，即異日中，而又與甲同卯酉，即丁之午前短，午後長矣；乙之午前長，午後短矣，獨甲得午前後平耳。而今半晝分，天下皆同，何也？則明有半晝分者，不能不信地圜也。

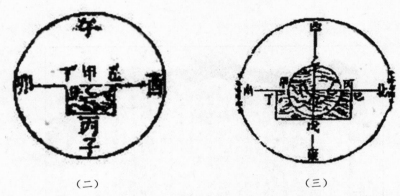

（二）　　　　　　　　（三）

自南而北地爲圜體，亦可推焉。如第三圖西南、東北爲周天，甲乙丙爲地之圜球，丁戊己爲地之方面。若人在圜球之乙，即見在南諸星；從乙漸向丙，即南諸星漸隱矣。漸向甲者，反是。若人在平面而之丁，即得俱見南北二極之星，其在戊在己，亦如南北極諸星，何由得漸次隱見乎？則地之爲圜體，固可証也。

後　記

　　點校整理者在從事基督教傳華史的研究之時，利用在校教授"歷史文獻學"之機，計劃組織從業之碩士研究生，將明清以來來華天主教傳教士所著之漢文著述進行研讀。十餘年來，指導研究生們對它們進行點校、整理，並在此基礎上，由碩士研究生完成了一批相關的碩士學位論文，如王婧著《畢方濟及其中文著述》（廣州暨南大學 2007 年碩士學位論文）、謝萌著《明末耶穌會士羅儒望生平及其著述考》（廣州暨南大學 2011 年碩士學位論文）、歐陽開方著《耶穌會士傅汎際研究》（廣州暨南大學 2012 年碩士學位論文）、孟令衛著《耶穌會士孟儒望及其中文著述》（廣州暨南大學 2014 年碩士学位論文）等。

　　此次點校、整理耶穌會士蘇如望、羅儒望、畢方濟、孟儒望的漢文著述，就是上述基礎工作與研究的成果，再對他們的漢文著述重新進行點校、整理，成爲一項新的成果——《耶穌會士羅儒望畢方濟漢文著述集（外二種）》。

　　因此，此集得以問世，王婧、謝萌兩位碩士研究生功不可沒，亦大有益於學術研究也。然而，學術研究與文獻點校、整理，畢竟還有本質的區別，在此次點校、整理工作中，除點校者努力外，熊麗麗同學亦付出了巨大的勞動，而且毫無怨言。

　　在其行將問世之際，點校者將其感激之詞，要給予暨南大學古籍所同仁，王婧、謝萌、熊麗麗等諸位同學，齊魯書社劉強先生以及暨南大學圖書舘、澳門大學圖書舘的諸位同仁！

點校者

於羊城暨南苑、氹仔雞頸山

二〇一四年七月八日

圖書在版編目（CIP）數據

明末耶穌會士羅儒望畢方濟漢文著述集：外二種/
葉農等點校整理. —濟南：齊魯書社，2014.9
ISBN 978－7－5333－3234－1

Ⅰ.①明… Ⅱ.①葉… Ⅲ.①中外關係—文化交流—
文化史—明清時代—文集 Ⅳ.①K203-53

中國版本圖書館 CIP 數據核字（2014）第 199039 號

明末耶穌會士羅儒望畢方濟漢文著述集（外二種）

葉　農等　點校整理

主管單位	山東出版傳媒股份有限公司
出版發行	齊魯書社
社　　址	濟南市英雄山路189號
郵　　編	250002
網　　址	www.qlss.com.cn
電子郵箱	qilupress@126.com
營銷中心	（0531）82098521　82098519
印　　刷	山東人民印刷廠
開　　本	787mm×1092mm　1/16
印　　張	11.75
插　　頁	2
字　　數	260 千
版　　次	2014 年 9 月第 1 版
印　　次	2014 年 9 月第 1 次印刷
標準書號	ISBN 978－7－5333－3234－1
定　　價	39.00 圓